「十四訂版」の発刊に際して

　本書は、初版の発行が平成23年4月です。その後、読者のみなさまのご愛顧に支えられて、毎年改訂を積み重ねた結果、この度、十四訂版を発行することができました。

　本書は、税法を初めて学ぼうとする方々や税法に興味を持たれた方々が、楽しみながら税法を学んでいただくために編纂した"税法の入門書"です。したがって、各税の重要部分の基礎知識の習得にポイントを置いて解説しています。

　税法は、既に存在する税制の手直しであったり、これまでにない新しい税制の創設であったり、未曾有の大災害や新型コロナウイルスといった人類が初めて体験する未知の感染症に対応する税制措置であったり、あるいは、経済再生のための民間投資の喚起、雇用・所得の拡大などの社会・経済政策のための時限的な特例措置であったり、各国の税制の違いを利用した国際的な課税逃れに対応するための国内法の整備であったりと、その時代の社会情勢や経済情勢の変遷に伴い、毎年のように改正されています。

　令和6年度の税制改正においても、個人課税や中小企業に配慮した税制改正、時代の流れに即応した新しい税制の創設など、様々な対応策が織り込まれています。

　個人所得課税では、令和6年分の所得税等に適用される4万円控除等の「定額減税」や子育て世帯等限定の住宅ローン減税の創設、税制適格ストックオプション税制については、優秀な人材を確保するという意図から、スタートアップが発行した年間の権利行使価額の上限額を1,200万円から3,600万円に拡大するなど、多様な改正が行われています。

　法人課税では、物価上昇を上回る賃上げを達成した企業に対して適用される賃上げ促進税制について、中小企業・中堅企業・大企業といった企業規模区分に応じて税額控除ができる税制に改組したうえで適用期限が延長されています。また、経済安全保障の観点から国内での安定的な生産が望ましいが、初期投資割合が高く、かつ、生産コストの大きい戦略物資について販売数量に応じた税額控除で支援する戦略分野国内生産促進税制の創設、特許権やソフトウエア等の知財の売却やそのライセンス収入から得られる所得に対して税額控除ができるイノベーションボックス税制の創設、経済のデジタル化に伴う国際最低課税額に対する法人税等の見直しなど、新しい経済環境や国際情勢に応じた新税制が数多く誕生しています。一方、中小企業者が支出する取引先との接待飲食費一人当たり5,000円以下の非課税枠が10,000円以下に引き上げられるとともに、交際費支出額50%までを損金算入できる身近な税の特例についての見直しも織り込まれています。

資産課税(相続税・贈与税)では、法人・個人の事業承継税制の緩和措置や、昨年度大改正となった相続時精算課税の令和6年1月からの実施、タワマン評価に関する最高裁判決に端を発した居住用分譲マンションの評価方法についての新通達の発遣など、実務に大きな影響を及ぼす改正が実施されています。

　今回の十四訂版の改訂に際しては、税法を学ぶに当たって重要と思われる事項に加え、新しい裁判例や裁決例の要点を本文の右欄に織り込みながら、解説をしています。

　税法は、経済活動や日常生活と多くの関わりを持つ、幅の広さと奥深さのある、極めて知的好奇心をそそる法律です。興味をもった事柄について、どこからでも1ページ、2ページと読み進んでいただくうちに、いつのまにか、税法が理解できたと言えることを願っています。

　令和6年6月

　　　　　　　　　　　　　　　　　　　　　　　　　　　　　著者一同

は　じ　め　に

　この本は、これから税法を学ぼうとする方や、税法について興味を持たれた方々のために、税法の基本から所得税、法人税、消費税及び相続税・贈与税といった主要税法の要点までを、無理なく理解していただくために作成しています。

　そのため、文章はできるだけ平易に表現し、日常的な言葉を用いて、おおよそ１〜２ページの見開きページの範囲内で、各項目の内容が理解できるようにしてあります。また、もっと知りたいという人のために、欄外により詳しい説明や関連する判例などを載せています。

　また、巻末には【参考資料】として、わが国と諸外国の税制・租税収入・租税負担率などの資料も載せています。

　この本は、大学、職場研修のテキストとして、また、税法に興味を持ち、より深く学びたい人の「仕掛け本」としてご利用ください。

　では、とりあえず関心のあるテーマを、一つ選んで読んでみてください。理解できれば、また一つ、読み進めてください。一つひとつの項目を読み進めていくうちに、全体として、税法が理解できるようになっています。

　読者の皆さんが、本書を通じて、税法の知識をより深められることを、そして、税法を学ぶことが楽しくなり、さらに、税法に自信を持たれることを、心から祈っています。

　最後に、この本のまとめ役の労をおとりいただいた、実務出版社長の池内淳夫氏に心からお礼申し上げます。

平成23年4月

初版本の発刊に当たり　著者一同

《 目　次 》

第Ⅰ編　　税の基本

第Ⅱ編　　所得税

第Ⅲ編　　法人税

法人税の基本

法人税の所得の金額とその計算

第Ⅳ編　　相続税・贈与税

相続税の課税と申告納付

贈与税の課税と申告納付

財産の評価

第Ⅴ編　消費税

【参考資料】

─── 【凡例】 ───

本書内での引用法令等は、以下の略語に統一して使用しています。

民法 ………………………… 民法
通法 ………………………… 国税通則法
所法 ………………………… 所得税法
所令 ………………………… 所得税法施行令
法法 ………………………… 法人税法
法令 ………………………… 法人税法施行令
耐令 ………………………… 減価償却資産の耐用年数省令
相法 ………………………… 相続税法
相令 ………………………… 相続税法施行令
措法 ………………………… 租税特別措置法
措令 ………………………… 租税特別措置法施行令
消法 ………………………… 消費税法
消令 ………………………… 消費税法施行令
徴法 ………………………… 国税徴収法
国犯法 ……………………… 国税犯則取締法
地法 ………………………… 地方税法
震災特例法 ………………… 東日本大震災の被災者等に係る国税関係法律の臨時特例に関する法律
復興財源確保法 …………… 東日本大震災からの復興のための施策を実施するために必要な財源の
　　　　　　　　　　　　　　　確保に関する特別措置法
国送法 ……………………… 内国税の適正な課税の確保を図るための国外送金等に係る調書の提
　　　　　　　　　　　　　　　出等に関する法律
所基通 ……………………… 所得税法基本通達
法基通 ……………………… 法人税法基本通達
措通 ………………………… 租税特別措置法(所得税関係・法人税関係)通達
相基通 ……………………… 相続税法基本通達
評基通 ……………………… 財産評価基本通達
耐通 ………………………… 耐用年数の適用等に関する取扱通達
最判 ………………………… 最高裁判所判決
高判 ………………………… 高等裁判所判決
地判 ………………………… 地方裁判所判決
裁決 ………………………… 国税不服審判所裁決

【引用例】
民法901 …………………… 民法第901条
所法27①一 ………………… 所得税法第27条第1項第一号
令6改法附1 ……………… 令和6年3月30日公布法律第8号「所得税法等の一部を改正する法
　　　　　　　　　　　　　　　律」の附則第1条
最判平27・7・6 ………… 最高裁判所判決、平成27年7月6日
東京地判令2・9・3 …… 東京地方裁判所判決、令和2年9月3日

【備考】本書は、令和6年7月1日現在の法令・通達等により作成しています。

第Ⅰ編

税の基本

この編では、「税とは、なにか？」という税の基本的な考え方について学びます。

具体的には、国民が納得して税を負担するために、どのような課税原則に従って税の仕組が考え出されているかを説明しています。

第1 税の根拠と配分

　税は、租税又は税金ともいわれますが、国や地方公共団体が、その経費に充てる目的で、国民から無償で強制的に徴収する金銭です。

　国や地方公共団体は、道路、公園、下水道などを整備し、国防、教育、社会保障、警察、消防などの公共サービスを提供していますが、税は、その財源として用いられます。

1 税の根拠

　憲法30条は、「国民は、法律の定めるところにより、納税の義務を負う」と規定しています。国民はなぜ納税の義務を負い、租税を負担しなければならないのでしょうか。これは、租税の根拠の問題であり、国家観とも関連して論じられていますが、代表的な学説として、義務説や利益説、会費説があります。

　義務説は、国家はその目的を達成するために課税権を有し、国民はその義務を負うとするものです。**利益説**は、かつて、国民が国家により財産や身体を保護されている利益に対する対価と説明されていましたが、最近では、国家が国民に供給するさまざまな財・サービスに対する対価であるとされています。

　国家の給付と国民の納税が、個人ごとに対価関係にないとしても、全体としては受益と負担の間にバランスが保たれることが大切です。このことから、税は国家社会の維持のために必要な経費であり、国民が負担できる能力等に応じて支払うものであるとする**会費説**も主張されています。

2 税の配分

　国民が税を負担する際の税の配分方法についても、税の根拠に関連して、過去から議論があります。代表的なものとして、税は各人の受ける利益に応じて課されるべきであるとする**応益説**と、租税は各人の支払能力に応じて課されるべきであるという**応能説**があります。

　応能説では、支払能力を具体的にどのように測るかが大きな問題となります。納税者の支払能力のことを担税力と呼びますが、通常は所得・消費・資産が基準になり、これらを組み合わせることにより、いくつかの租税体系が考えられますが、税の種類は、国によって異なっています。

　なお、税が何に使われるかがわかる受益者を特定化した目的税の方が、国民には受け入れやすいと考えられています。

税について、最高裁は、「およそ民主主義国家にあっては、国家の維持管理及び活動に必要な経費は、主権たる国民が共同の費用として代表者を通じて定めるところにより自ら負担すべきである」、また「租税は、国家が、その課税権に基づき、特別の給付に対する反対給付としてではなく、その経費に充てるための資金を調達する目的をもって、一定の要件に該当するすべての者に課する金銭給付である」としています（最判昭60・3・27）。

税は、どのような基準で課税されるべきかについて、アダム・スミスは「国民の富」（1776年）で、公平、明確、便宜、最小徴税費の4つの原則をあげています。

わが国の1968年(昭和43年)度の税制改正の答申では、公平、中立、簡素及び国際的整合性の4つを租税原則としてあげています。

第2　税の分類

1　国税と地方税

　国税とは、国が賦課し徴収する税をいいます。地方税とは、地方公共団体、いわゆる、都道府県や市区町村が賦課し徴収する税をいいます。

2　直接税と間接税

　直接税とは、税を実質的に負担する人と税を納める義務のある人が同一人である税をいいます。一方、**間接税**とは、税を実質的に負担する人と税を納める義務のある人とが異なる税をいいます。間接税は、消費税や酒税のように税が物やサービスの価格に上乗せされて、税の負担を他に移転させていきます。これを**税の転嫁**といいます。

3　収得税・財産税・消費税・流通税

　税は何を対象として課税するか（課税客体）によって、収入又は所得にかかる収得税、財産などにかかる財産税、消費にかかる消費税、財産の移転にかかる流通税に分類されます。税金は、その性質などによって次のように分類されます。

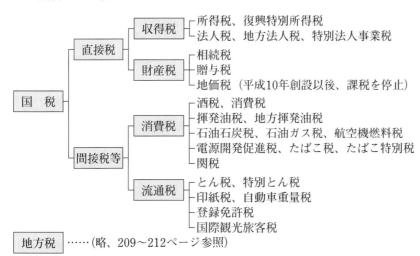

収得税　── 所得税、復興特別所得税
　　　　　── 法人税、地方法人税、特別法人事業税

財産税　── 相続税
　　　　　── 贈与税
　　　　　── 地価税（平成10年創設以後、課税を停止）

消費税　── 酒税、消費税
　　　　　── 揮発油税、地方揮発油税
　　　　　── 石油石炭税、石油ガス税、航空機燃料税
　　　　　── 電源開発促進税、たばこ税、たばこ特別税
　　　　　── 関税

流通税　── とん税、特別とん税
　　　　　── 印紙税、自動車重量税
　　　　　── 登録免許税
　　　　　── 国際観光旅客税

直接税／間接税等／国税

地方税 ……（略、209〜212ページ参照）

4　普通税・目的税

　上記1〜3の分類とは別に、税は、その使いみちがあらかじめ決まっているか否かによって、普通税と目的税に分類されます。**普通税**は一般的な財源に充てられ、**目的税**は特定の行政活動のための財源として充てられます。例えば、国税の電源開発促進税や地方税の都市計画税、水利地益税などは目的税です。目的税は普通税に比べて、特定の事業の財源確保という点で意味はありますが、財政の柔軟な運用の点で難があるといえます。

税には、「税」と「租税」という二とおりの呼び方があります。飛鳥から平安時代の律令制度の税制は、租庸調と呼ばれます。租は、米の収穫量に応じて負担する税、庸は労役、調は布の物納をいい、税はこれら全体を意味しています。その意味においては、租は税の一部ということになるのですが、現代において両者は同じ意味に用いられており、違いはありません。

タックス・ミックス：一般に収得税や財産税は垂直的公平のうえで、消費税は水平的公平のうえで優れているといわれ、それらを組み合わせることでバランスのとれた税体系を作る必要があるとされます。

わが国の税金の種類、国際比較、租税負担率については、【参考資料】（209ページ以下）参照。

従量税と従価税：従量税は、課税物件の数量（重量や個数、面積、容積など）を課税標準とし、税率を金額で示して課税します。従価税は、課税物件の取引価格を課税標準として税率を％で示して課税します。

第3　課税の公平

　税は、国民の**担税力**に応じて公平に課税されなければなりません。これを課税の公平（**租税公平主義**）といいます。課税の公平には、垂直的公平と水平的公平があります。**垂直的公平**とは、異なる状況にある者間の負担の平等で、たくさん稼いだ人は、少ししか稼げなかった人より多くの税負担を負うということです。**水平的公平**とは、同様な状況、同じ金額を稼いだ者は同じように税負担を負うということです。

　垂直的公平は、特に、所得税や個人住民税において厳格であるべきです。例えば、所得税では、すべての所得を総合して課税する総合所得課税が前提で、所得の大きさに応じ、超過累進税率を適用して税額を算定するべきです。すなわち、①所得が租税特別措置法など特別の軽減措置により課税ベースが縮小されないこと、②課税所得が総合課税の対象外に置かれないこと、③所得の捕捉が十分に行われること、④多段階の超過累進税率で課税されることが前提です。この前提が崩されると不公平が生じ、多くの国民が税に対する不満をいだくことにつながります。

■マイナンバー制度（社会保障・税番号制度）

　「行政手続における特定の個人を識別するための番号の利用等に関する法律（マイナンバー法）」が成立し（平成25年5月31日公布）、社会保障・税番号制度が導入されています。社会保障・税番号制度は、より公平な社会保障制度や税制の基盤であるとともに、情報化社会のインフラとして、国民の利便性の向上や行政の効率化に資するものとされています。個人番号は、まずは社会保障・税・災害対策の3分野に利用範囲を限定して導入されています。

　社会保障・税番号制度の導入は、平成27年10月から個人番号・法人番号の通知が始まり、平成28年1月から順次、社会保障、税、災害対策分野での利用が開始されています。

　この「マイナンバー法」に基づき、所得税については平成28年分の申告書から、法人税については平成28年1月以降に開始する事業年度に係る申告書から、法定調書については平成28年1月以降の金銭等の支払等に係るものから、申請書等については、一部のものを除いて、平成28年1月以降に提出すべきものから、個人番号・法人番号を記載しなければならないこととされています。

租税特別措置とは、何らかの政策目的を実施するために税負担を軽減若しくは加重する措置をいいます。
租税特別措置が公平の原則に反することについては、昭和24年（1949年）にGHQの招きで来日したアメリカのシャウプ使節団の「日本税制報告書」、いわゆる「シャウプ勧告」（第1巻第1章H）にも記されています。シャウプ勧告は、わが国の現行税制の基礎であるといわれています。

我が国では、電子情報処理組織（e-tax）を使用する申告、納付、書類の証明、提出等の電子化が急速に進められています。

個人番号は12桁で、法人番号は13桁となっています。

（参考）
消費税の課税事業者は、令和5年10月1日以後に発行するインボイス（適格請求書）に「事業者番号」を付すこととされています。

第4　租税法律主義

　民主国家においては、税の仕組みや徴収の仕方を法律で定めています。これを、租税法律主義といいます。

　わが国では、憲法で、「あらたに租税を課し、又は現行の租税を変更するには、法律又は法律の定める条件によることを必要とする」(憲法84)、「国民は、法律の定めるところにより、納税の義務を負う」(憲法30) と定めています。

　税にはいくつもの種類がありますが、そのいずれの税についても、法律では、納税義務者と課税対象との関係について、具体的に規定しています(通法15、16)。

　税法は、所得税法、法人税法、消費税法、地方税法などの個別の法律により定められています。地方税は、地方税法という法律がありますが、具体的には都道府県や市町村の条例で定められます。一般に、**法源**とは、法や法的決定の根拠となりうる基準をいいますが、税法の法源は、憲法、法律、命令 (政令、省令)、条例及び規則などの国内法源と条約などの国際法源からなっています。このほか、告示、行政先例法、判例なども法源性があるとされています。国税庁や総務省税務局の解釈通達等は税法の法源ではありません。しかし、通達は、国税庁が国税局や税務署の職員に、また、総務省税務局が都道府県・市町村の長又は職員にあてたものですが、税法の解釈や個別的事情に即した弾力的な課税処分を行うための基準を定めたものもあり、その多くは公開されています。そこで、国民の間では、行政庁との争いを避けるために法源に準ずるものとして幅広く利用されています。

　また、税法は、法律の実質的な面からみて、次のように分類することがあります。

① 　**租税実体法**　税金の権利・義務の発生、移転、消滅などの実体面の規定を総称していいます。

② 　**租税手続法**　税金の賦課・徴収、納税義務の内容の確定などの手続面の規定を総称していいます。

③ 　**租税救済法**　税金の賦課・徴収に対する不服のある場合の救済の方法・手続等の規定を総称していいます。

④ 　**租税処罰法**　税法の違反者に対する制裁規定を総称していいます。

ラブホテル事業の所得は、宗教法人に帰属するとされた事例 (東京地判平24・9・4)

課税実務においては、経済取引のグローバル化に伴い、取引先の国の税法を熟知することが求められます。

通達については、「**第20** 通達」(41ページ) 参照。

解釈通達等の法源性が問われた事例 (最判 昭38・12・24)

個別的事情に即した弾力的な課税処分を行うための基準が問われた事例 (東京高判平14・3・14)

国民健康保険はその性質から、租税法律主義の趣旨が及ぶとした事例 (最判平18・3・1、旭川市国民健康保険条例事件)

第5　租税法律主義の構成要素

　租税法律主義は、①課税要件法定主義、②課税要件明確主義、③合法性の原則、④手続的保障原則、⑤租税法律不遡及の原則などから構成されます。

1　課税要件法定主義

　租税を課税するための要件を国会による立法で定めなければならないとする原則をいいます。課税要件法定主義では、法律の詳細を命令に委任するのは個別・具体的なものに限られ、白紙的・包括的委任は、立法の意味がなくなることから許されないと解されます。

2　課税要件明確主義

　租税に関する定めは、できるだけ一義的に明確でなければならないとする原則をいいます。課税要件明確主義からは、「不当に」「必要があるとき」などのいわゆる**不確定概念**を用いることは、許されないとまではいえないが、慎重でなければならないとされます。

3　合法性の原則

　執行の不正・賦課徴収の不公平を防ぐ観点から、課税庁に要求される合法性のことをいいます。合法性の原則では、特定の納税者への有利な取扱いは、他の納税者に不利益を与え、税制への信頼を失わせることを防ぐ観点から許されません。ただし、次の場合には、合法性の原則が制限されます。

①　納税者に有利な慣習法や先例法（判例）があるときは、それらが優先。

②　納税者に有利な違法な取扱いを、課税庁が多数の納税者に対して行ってきたとき、一部の納税者に法律どおりの取扱いを行うこと。

③　課税庁の誤った説明を信じた納税者に対する、信義誠実の原則による制限を行うこと。

4　手続的保障原則

　租税の賦課・徴収は適正な手続で行われなければならず、それに対する争訟は公正な手続で解決されなければならないとするものです。

5　租税法律不遡及の原則

　新しい租税法律や改正法がその施行日前に遡って適用される（遡及立法）場合に、納税者の不利益となるような遡及立法は原則として許されないとするものです。

租税法律主義を歴史的な視点からみた場合、まず1215年の大憲章、1629年の権利の請願の二つを挙げることができます。大憲章は、イギリス国王の恣意的な課税を制限し、国王も法の下にあるという原則を確立した重要な文書です。

刑事訴訟法の法格言として有名な「疑わしきは被告人の有利に」に対応する税法上の言葉として、「疑わしきは国庫の不利益に（納税者の利益に）」というものがあります。

慣習法とは、一定の範囲の人々の間で反復して行われるようになった行動様式などの慣習のうち、法としての効力を有するものをいいます。

「信義誠実の原則」については、21ページ参照。

法施行日前に生じた譲渡損失の損益通算を制限する税制改正が、租税法律主義の趣旨に反し、遡及適用の合憲性が争われた事例（最判平23・9・30）

第6　税法の解釈と適用

　法律の文言の意味内容を明らかにすることを法の解釈といいます。また、言葉の通常用いられている意味に従った解釈を**文理解釈**、規定の趣旨目的に照らしてその意味内容を明らかにする解釈を**論理解釈**といいます。

　租税法の解釈は、租税法律主義の立場から厳格性が要請され、法文から離れた自由な解釈は認められません。基本的には、文理解釈が要求され、論理解釈は文理解釈によって規定の意味内容を明らかにすることが困難な場合に限定されると考えられます。

　論理解釈における問題は、国会が法の趣旨・目的を明らかにしているとは限らないことです。立案に従事した行政機関の担当者等が解説書などを公表している場合がありますが、これはそのまま国会の意思と見ることはできません。

　また、納税者が形成する法律関係の解釈に当たっては、その経済的意義を考慮しなければならないとされます。これは、例えば、「所得」は経済的概念であることから、法律関係などの外形にとらわれず、その実質的な経済的意義を基礎に解釈すべきであるとする考え方です。この考え方は、**実質主義**とも呼ばれ、納税者が形成する法律関係は「形式」に過ぎず、課税は経済的な「実質」によって行われるべきであるとしています。

　しかしながら、実質主義を採用したのでは恣意的な解釈が可能となり、法的安定性などが阻害されかねません。経済的意義が考慮される必要性は、特に法律が明文で規定しない限り、限定的にならざるを得ないと考えられます。

　課税庁（国税庁、総務省自治税務局）は、課税当局がとるべき基準として解釈通達などを定めています（「第20通達」38ページ参照）。

租税法では「正当な理由」「やむを得ない事情」「必要があるとき」「通常要する」「著しく低い」「不当に減少」「相当程度」「相当期間」など、いわゆる不確定概念といわれている文言が多く用いられています。

過少資本税制の適用（国外支配株主等に該当）をめぐり争った事件（東京地判令2・9・3）

同族会社の行為計算否認規定、いわゆる不当性要件の判断枠組みについて争った事件（東京高判令2・6・24、最判令4・4・21）

自動車用燃料ガイアックスに対する軽油引取税の課税の可否をめぐり、「炭化水素とその他の物との混合物」の解釈が、その成分か主成分かで争われた事例（最判平18・6・19）

相続税の相続財産の価額は、国税庁財産評価通達による評価額か鑑定評価額によるかで争われた事例（最判令4・4・19）

ふるさと納税返礼品に係る経済的利益の価額について争った事例（裁決令4・2・7）

第7　固有概念と借用概念

　税法上、用いられる文言に明文の定義を与える場合に、その定義を**固有概念**といいます。これとは反対に、他の法分野で既にはっきりした意味内容が与えられている文言である場合、法的安定性の観点からは、固有概念として新たに定義するよりも、他の法分野で用いられるのと同じ意義に解釈する方が望ましく、これを**借用概念**といいます。

借用概念と固有概念の例

借用概念	借用元	左の借用概念に近い固有概念と根拠条文	
配偶者	民法	特殊の関係にある使用人	法法36
住所	民法	納税地	所法15
配当	会社法	配当所得	所法24

　借用概念については、他の法律分野で用いられているものと同じに解するか、税法の立場から別に解するかで問題が生じます。法的安定性の観点からは、借用概念は、本来の法律分野と同じに解すべき（**統一説**）ということになります。しかし、これには、各法によりその目的が異なっていること、すべてに税法独自の定義を行うことには無理があることを理由に統一説に対する批判もあります（税法の目的に照らし解する**目的適合説**）。

　また、会計学や経済学、自然科学などの実定法以外の概念が無定義で用いられる場合や、外国法の概念をどのように扱うかなどの場合においても問題となります。このような場合については、特段の事情がない限り、言葉の通常の意味に従うとする、いくつかの判例があります。

　「言葉の通常の意味」に従う解釈とは、結局、文理解釈にほかありません。この意味からは、借用概念・統一説・目的適合説はいずれも文理解釈を説明しているに過ぎないともいえます。

例えば、配偶者控除の配偶者の定義について、一夫多妻制や同性婚を認める外国法のもとで結婚したが、二番目以降の配偶者や同性の配偶者が、所得税法上、配偶者控除の対象となるかなどの問題が考えられます。

贈与時における住所が日本にあるかが争われた事例（最判平23・2・18、武富士事件）

所得税法にいう貸付金が争点となった事例（東京地判平19・4・17、レポ取引事件）

租税特別措置法にいう改築と新築との異同が問題となった事例（東京高判平14・2・28）

第8　信義誠実の原則

　民法は、「権利の行使及び義務の履行は、信義に従い誠実に行わなければならない」と定めています（民1②）。言葉を代えると、相手に信頼を与えたものは、その信頼に反する主張をすることができないというものです（**禁反言の原則：Estoppel**）。

　この原則は、次のような場合に問題が生じます。

① 　課税庁が納税者に対して信頼の対象となる公の見解を表示したとき

② 　納税者の信頼が保護に値するとき

③ 　納税者が表示を信頼し、それに基づいてなんらかの行為をしたとき

　このことは、例えば、課税庁が、ある行為について課税されない旨の誤った見解を示し、納税者がそれを信じて一定の行為を行った場合、その表示が誤りであったことを理由として、課税することは許されないということになります。

　しかし、別途、税法には**合法性の原則**があり、法律に基づくことなしに租税を減免することは許されず、誤って法定の納税義務を軽減するような表示をしたとしても、その誤りはむしろ是正されるべきとする考え方があります。一方、法は一般に、**法的安定性の要請**によって支配されており、課税庁の表示が誤っていても、それによって納税者の側に信頼が形成された場合に、それを裏切ることは、法的安定性の要請を害することになるという考えも成り立ちえます。

　租税法における信義則の適用の問題は、租税法律主義の一つの側面である合法性の原則を貫くか、それともいま一つの側面である法的安定性に対する信頼の保護を重視するかという、**バランスの問題**といえます。状況によっては、合法性の原則を犠牲にしてでも、納税者の信頼を保護することが必要であると認められる場合がありうるとする根拠となるのが、信義誠実の原則です。

第9　実質所得者課税の原則

　取引を経済的実質で見る**実質主義**と混同しやすいものに、**実質所得者課税の原則**があります。これは、納税者が形成する法律関係の解釈ではなく、課税物件の法律上の帰属につき、その形式と実質とが相違している場合には、実質を重要視する考え方です。実質所得者課税の原則は、さらに次の二つの見方があります（所法12、法法11、消法13）。

① 　**法律的帰属説**…課税物件の法律上の帰属につき、その形式と実質とが

信義誠実の原則とは、一般に社会生活上一定の状況の下において相手方のもつ正当な期待に沿うように一方の行為者が行動すること求める原則をいいます。

国税庁は法令解釈等について次の文書を発しています。
・法令解釈通達
・法令解釈に関する情報
・文書回答事例
・質疑応答事例
・事務運営方針

学校用地の固定資産税につき、非課税通知の有効性が争点となった事例（東京高判昭41・6・6、文化学院事件）

ある人が自己の財産を信頼できる他人に譲渡するとともに、当該財産を運用・管理することで得られる利益を別の人に与えることを**信託**といいます。
この場合、財産だけでなく、そこか

相違している場合には、実質に即して判断すべきこと。

② **経済的帰属説**…課税物件の帰属につき、その法律上の帰属と経済上の帰属とが相違している場合には、経済上の帰属に即して判断すべきこと。

例えば、法人が事業を行っている外観を有していても、法律関係から見て真実は構成員である個人の行為にすぎない場合は、法律的帰属説から個人に課税できます。一方、法人成りの目的が租税回避であるとして、法律上の法人の所得を否認し個人の所得とする経済的帰属説を採ることは、法的安定性の観点から困難と考えられます。

第10 租税条約

各国の租税制度がまちまちである中、国際的な課税権を調整するために租税条約のほか、国際的な脱税及び租税回避行為に適切に対応するため税務行政執行共助条約などが結ばれています。また、納税者に関係する十分な情報を持たない限り、税務当局による適正な課税ができないため、情報交換協定が締結されています（238〜247ページ参照）。

(1) 租税条約

租税条約は、課税関係の安定（法的安定性の確保）、二重課税の除去、脱税及び租税回避等への対応を通じ、二国間の健全な投資・経済交流の促進に資するものです。租税条約には、国際標準となる「OECDモデル租税条約」があり、OECD加盟国を中心に、租税条約を締結する際のモデルとなっています（24、238ページ参照）。

(2) 税務行政執行共助条約

税務行政執行共助条約は、本条約の締約国間で租税に関する行政支援を相互に行うための多数国間条約ですが、租税に関する様々な行政支援（情報交換、徴収共助、送達共助）を相互に行うことで国際的な脱税及び租税回避行為に対処できます（243ページ参照）。

(3) 情報交換協定

情報交換協定は、二国間の二重課税防止を主目的とした租税条約と異なり、両国課税当局間で租税に関する情報交換を主たる内容とするものです。租税条約に基づく情報交換には「要請に基づく情報交換」「自発的情報交換」「自動的情報交換」の3つの類型がありますが、情報交換協定はタックス・ヘイブン国との情報交換を主目的としています。（242ページ参照）

ら生じる利益についても、法律上はいったんその財産の所有者に帰属しますが、税法では、経済的帰属から利益を受けるものに課税するとしています（所法13①、法法12①）。

課税当局が外国当局に対し、情報交換要請を行った場合、要請から3年間は更正決定ができるよう改正（令和2年）

第11　租税回避

1　法的位置づけ

　租税回避とは、異常な法形式を用いることにより、通常であれば課税要件に該当する事実を、同じ経済成果を実現しながら、課税要件に該当しない事実として形成することをいいます。

　仮装行為とは、意図的に真の事実や法律関係を隠ぺいないし秘匿することで、表面上、別の事実や法律関係があったように見せかける行為をいいます。

　わが国には、租税回避を一般的に否認する規定はありませんが、同族会社の行為計算について否認する、同族会社の行為計算否認の規定があります。その規定では、同族会社の行為計算を容認した場合に所得税・法人税等の負担を不当に減少させる結果となると認められるときには、税務署長はこれを否認することができるとされます。

　租税回避は、私法上の法律関係の形成可能性の乱用ではないのか。行為計算否認規定のような規定がない場合、例えば、公平負担の見地から、同様の経済的効果が生じているのであれば、課税要件充足の有無に関わらず、課税すべきであるとする見方があります。一方、**私的自治の原則**のもとで、何故、通常でない取引をすれば不当とされるのか。**法律行為自由の原則**や**契約自由の原則**が存在する限り、租税法律主義の観点からは認められないとする見方もあります。

2　税源浸食と利益移転（Base Erosion and Profit Shifting）

(1) 国際的なルール作り

　近年、多国籍企業の国際的な租税回避により税負担を軽減する行為が問題視されています。企業は税を事業上の経費と考え、利益移転をしやすい特許・ノウハウ等の無形資産を利用し、タックス・ヘイブンにある関連会社に所得の帰属を移転し、税負担を極力低減しようとします。一方、各国政府は、法人税収の確保に悩み多国籍企業のこのような租税回避を見過ごせないとしています。また、現在の国際課税原則では、国内に外国企業の支店等のPEがある場合にのみ、そのPEの事業から生じた所得へ課税できるため、電子商取引など市場国に物理的拠点がなく市場国で課税が行えない経済のデジタル化に伴う課税上の問題が顕在化しています。

　2015年9月にまとめられた経済協力開発機構（OECD）の**最終報告書の**「BEPS行動計画」には次のものがあります。
①電子商取引への対応、②ハイブリッド・ミスマッチ・アレンジメント効果の否認、③外国子会社合算税制の強化、④利子損金算入や他の金融取引の支払いを通じた税源浸食の制限、⑤有害な租税慣行への対応、⑥租税条約の濫用の防止、⑦恒久的施設（PE）

私的自治の原則：私法上の法律関係については、個人が自由意思に基づき自律的に形成することができるという原則です。権利能力平等原則・私的所有権絶対原則とともに、近代私法三大原則の一つです。

私的自治の原則のピラミッド

法律行為自由の原則

契約自由の原則

契約締結の自由／相手方選択の自由／契約内容の自由／契約方式の自由／（形式の自由）

法律行為自由の原則：法律行為については、当事者の意図したとおりに効力が発生するという原則です。

契約自由の原則：法律行為のうち契約の締結・内容・方式を国家の干渉を受けずに自由にすることができるとする原則です。

映画フィルムのリース事業の損失についての損益通算が否認された事例（最判平18・1・24）。航空機の同様のリースが認められた事例（名古屋高判平17・10・27）

PE（Permanent Establishment）とは、支店・工場・倉庫などの恒久的施設をいいます。PEは子会社と異なり、法人格がなく課税対象とはなりません。

認定の人為的回避の防止、⑧無形資産取引に係る移転価格ルール、⑨リスクと資本取引に係る移転価格ルール、⑩その他の高リスク取引に係る移転価格ルール、⑪BEPSの規模・経済的効果の分析方法の策定、⑫濫用的なタックス・プランニングの義務的開示、⑬多国籍企業の企業情報の文書化、⑭相互協議の効果的実施、⑮多国間協定の策定

(2)　2つの解決策

　2021年10月、こうした問題に対処するためOECD（経済協力開発機構）及びG20では「BEPS包摂的枠組み」として、「市場国への新たな課税権の配分」及び「グローバル・ミニマム課税」の2つの柱による解決策に合意しました（現在は約152か国・地域が参加）。

　第1の柱（市場国への新たな課税権の配分）では、売上高200億ユーロ（約2.6兆円）超、利益率10％超の大規模・高利益水準のグローバル企業を課税対象とし（全世界で100社程度）、グループの利益率10％を超える超過利益部分の25％を市場国に配分するとしています。

■第1の柱（市場国への新たな課税権の配分）

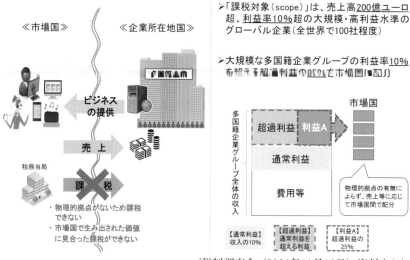

（税制調査会（2021年11月12日）資料より）

　第2の柱（グローバル・ミニマム課税）では、年間総収入金額が7.5億ユーロ以上の多国籍企業グループが最低限の法人税負担（15％以上）をすることを確保するため、以下のルール（GloBE：Global Anti-Base Erosion）を導入するとしています。（一定の適用除外を除く所得については、各国ごとに最低税率15％以上の課税を確保する仕組みとされています。）

EU一般裁判所判決（T-778/16・T-892/16 15.JuLy 2020）
EU一般裁判所判決（T-816/17・T-318/18 12.May 2021）

外国法人に対する課税、移転価格税制、外国税額控除、外国子会社合算税制、タックス・ヘイブン対策税制など（154〜159ページ参照）。

2023年10月多国間条約案文を公表。2024年3月末までに条文確定、6月末までに署名式を予定（2023年12月）。

所得合算ルール（IIR）について、我が国では、令和5年度税制改正で、「各対象会計年度の国際課税最低課

■第2の柱（グローバル・ミニマム課税/所得合算ルール）

➤ 年間総収入金額が7.5億ユーロ以上の多国籍企業が対象。
➤ 軽課税国が所在する会社等の税負担が国際的に合意された最低税率15%に至るまで、親会社の所在する国において課税を行う。

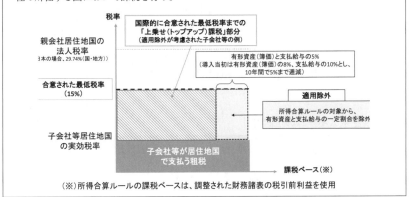

（※）所得合算ルールの課税ベースは、調整された財務諸表の税引前利益を使用

① 所得合算ルール（IIR：Income Inclusion Rule）

軽課税国にある子会社等の税負担が最低税率（15%）に至るまで親会社の国で課税

② 軽課税所得ルール（UTPR：Undertaxed Payment Rule）

軽課税国にある親会社等の税負担が最低税率（15%）に至るまで子会社等の国で課税

③ 適格国内ミニマム課税（QDMTT：Qualified Domestic　Minimum Top-upTax）

自国内に所在する事業体の税負担が最低税率（15%）に至るまで事業体の存する国で課税されます。

ただし、日本でQDMTTが課税された場合、IIR、UTPRの課税は行われません。

■第2の柱（グローバル・ミニマム課税）

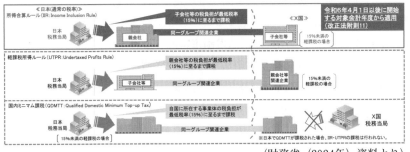

（財務省（2024年）資料より）

税額に対する法人税」（法法82～）が創設され、令和6年4月1日以後に開始する事業年度から適用されています。なお、外資系企業の日本法人は適用対象外とされています。（158ページ参照）

グローバル・ルールと日本のCFC税制では、計算単位等が異なります。②の軽課税所得ルール(UTPR)及び③の適格国内ミニマム課税(QDMTT)については、令和6年6月3日現在、まだ法制化されていません。

❸ 租税回避スキーム

　租税回避行為は、仮装行為と認定されれば、課税関係が成立しますが、認定されなければ課税要件を充足せず、課税上は節税策と同様ということになります。しかし、こうした両者の区分の微妙さを利用して、必ずしも経済目的ないし経済的成果の発生を意図せず、租税回避には、税理士、会計士、弁護士などの専門家が、専ら税負担額の圧縮を目的に税制における各種の優遇策や金融取引の技術等を用いて作られた**租税回避スキーム**（仕組み）としての商品も存在します。

租税回避スキームの位置付け

節　税	租　税　回　避	脱　税
		（仮　装）　　（隠ぺい）

租税回避スキーム

（合法）　　　　　（異常であるが合法）　　　　　　（違法）

❹ 一般的租税回避否認規定

　2013年、英国で一般的租税回避否認規定(General Anti-Abuse Rule：以下「ＧＡＡＲ」といいます)を取り入れた財政法が成立し、わが国以外のＧ７各国にＧＡＡＲが導入されました。ＧＡＡＲ規定として英国では、「濫用的な取決めがあった場合、当該取決めから生じるであろう租税利益はないものとみなされる」とし、租税回避スキームに対抗しようとしています。また、2010年、ドイツでもこれまでの「法の形成可能性の濫用」に対する租税回避否認規定を、「濫用」を一定程度に定義する形での改正が行われています。

　なお、欧州委員会が採択した租税回避対抗指令（Anti-Tax Avoidance Directive ＡＴＡＤ）では、個別の租税回避対策に関する規定がない場合には、一般的租税回避防止規則（ＧＡＡＲ）で対応することとしています。

　わが国では、昭和36年（1961年）の「国税通則法の制定に関する答申」において、租税法律の解釈に当ってはその経済的意義を考慮しなければならないとする**実質課税の原則**の一環として、租税回避行為は課税上これを否認することができるとする税制調査会答申がされましたが、恣意的課税の危険性をはらむという反対意見もあり、見送られた経緯があります。

　わが国では、一般的租税回避否認規定に類似するものとして、同族会社等の行為計算否認規定等（法法132〜132の３、147の２、所法157）があります。（個別的否認規定としては、法法34②、措法66の６があります。）

　法の不備を利用するような予測できない行為に備えた否認規定は、一般的・抽象的であることにこそ意味があるとする考え方もありますが、ス

海外子会社の配当と株式譲渡とを組み合わせた租税回避に対応するため、株式簿価から配当の益金不算入分が減額される（令和２年改正）

米国では、「タックス・シェルター」と呼ばれる租税弁護士や会計士の手によって税負担を回避・軽減する仕組みがいろいろと考案され、利用されています。

タックス・ヘイブン対応税制（CFC税制）の租税回避をめぐり争われた事例（東京地判令３・３・16）

英国2013年財政法209条1項、ドイツ租税基本法42条2項。

米国では、2010年の経済的実質主義の制定法化において、「経済ポジションの有意な変化」という客観的要件と「納税者の課税以外の目的」の有無という主観的要件の２つを満たさなければ否認の対象となるとしています（内国歳入法7701条(o)）。

組織再編成の行為計算否認の是非をめぐり争われた事件（東京高判令2・12・11）

同族会社の行為計算否認規定を争ったいわゆるユニバーサルミュージック事件（東京高判令2・6・24）

キームに対する法制の整備は、正当な取引までも締め付けるものであってはなりません。また、現実には、租税回避否認規定は牽制効果にすぎず、その適用は困難であることが多いといわれています。

　なお、租税回避を濫用として否認する場合であっても、その根拠を民法の権利濫用（民法1③）に求めることはできず、英国やドイツのようにその否認規定を条文上設けることが租税法律主義からは求められるものといえます。

第12　納税義務の確定・納付等

1　納税義務の成立

　主な国税の納税義務の成立時期は、次によっています（通法15②）。

①	所得税	暦年の終了のとき
②	源泉徴収による所得税	利子、配当、給与、報酬、料金その他源泉徴収をすべきものとされている所得の支払いのとき
③	法人税	事業年度終了のとき、連結事業年度終了のとき、特定信託の所得計算期間終了のとき
④	相続税	相続又は遺贈による財産の取得のとき
⑤	贈与税	贈与による財産の取得のとき
⑥	消費税等	課税資産の譲渡等をしたとき、又は課税物件の製造場からの移出若しくは保税地域からの引取りのとき

2　納税義務の確定

　成立した納税義務の確定の仕方には、次の3つの方式があります（通法15・16①）。

(1)　**申告納税方式**　納税者が自ら所得金額などの課税標準や税額を計算し、それに基づいて申告し、納付する方式です。国税では、ほとんどが申告納税方式ですが、地方税では、数税目だけに用いられています。

(2)　**賦課課税方式**　税務官署が納付すべき税額を決定する方式です。地方税では、ほとんどがこの方式によっています。

(3)　**自動的確定方式**　納税義務の成立と同時に、特別の手続をしないで納付すべき税額が確定する方式です。源泉徴収による国税、自動車重量税、印紙税、登録免許税などがこれに当たります。

　利子、配当、給与、報酬などの特定の所得については、支払者（源泉徴収義務者）がその所得などを支払うときに、一定の税金を差し引いて国又

個人の土地・建物等の譲渡損の通算が、法の施行日前に遡ることができるか否かが争われた事例（最判平23・9・30）

所得税・法人税・消費税等、税が一定期間に課される期間税においては、確定申告時の税の納付能力や税の歳入時期の分散を考慮して、期間の途中で予定的に税を徴収する制度があります。所得税の源泉徴収、予定納税、法人税の中間申告、消費税の中間申告等は、いずれもその例です。

申告納税方式による国税の納税者は、法律の定めるところにより、法定納期限までに納税申告書を提出しなければなりません（通法17①）。これを確定申告書といいます（所法2①三十七　法法

は地方公共団体に納付します。これを**源泉徴収制度**といいます。給与所得者の大部分の人は、その年の最後の給与の支払の際に所得税が精算されます（これを**年末調整**といいます）。したがって、災害に遭った人や、医療費が多く税金の還付を受ける人などを除いて、給与所得者のほとんどの人は、所得税の確定申告をする必要はありません（所法121）。

③ 納税義務者

納税義務者の中には、個人・法人のいずれが納税義務者になるのか選択できる制度、個人であっても法人課税の対象となるもの、特殊な計算が行われるものがあります。以下、海外のものを含むこれら制度について説明します。

⑴ チェックザボックス規則

チェックザボックス規則とは、アメリカの連邦税に関して、法人以外の企業体に対して、企業体そのものを課税主体とする事業体課税か、それともその構成員に対する課税を採るかの選択権を与える米財務省の規則をいいます。同規則では**事業体課税（ペイスルー）**の場合、事業体に対する法人課税が、**構成員課税（パススルー）**の場合、所得を構成員に按分したうえで各構成員に対する課税が行われます。

⑵ 信託

信託とは、自己の財産を信頼できる第三者（受託者）に譲渡するとともに、当該財産の運用で得られる利益をある者（受益者）に与える旨を取り決めることをいいます。信託においては、受益者に対する課税が原則です。しかし、**受益者が存しない信託**の場合、収益が発生してから現実に分配されるまで課税が先送りされてしまいます。そのことを防ぐため、受益者がいない場合には当該財産を運用する者を法人とみなし、受託者に法人税を課す**法人課税信託**として扱われます（法法4の7①、所法6の3）。

このように法人課税信託では、信託財産を受託した段階で課税を行うこととし、信託財産から生ずる所得について受託者の固有財産に帰属する所得とは区分するため、固有資産等とは切り離し信託財産ごとにそれぞれ別の法人が受託したものとみなして、課税する方法がとられています。

⑶ 特定目的会社

特定目的会社（以下「ＳＰＣ」という）とは、金融機関や不動産会社が保有する債権や不動産を譲り受け、それを担保に有価証券を発行して資金調達を目的に設立される会社のことをいいます。ＳＰＣには、保有する債権や不動産を有価証券として小口化することで、広く資金を集めることができます。このようにＳＰＣは資産の流動化が目的であるため、その利益分配については配当の支払額が配当可能所得の90％を超えていること等を

2三十一他）。
法定納期限等については、209ページ【参考資料】1を参照。
源泉徴収制度については、30ページの**第13**を参照。

チェックザボックス規則は、米財務省規則301.7701-1にあります。
それまでアメリカでは、有限責任・永続性・経営の集中・持分の譲渡性の4つのうち2要素以上を持つものについては、法人として課税されていましたが、その要素の明確性が課題となっていました。

受益者が存しない信託の例として、将来生まれてくる子を遺言で設定する信託や、高齢の飼い主が自分がいなくなった後のペットの世話を第三者に依頼する場合が考えられます。

ＳＰＣは、Specific Purpose Companyの略。

条件に、支払う**配当金**を利益処分ではなく**損金算入することが認められて**います（措法67の14）。

(4)　共通連結法人税課税標準（ＣＣＣＴＢ）

2011年、欧州委員会はＥＵにおける法人とその支店の利益の計算方法として、**各事業体の利益を連結し、一定の方法で加盟国に配分**する共通連結法人税課税標準の提案を行っています。同制度は、加盟国により異なる税制が二重課税・コンプライアンス問題・各国に対する投資への障害となっているなどの諸問題を解決し、ＥＵ単一市場として成長と雇用の促進策となることを目的としています。

4　納税と滞納処分

確定した税額は、その法定納期限までに納付しなければなりません（通法34・35）。納税者が納期限までに納付しない場合には、特別な場合を除き、納期限から50日以内に督促状が発せられます（通法37）。

督促状が発せられた日から起算して10日を経過した日までに納付されない場合は、原則として、国税徴収法その他の規定により差押えや公売等の滞納処分が行われます（通法40、徴法47～74・80～114）。ただし、災害、病気、廃業などにより納税が困難なときは、納税の猶予、滞納処分の停止などの緩和措置が講じられます（通法46、徴法151～154）。

（側注）

ＣＣＣＴＢは、Common Consolidated Corporate Tax Baseの略。

法定納期限までに納付しないときは、法定納期限の翌日の完納の日までの日数に応じて延滞税や利子税が課されます（令和6年の場合）。
延滞税：
・納期限の翌日から2か月間2.4%
・その翌日以後8.7%
利子税：0.9%

第13　源泉徴収制度

　所得税は、所得者自身が、その年の所得金額とこれに対する税額を計算し、これらを自主的に申告して納付する「**申告納税制度**」が建前とされていますが、これと併せて特定の所得については、その所得の支払の際に支払者が所得税を徴収して納付する「**源泉徴収制度**」が採用されています。

1　源泉徴収制度の意義

　源泉徴収制度は、給与や利子、配当、税理士報酬などの所得を支払う者が、その所得を支払う際に所定の所得税額を差し引いて徴収し、これを国に納付するというものです。

　この源泉徴収制度により徴収された所得税は、源泉分離課税とされる利子所得などを除き、例えば、報酬・料金等に対する源泉徴収税額については確定申告により、また、給与に対する源泉徴収税額については、通常は年末調整という手続を通じて、精算されます。

　なお、源泉徴収の対象となる所得は、①給与所得、②利子所得、③配当所得、④退職所得、⑤雑所得(公的年金等)、⑥特定口座内上場株式等の譲渡、また個人ではなく法人が得た利子・配当収入などもその対象になります。

2　源泉徴収義務者

　源泉徴収制度においては、源泉徴収に係る所得税を徴収して国に納付する義務のある者を**源泉徴収義務者**といいます。源泉徴収の対象とされている所得の支払者は、それが会社、学校、官公庁であっても、また、個人であっても、全て源泉徴収義務者となります（所法6）。

　ただし、常時2人以下の家事使用人のみに給与の支払をする個人は、その給与や退職手当について源泉徴収は要しません（所法184、200）。

3　源泉徴収をする時期

　所得税の源泉徴収をする時期は、現実に源泉徴収の対象となる所得を支払う時です。したがって、これらの所得を支払うことが確定していても、現実に支払われなければ源泉徴収をする必要はありません。

源泉徴収制度は、利子所得については明治32年から、給与所得については昭和15年から採用されていますが、諸外国においても多くの国で採用されています。

源泉徴収税額に誤りがある場合に、その受給者が確定申告の手続において、支払者が誤って徴収した金額を算出所得税額から控除し又は誤徴収額の還付を受けることはできないとした事例（最判平4・2・18）

非居住者に対する国内不動産の譲渡対価を支払う者の源泉徴収義務があるとした事例（東京高判平28・12・1）

4　源泉徴収をした所得税の納付

　源泉徴収義務者が源泉徴収をした所得税は、所得を支払った月の翌月10日までに、国に納付します（所法181ほか）。

　なお、給与の支給人員が常時10人未満である源泉徴収義務者については、納付手続を簡単にするために7月と翌年1月の年2回にまとめて納付することができます（所法216）。

【居住者に対する源泉徴収の概要】

所得の種類	源泉徴収税率
利子等	支払金額×15％（ほかに住民税5％）
配当等	上場株式等の配当等は、支払金額×15％（ほかに住民税5％） 上場株式等以外の配当等は、支払金額×20％
給与所得	毎月（日）の給料や賞与に応じて源泉徴収税額表（月額表、日額表、賞与に対する源泉徴収税額の算出率の表）に基づき5～45％の税率
退職手当等	退職手当の金額と勤務年数等に基づき5～45％の税率「退職所得の受給に関する申告書」が提出されていない場合には、支払金額×20％
公的年金等	支払金額から公的年金等控除額を控除した金額に、扶養親族等申告書の提出あるときは5％、扶養親族等申告書の提出がないときは10％
・弁護士、税理士などの業務に関する報酬・料金 ・原稿料、講演料など ・職業野球の選手、プロサッカーの選手、モデルなど ・芸能人などに支払う出演料等	支払金額×10％ ただし、同一人に対して1回に支払う金額が100万円を超える場合には、その100万円を超える部分については20％
司法書士、土地家屋調査士、海事代理士などの業務に関する報酬・料金	（支払金額－1万円）×10％
プロボクサーの業務に関する報酬・料金	（支払金額－5万円）×10％
バー・キャバレー等のホステス、バンケットホステス・コンパニオン等の業務に関する報酬・料金	（支払金額－控除額）×10％ (注) 控除額＝（5,000円×支払金額の計算期間の日数）－別に給与等を支払う場合は、その計算期間の給与等の額
事業の広告宣伝のための賞金	（支払金額－50万円）×10％
社会保険診療報酬支払基金が支払う診療報酬	（支払金額－月20万円）×10％
馬主に支払う競馬の賞金	｛支払金額－（支払金額×20％＋60万円）｝×10％
特定口座内保管上場株式等の譲渡による所得等	支払金額×20％

　非居住者又は外国法人に対し国外において国内源泉所得を支払った場合の納付期限は、その支払った月の翌月末日とされています。

　源泉徴収された支払のうち、給与・退職・公的年金や金額基準以下のものを除き、支払調書が作成されます。支払調書は、取引において金銭を支払う側がその内容を託して税務署に提出するものです（**第46**確定申告と支払調書（93ページ）参照）。

　平成25年分から令和19年分までは、別途、その年分の「基準所得税額の2.1％」の復興特別所得税が課税されます（復興財源確保法9、13）。したがって、源泉徴収税率の10％は10.21％、15％は15.315％、20％は20.42％となります。

第14 修正申告と更正の請求、期限後申告

　納税者がすでに提出した申告書等に、間違いがあったときの訂正の方法には、①修正申告と②更正の請求の2つの方法があります。

1 修正申告

　納税者は、すでに提出した確定申告書等について、①税額が少な過ぎたとき、②還付金が多過ぎたとき、③欠損金が多過ぎたときには、税務署長からの更正の通知があるまでは、いつでも修正申告をすることができます（通法19）。

2 更正の請求

　納税者は、すでに提出した確定申告書等について、①税額が多過ぎたとき、②還付金が少な過ぎたとき、③欠損金が少な過ぎたときには、その申告書の法定申告期限から5年（③の法人税については、10年）以内に限り、税務署長に更正の請求をすることができます（通法23①、所法152・153、法法80の2ほか）。

　なお、5年の更正の請求期間が過ぎた後でも、申告した内容と異なる判決が出たり、契約の取消しなどがあったり、国税庁長官の法令の解釈が変更されて公表された場合など、一定の場合には、その事実があった日の翌日から2か月以内であれば、特例による更正の請求をすることができます（通法23②、所法152・153、法法80の2ほか）。

3 期限後申告

　納税者が法定申告期限内に確定申告書を提出しなかった場合を、**無申告**といいます。

　納税者は、法定申告期限後でも確定申告書を提出することができます。この場合の確定申告を、**期限後申告**といいます（通法18）。

装・隠蔽の場合は40％）が課されます。また、一定期間繰り返し行われる無申告行為に対する無申告加算については、さらに10％加重されます（通法66）。これは期限内に申告した人と差をつけるためのペナルティーです。さらに、令和7年以降、隠蔽、仮装された事実に基づき更正請求書を提出していた場合についても、重加算税の適用に加えるとされています。

なお、税務署の調査があったことにより、更正又は決定があることを予知してされたものでない自発的な期限後申告書を提出したときは、無申告加算税は5％又は10％（一定期間繰り返し行われた場合は20％又は25％）に軽減されます（通法66①、⑥）。また、期限後申告書が法定申告期限から1か月以内に提出され、かつ、その申告書にかかる納付すべき税額の全額が法定納期限までに納付されているなど期限内申告書を提出する意思があったと認められる一定の場合には、無申告加算税は課さないこととされています（通法66⑦、通令27の2）。

　税務調査途中での修正申告書の提出が、「更正を予知」したものといえるかが争われた事例（東京地判平24・9・25）

（側注）

修正申告によって追加の税額を納める場合は、利息的な要素を持つ**延滞税**が課されます。逆に、更正の請求によって税金の還付があった場合には、**還付加算金**が課されます。

税務署長から決定の通知を受けたときは、本来納める税額のほかに無申告加算税（納税額に応じて15％、20％又は30％、仮

第15　更正・決定

　所得税や法人税だけでなく、申告納税方式をとっている税金について、申告をしなかったり、正しい申告がされていないときは、税務署長は次のように更正又は決定をします。

1　更正

　更正とは、税務署長が行う処分で、納税者が申告した税額や税務署長が決定した税額等に誤りがあったときに、税務署長の職権で、それを正しい所得や税額に直すことをいいます（通法24・26、所法154〜156、法法129ほか）。

　申告した所得金額が過大であるため、その所得金額について減額更正がされる場合には、その更正の原因が事実を仮装して経理したことに基づくものであるときは、その事実について決算において修正経理をし、その決算に基づく確定申告書の提出があるまで、その更正をしないことができることとされています（法法129②）。

2　決定

　納税申告書の提出義務がある者が申告書を提出しなかった場合には、調査により、課税標準等及び税額等が決定されます（通法25）。

3　再更正

　更正又は決定後、さらに調査した結果、その更正又は決定した課税標準等又は税額等に過不足額があることが判明した場合には、調査額に基づいて再更正がされます（通法26）。

4　推計による更正又は決定《推計課税》

　税務署長が更正又は決定をする場合には、その者が青色申告でないとき（白色申告であるとき）は、その者の財産若しくは債務の増減状況、収入若しくは支出の状況又は生産量、販売量その他の取扱数量、従業員数その他の事業の規模により、その者の課税標準を推計して更正又は決定をすることができます。これらを**推計課税**といいます（所法156）。

　推計課税による更正・決定をするためには、次の要件が必要です。

① 推計課税の**必要性**　実額計算ができない場合だけ可能

② **合理性**　推計の方法、内容に妥当性があること

　また、青色申告でない（白色申告である）個人事業者等の従業員別の給与の支払金額の推計が困難である場合には、各従業員に同じ額の給与を支

税務署が行う更正等を含むすべての処分については、白色申告者を含めその理由を記すことが義務付けられています（通法28ほか）。

更正により、追加の税額を納める場合は、10％又は15％の**過少申告加算税**（ただし、仮装又は隠蔽があったときは追徴税額の45％又は50％の**重加算税**）がかかります（通法65①②・68）。（33ページ参照）

会社が被害者である従業員の横領による売上除外に対する重加算税の賦課の当否が争われた事例（金沢地判平23・1・21）

一定の要件に該当する場合、白色申告者に対して推計課税が認められています（所法156）。次のような場合は推計の必要性があるとされています。

①帳簿書類の備付がない場合

②帳簿等の記載が不備、不正確で信ぴょう性がない場合

③帳簿書類の提示をしないなど調査に応じない（非協力）場合

推計の必要性が争われた事例（大阪地判昭52・7・26、東京高判昭57・5・27）

合理性が争われた

払ったものとみなして推計により、所得税の源泉徴収ができます。

事例（大阪高判平 8・3・22）

【参考】国税の加算税制度の概要

名称	課税要件	課税割合 （増差本税に対する）	不適用・割合の軽減	
			要件	不適用・軽減割合
過少申告加算税 （注1〜3）	期限内申告について、修正申告・更正があった場合	10% 期限内申告税額と50万円の いずれか多い金額を超える部分〔※〕 15%	・正当な理由がある場合 ・更正を予知しない修正申告の場合 （注4）	不適用
無申告加算税 （注1・3・5・6）	①期限後申告・決定があった場合 ②期限後申告・決定について、修正申告・更正があった場合	15% 〔50万円超300万円以下の部分〕 20% 〔300万円超の部分〕【令和5年度改正】 30%（注7）	・正当な理由がある場合 ・法定申告期限から1月以内にされた一定の期限後申告の場合	不適用
			更正・決定を予知しない修正申告・期限後申告の場合 （注4）	5%
不納付加算税	源泉徴収等による国税について、法定納期限後に納付・納税の告知があった場合	10%	・正当な理由がある場合 ・法定納期限から1月以内にされた一定の期限後の納付の場合	不適用
			納税の告知を予知しない法定納期限後の納付の場合	5%
重加算税 （注5・6・8）	仮装隠蔽があった場合	〔過少申告加算税・不納付加算税に代えて〕 35% 〔無申告加算税に代えて〕 40%	〔※〕の例 申告納税額250万円 修正申告により 納付すべき税額 50万円 15% 100万円 10% 期限内申告100万円	

(注1) 国外財産調書・財産債務調書の提出がある場合には5％軽減（所得税・相続税）する。国外財産調書・財産債務調書の提出がない場合等には5％加算（所得税・相続税（財産債務調書については所得税））する。税務調査の際に国外財産の関連資料の不提出等があった場合には更に5％加算する。

(注2) 電子帳簿（優良な電子帳簿）に記録された事項に関して生じる申告漏れ（重加算税対象がある場合を除く。）については、過少申告加算税を5％軽減する。

(注3) 税務調査の際に帳簿の提示又は提出の要求に対し、帳簿の不提出等があった場合には、過少申告加算税又は無申告加算税を5％又は10％加算（所得税・法人税・消費税）する。

(注4) 調査通知以後、更正・決定予知前にされた修正申告に基づく過少申告加算税の割合は5％（※部分は10％）、期限後申告等に基づく無申告加算税の割合は10％（50万円超300万円以下の部分は15％、300万円超の部分は25％）とする。

(注5) 過去5年内に、無申告加算税（更正・決定予知によるものに限る。）又は重加算税を課されたことがあると■■■■■■■■■■■する。

(注6) 前年度及び前々年度の国税について、無申告加算税（申告が、調査通知前に、かつ、更正予知する前にされたものであるときに課されたものを除く。）又は無申告重加算税を課される者が更なる無申告行為を行う場合には、10％加算する。

(注7) スキャナ保存が行われた国税関係書類に係る電磁的記録又は電子取引の取引情報に係る電磁的記録に記録された事項に関して生じる仮装隠蔽があった場合の申告漏れについては、重加算税を10％加算する。

(注8) 仮装又は隠蔽された事実に基づく「更正の請求書」の提出については、重加算税の対象となる。（令和7年1月1日以後に法定納期限が到来するものから適用）

（財務省HPより）

第16　国税の更正等の期間制限（除斥期間）

　税務署長が納税義務の確定手続を行うことのできる期間は、制限されています。これを更正、決定等の**期間制限**（又は確定権の**除斥期間**）といいます。更正、決定等のできる期間は次のとおりです（通法70）。

1　更正・決定等の期間制限

　更正、決定等ができる期間は、国税の法定申告期限から5年を経過する日までです。ただし、法人税に係る純損失等の金額についての更正は、法定申告期限から10年を経過する日までとされています（通法70①、②）。

　なお、税額算出の基礎となる課税標準申告書の提出を要する国税で、その申告書の提出があったものに係る減額の決定は、当該申告書の提出期限から3年を経過する日までとされています（通法70①）。

2　期間制限の特例

　次に定める一定の事実が後発的に生じたものについて、それぞれの期間の満了する日が更正又は決定をすることができる期間の満了する日後に到来する場合には、次のそれぞれの期間内においても更正又は決定をすることができます（通法71①）。

(1)　更正決定等に係る不服申立てや訴えについての裁決等による原処分の異動又は更正の請求に基づく更正によって課税標準等又は税額等に異動を生ずべき国税で、その裁決等又は更正を受けた者に対する更正決定等については、その裁決等又は更正があった日から6か月間

(2)　申告納税方式による国税につき、その課税標準の計算の基礎となった事実のうちに含まれていた無効な行為により生じた経済的成果がその行為の無効によって失われたこと、その事実のうちに含まれていた取り消すことができる行為の取消しその他の法定の理由に基づく更正については、その理由が生じた日から3年間

> 納税者による修正申告・更正の請求、課税庁による増額更正・減額更正の期間は、5年です。

> 偽りその他不正行為があるときは、法定申告期限から7年を経過する日まで、更正や決定ができます（通法70②）。

【参考】更正・決定の除斥期間、更正の請求期間

		内容	期間 ※特段の記述がない場合は「法定申告期限」から
更正・決定の除斥期間	原則	通常の更正・決定	5年 (注2) (注3) (贈与税については6年、移転価格税制に係る法人税等については7年)
		・偽りその他不正の行為の場合の更正・決定 ・国外転出時特例の対象となる場合 (注1) の更正・決定	7年
		法人税に係る純損失等の金額についての更正	10年 (注2)
	特例	裁決・判決等に伴う更正・決定	裁決・判決等があった日から6月
		経済的成果の消失等に伴う更正	理由が生じた日から3年
		災害による期限延長等の場合の更正の請求に係る更正	更正の請求があった日から6月
		国外取引等の課税に係る更正・決定	外国税務当局に情報交換要請をしてから3年

		内容	期間
更正の請求期間	原則	通常の更正の請求	5年 (贈与税については6年、移転価格税制に係る法人税等については7年)
		法人税に係る純損失等の金額についての更正の請求	10年
	特例	後発的事由に基づく更正の請求 (注4) ・課税標準等の計算の基礎となった事実に関する訴えについて、判決等により、その事実が異なることが確定したとき　等	事由が生じた日の翌日から2月

（注1）　国外転出時までに納税管理人の届出及び税務代理権限証書の提出がある場合など一定の場合には、除斥期間は5年間となる。

（注2）　更正の除斥期間終了間際になされた更正の請求に係る更正は、更正の請求があった日から6月間行うことができる。

（注3）　納税者が、税務調査において、国外取引等に関連する資料を指定された期限までに提示・提出せず、外国税務当局に対して情報交換の要請が行われた場合には、その要請から3年間は更正・決定を行うことができる。

（注4）　国税通則法の他、各税法の規定による特例がある。

（財務省HPより）

第17　税務調査と情報照会手続規定

1　税務調査

　申告納税制度の下では、納付すべき税の額は納税者の申告により、第一次的に確定します。納税者の自主的な申告と納税という申告納税制度を補い、担保するため、申告の内容を国税庁、国税局又は税務署の職員によりチェックする税務調査があります。税務調査においては、これを受け入れない納税者等に対抗するため、当該税務職員に質問や検査の権限が与えられており、これを質問検査権といいます。

　質問検査の対象者は、①納税義務者、納税義務があると認められる者、損失申告書、確定申告書等を提出した者、②支払調書等を提出した者、③①の者の取引関係者です。また、税務職員は、必要があるときは、提出された物件を留めおくことができます（通法74の2～74の8）。

　税務調査は、納税者に実力を持ってこれを強制できないという点で任意調査といわれています。しかしながら、納税者等は、当該職員の質問検査に対しては、これに応ずる**受忍義務**があります。もし、質問検査に対して検査拒否、質問不答弁、虚偽答弁等をしたときは、受忍義務違反として1年以下の懲役又は50万円以下の罰金が課されます（通法127、129）。

　国税局査察部が行う犯則事件調査、いわゆる強制調査は、犯則嫌疑者もしくは参考人に質問検査をし、地方裁判所又は簡易裁判所の裁判官の許可を得て、臨検・捜索・差押えをすることができます（国犯法2）。

2　税務当局による情報照会手続規定

　税務当局による情報照会の仕組みについて、情報公開手続等の規定が設けられています（通法74の12①）。

(1)　事業者団体に対する諮問

　国税庁等の職員は、事業を行う者の組織する団体にその団体員の所得の調査（犯則事件の調査を除きます。以下同じです。）に関し参考となるべき事項を諮問することができます。

　また、令和2年（2020年）、インターネット等を使用して提供する場を利用して行われる取引に対し、取引情報の取得ができるよう法改正が行われています（国税通則法74条の7の2）。

(2)　官公署等への協力要請

　国税庁等の職員は、国税に関する調査等について必要があるときは、官公署又は政府関係機関にその調査に関し参考となるべき帳簿書類その他の物件の閲覧又は提供その他の協力を求めることができます（通法74の12⑥⑦）。

税務調査が、裁判所の令状なく検査や自己に不利益な供述を強制することと、憲法35条（捜索・押収の制限）・38条（自白の証拠能力）との関係が問われた事例（最判昭47・11・22）

税務調査は、質問検査の必要があり、かつ、これと相手方の私的利益との衡量において、社会通念上、相当な程度にとどまる限り、権限ある職員の合理的な選択に委ねられているとした事例（最判昭48・7・10）

税務調査は、納税者の事業所等に臨場して行う「実地調査」と文書や電話、来署依頼による面接などの「実地調査以外の調査」があります。

⑶　事業者等への報告の求め

　所轄国税局長は、次の要件の全てを満たす場合には、事業者、官公署又は特別の法律により設立された法人（以下「事業者等」といいます。）に、特定取引者の氏名又は名称、住所又は居所及び個人番号又は法人番号につき、60日を超えない範囲内において定める日までに、報告を求めることができることとされています。

第18　国税の徴収権の消滅時効

　国税の徴収権の消滅時効は、原則として、その国税の法定納期限から5年です。なお、国税の徴収権の時効については、国税通則法に別段の定めがあるものを除き、民法の規定が準用されます（通法72③）。

　ただし、脱税分に係る国税の徴収権の消滅時効は、法定納期限から2年間、国外関連者との取引に係る法人税の徴収権の消滅時効は、法定納期限から1年間（その期間経過前に更正決定等又は申告があったときは、その日までの期間）進行しません（通法73③、措法66の4㉒）。また、差押えなど、一定の処分が行われたとき、国税の徴収権は、その処理の効力が生じたときに中断し、その期間を過ぎたときから更に進行します（通法73①）。

　国税徴収法は、国税債権を確保するために国に対して国税の優先権と自力執行権を認めています（徴法8、47①他）。

　国税が滞納になった場合、税務署等の徴収職員は滞納処分のために滞納者や滞納者が債権又は債務を有する者等に質問し、検査することができます。また、滞納者の物又は住居その他の場所につき捜索する権限及び財産を差押える権限が与えられています（徴法2十一・47①、141、142）

還付金等に係る請求書についても、その請求をすることができる日から5年間行使しないと、時効により消滅します（通法74）。

徴収職員の捜索、差押えは、裁判所の許可はいりません。滞納処分の手続規定に基づき、徴収職員が滞納処分のために必要があると判断したとき、その権限により行うことができます（徴法47①、142）。

【参考】納税義務の成立から消滅まで

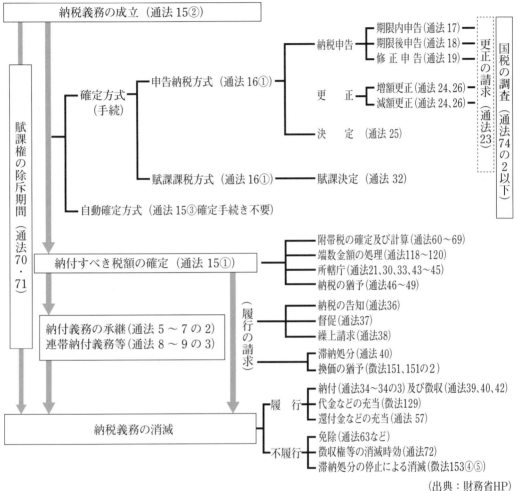

（出典：財務省HP）

第19 不服申立てと訴訟

　税務署長が行った更正や決定などの処分に対して、不服があるときには、**不服申立て**をすることができます。また、不服申立てをした際の決定や裁決に、納得できない場合には、訴訟を提起することができます。

1 再調査の請求と審査請求

　税務署長が行った更正や決定などの処分に、不服を申し立てる制度として再調査の請求と審査請求があります。

(1) 再調査の請求

　①税務署長（国税局長又は国税局の職員がした処分は国税局長、税関長

又は税関の職員がした消費税等の処分は税関長）がした処分に対しては、選択により、その処分をした長に対して再調査請求を行うか、②国税不服審判所長に対して審査請求を行うことができます（通法75、82）。

(2)　**審査請求**

　①　再調査の請求の決定処分に不服があるときは、国税不服審判所長に対して審査請求を行います（通法75～90）。

　②　国税庁長官がした処分に対しては、国税庁長官に審査請求を行います。

　③　国税庁、国税局、税務署及び税関以外の行政機関の長又はその職員がした処分に対しては、国税不服審判所長に審査請求を行います。

2　税務訴訟

　不服申立てをした後、その決定や裁決になお不服があるときは、裁判所に対して、取消訴訟を提起することができます（通法114）。その一連の流れは、次の図のようになっています。

■取消訴訟の流れ

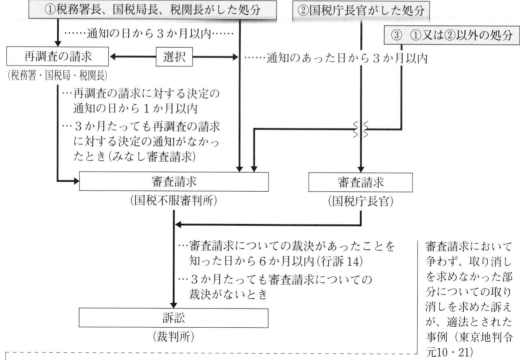

裁判により更正処分が取り消されて本税の納税義務が消滅しても、加算税の賦課決定処分は行政処分の公定力により加算税の納税義務は消滅しない。(最判令2.2.20)

国税不服審判所の裁決は、行政庁内部の最終結論です。この裁決を経ないと裁判所に訴えることができません。これを**不服申立前置主義**といいます（通法115）。

更正の後、再更正が行われたが、前者のみに審査請求が行われ、後者との併せ審理がなされた事案につき、不服申立前置に反するかが争われた事例（東京高判平23・2・16）

審査請求において争わず、取り消しを求めなかった部分についての取り消しを求めた訴えが、適法とされた事例（東京地判令元10・21）

第20　通達

　税法の具体的な適用に当たっては、解釈に疑義が生じることがあります。そこで、課税庁（国税庁、総務省自治税務局など）は、課税当局がとるべき基準として解釈通達などを定めています。

　例えば、国税の通達は、国税庁長官がその所掌事務について、国税局や税務署の職員に対して発する命令です。（国家行政組織法14②）

　通達を税法の法源というかどうかについては、議論のあるところですが、現実として、納税者側においても、この通達に基づいて申告や納税を行うことが多く、その果たす役割は大きいといえます。

　通達は、一般には、税法ごとに基本通達と個別通達が定められています。その中から、実務でよく利用されている基本通達を、わかりやすくフローチャートで図解した２つの事例を、次ページ以下に【参考】として紹介しておきます。

税務当局の窓口相談等の行政サービスでの回答と異なる課税処分について争った事例（裁決令3・2・16）

【参考１】資本的支出と修繕費の区分等の基準（フローチャート）

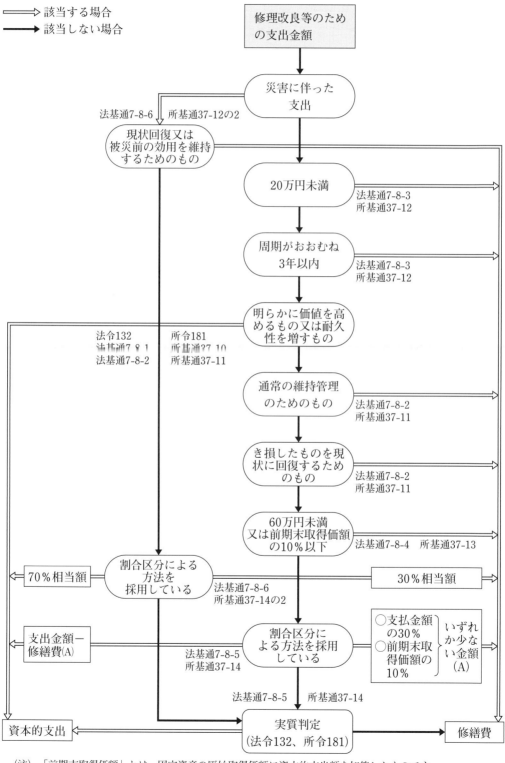

（注）　「前期末取得価額」とは、固定資産の原始取得価額に資本的支出額を加算したものです。

【参考２】貸倒損失の事実認定基準（フローチャート）

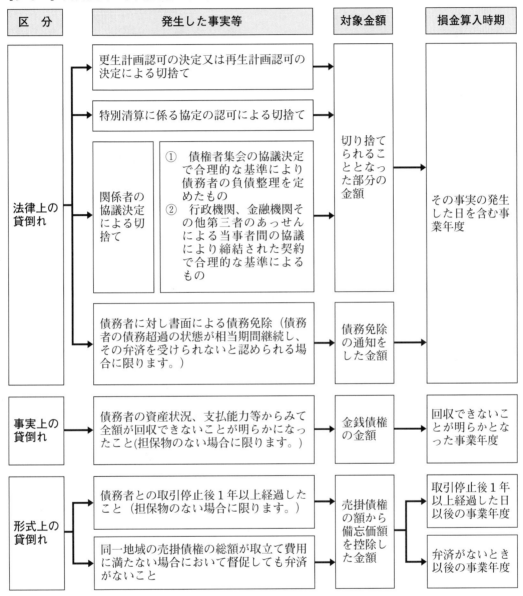

（所基通51-11～13、法基通9-6-1～3）

第Ⅱ編

所 得 税

この編では、最も身近な税である個人に対して課税される「所得税」とは、どのような税金かについて学びます。

具体的には、どのような所得に対して、どのような形で課税されるかを説明しています。

第1 所得課税の考え方

1 制限的所得概念

近世のヨーロッパでは、所得税は地代・利潤・賃金など個々の所得に対して課税されていました。わが国においても、昭和22年の税制改正までは、所得を分類し、該当する所得ごとに異なった税率で課税するという方法がとられていました。これらの課税方式は、所得が発生する原因により、課税の可否を決定するという、**制限的所得概念**に基づくものです。

制限的所得概念では、例えば、土地の売却や宝くじの当せん金が（継続的ではないということで）所得ではないとする見方も成り立ち得るからです。

2 包括的所得概念

課税の公平を重視し、再分配を税の目的の一つとするのであれば、課税ベースは、その人の経済的状況を反映し、税負担の能力（担税力）を示すもの全てであるという考え方があります。人が得たすべての収入を課税対象とすべきとする考え方は、**包括的所得概念**と呼ばれています。包括的所得概念は、税収確保の要請からも受け入れられ、現代においては、わが国をはじめ諸外国においても主流となっています。

ここで、所得について改めて考えると、人がある年に得た所得は、その年のうちに使われるか、使われずに貯金などの資産の増加という形で残されるかのいずれかであるということができ、それは、次の計算式で表すことができます。

$$ \boxed{所得} = \boxed{消費} + \boxed{期中純資産増減額} $$

この計算式で興味深いのは、消費は所得を計算するうえで、加算されるということです。この計算式では、例えば、友人から食事をおごってもらうことは、所得を構成するということになります。自己の労働や所有資産から生じる消費についても所得と考えることを帰属所得と呼びます。帰属所得では、例えば、自分の家を持ち、家賃を支払わない人はそれだけ所得が多いと考えます。

このように、包括的所得概念の考えを進めていくと、持ち家など各種財産を所有することによる帰属所得についても、理論的には課税すべきであるということになります。しかしながら、実際には①外部からの収入は得られていないし、②財産を所有することによる所得の評価の問題など、帰属所得に対する課税については、現実的な問題が多く残されています。こうしたことから帰属所得に課税するかどうかは、立法政策の問題ともいえるでしょう。

所得税は、昭和22年（1947年）まで、一般の納税者には**分類所得税**、高額所得者には**総合所得税**を採用するという、制限的所得概念と包括的所得概念が併存していました。

包括的所得概念では、所得の違法性の有無を問わず、その人が得たすべての収入が課税対象となります。アメリカでは、1913年の連邦所得税において、包括的所得概念の考え方が導入されています。

左の計算式のうち、消費に担税力があるとして、消費についてのみ課税するものを支出税といいます。現行の消費税と納税義務者、所得控除の有無、税率などで異なります。

税法上は、人から金品を無償で受け取ることは、所得税の対象とせず、贈与税の対象としています。

第2 所得税とは

(1) 所得税とは

　所得税は、1年間(1月1日～12月31日)に得た所得（会計上の「当期純利益」に近い）に対してかかる国税です（所法7）。

利子・配当などの特定の所得については、法人にも源泉所得税が課税されます(所法7)。

(2) 所得の種類と所得金額の計算方法

　所得の種類とその内容及び所得金額の計算方法は、次のとおりです。

所得の種類・内容・所得金額の計算方法

所 得 の 種 類	所得の内容	所得金額の計算方法
① 利 子 所 得 （所法23）	預貯金、国債、社債などの利子	収入金額＝所得金額
② 配 当 所 得 （所法24）	株式、出資の配当など	$(収入金額) - \left(\begin{array}{l}その株式などを取得す\\るための借入金の利子\end{array}\right)$
③ 不動産所得 （所法26）	土地、建物などの賃貸料など	総収入金額－必要経費
④ 事 業 所 得 （所法27）	商工業、農業などの事業による所得	総収入金額－必要経費
⑤ 給 与 所 得 （所法28）	給料、賃金、ボーナスなど	収入金額－給与所得控除額
⑥ 退 職 所 得 （所法30）	退職手当、一時恩給など	$(収入金額 - 退職所得控除額) \times \dfrac{1}{2}$
⑦ 山 林 所 得 （所法32）	山林の立木などの売却	総収入金額－必要経費－特別控除額
⑧ 譲 渡 所 得 （所法33）	土地、建物、ゴルフ会員権などの譲渡	$\left(\begin{array}{l}総収入\\金\ \ 額\end{array}\right) - \left(\begin{array}{l}売却した資産の\\取得費・譲渡費用\end{array}\right) - \left(\begin{array}{l}特\ \ 別\\控除額\end{array}\right)$
⑨ 一 時 所 得 （所法34）	クイズの賞金、生命保険契約の満期一時金など	$\left(\begin{array}{l}総収入\\金\ \ 額\end{array}\right) - \left(\begin{array}{l}収入を得るために\\支出した金額\end{array}\right) - \left(\begin{array}{l}特\ \ 別\\控除額\end{array}\right)$
⑩ 雑 　 所 　 得 （所法35）	恩給、国民年金、厚生年金	収入金額－公的年金等控除額
	上記のいずれの所得にも当てはまらない所得	総収入金額－必要経費

第3　課税単位・所得の分類・所得税の計算手順

1　課税単位

　所得税の税額計算を個人、夫婦、家族などの人的な単位により行うことを**課税単位**といい、課税単位により税負担に差が生じる場合があります。累進税率の下では、等しい額の所得を一人の納税者のものとして計算するよりも、複数の人に分散する方が税負担が軽くなるため、夫婦や家族に所得を分散しようとすることが行われやすいといえます。

　一方、所得がどの者のものか、その結びつきを**所得の帰属**といいます。

> 夫婦や家族に所得を分散しようとする場合、所得の帰属が問題となります。

2　所得の分類

　所得はその性質により、**勤労性所得**（給与・退職所得等）・**資産性所得**（利子・配当・不動産・山林・譲渡所得等）、**資産勤労結合所得**（事業所得）の3種類に大別することができます。このうち、資産性所得が最も担税力が大きく、自己の勤労以外に資産を必要としない勤労性所得が最も担税力が小さいと考えられます。

　しかし、資産性所得及び資産勤労結合所得は、各種の租税特別措置などによって優遇され、また勤労所得の把握率は源泉徴収制度により、一般に資産性所得及び資産勤労結合所得よりも高いため、結果として、資産性所得軽課・勤労性所得重課となりがちです。

　また、所得の性質によって税金を負担する能力、すなわち**担税力に差**があることから、所得税では**所得の種類を10種類**に分けて計算します（所法22〜38、措法31・32・37の10・41の14ほか）。

> 北欧諸国では、資本所得に重く課税すると資本が国外に逃げてしまうことから、所得を勤労所得と資本所得に2分して課税する一元的所得税制度が導入されています。

3　所得税の計算手順

　所得税の計算の手順は、先ず、①「収入金額」から「収入から差し引かれる金額」を引いて「所得金額」を求めます。次に、②「所得金額」から「所得から差し引かれる金額」を引いて「課税される所得金額」を求めます。そして、③「課税される所得金額」に税率を掛け「所得税額」を求めます。これから、④「税金から差し引かれる金額」を引いたものが、「申告納税額」になります。

> 「収入から差し引かれる金額」とは、不動産や事業所得などの場合の必要経費、給与所得の場合の給与所得控除などをいいます。

（「令和5年分所得税及び復興特別所得税の確定申告の手引き」（国税庁）を基に作成）

第4　青色申告制度

　事業所得、不動産所得、山林所得のある人が、①青色申告承認申請書を税務署長に提出して承認を受け、②一定の帳簿を備え、記録し、③その帳簿や関係書類を保存している場合には、青色と表示した確定申告書に決算書を添付して確定申告をすることができます。これを**青色申告**といいます（所法144、148）。

　なお、前々年分の事業所得と不動産所得の合計額が300万円以下の者は、税務署長に届け出て現金主義による帳簿で記載することができます（所法67）。

（注）　すべての白色申告者にも、記帳義務や記録保存義務が課されています（所法231の2）。

　青色申告の主な特典としては、次のものがあります。

(1)　**所得の計算に関するもの**

　①　青色事業専従者に支払う給与の必要経費算入（所法57）

　②　青色申告特別控除（措法25の2）

　③　貸倒引当金や準備金の必要経費算入

　④　たな卸資産の評価についての低価法の採用

　⑤　各種減価償却資産の特別償却、割増償却

　⑥　減価償却資産の耐用年数の短縮

(2)　**純損失の取扱いに関するもの**

　①　純損失の繰越し（所法70）

　　青色申告者は、年間の所得を計算して赤字が出た場合、その赤字の金額（**純損失の金額**といいます）を、翌年以降3年間繰り越して控除することができます。

　②　純損失の繰戻し（所法140、141）

　　上記①の純損失の金額は、そのうちの一定の金額については、その前年においても青色申告をしていれば、前年分の所得から差し引くことにより税額の還付を受けることができます。

(3)　**税額控除に関するもの**

　　試験研究を行った場合やグリーン投資減税対象設備を取得した場合等には、特別償却の適用に代えて一定の所得税額が控除できます。

(4)　**更正、不服申立てに関するもの**

　　青色申告者に対しての更正は、帳簿書類を調査したうえでなければできません（所法155①）。

青色申告の承認を受けていない人を、通称、「白色申告者」といいます。この白色申告者については、青色申告の特典を受けることができません。

青色申告者は、**正規の簿記の原則**に従って記帳を行い、貸借対照表及び損益計算書を申告書に添付すれば、年間65万円を所得から控除できます。なお、電子申告又は電子帳簿の保存を行わない者については、55万円の控除、それ以外の青色申告者は、年間10万円を所得から控除できます（措法25の2）。

帳簿書類の保存期間
・帳簿：青色・白色とも7年間
・決算関係書類・現金預金取引等関係書類：青色7年間(前々年の所得300万円以下の場合は、5年間)、白色5年間
・その他の書類：青色・白色とも5年間

青色事業専従者とは、青色申告者と生計を一にする親族で、もっぱらその事業に従事している人のことをいいます。

第5　所得税の納税義務者

1　個人の納税義務者の区分

　所得税は、個人が日本国内に居住する形態によって、次のように区分し、それぞれに応じて課税される所得の範囲が定められています（所法7）。

1 居住者	① ②以外の人	日本国内に住所がある人、又は引き続いて1年以上日本国内に居所がある人をいいます（所法2①三）。日本人及び日本に永住している外国人のほとんどがこの居住者にあたります。居住者は、日本国内で生じた所得だけでなく、外国で生じた所得に対しても、所得税が課税されます（所法7①一）。
	② 非永住者	居住者のうち、日本国籍を有しておらず、かつ、過去10年のうち5年以下の期間、日本国内に住所又は居所のある人をいいます（所法2①四）。例えば、2〜3年の間だけ本国から日本に来て仕事をしている人などです。 　非永住者は、日本につながりのある所得（日本国内で生じた所得並びに、外国で生じた所得のうち日本国内で支払われたもの及び日本国内に送金されたもの）について所得税が課税されます（所法7①二）。
2 非居住者		日本に住所のない人、又は日本に住むことがあっても1年以上いることのない人をいいます（所法2①五）。非居住者は、日本国内で得た所得（国内源泉所得）に対してだけ所得税が課税されます（所法7①三）。

＊非永住者の制度は、諸外国には見られない制度です。一般には、1年のうち半分以上を国内に居住するか否か（183日ルール）で、納税義務者を居住者と非居住者とに区分する国が多く見受けられます。

2　任意組合に対する課税

　複数の構成員からなる共同の事業組織で、構成員の契約によって設立されるものを組合といいます（民法667①）。組合は事業の主体ではあっても、法律上の主体ではありません。その活動によって得られる損益は、組合を通り抜けて（パススルー）組合契約で定める損益分配割合に応じて、直接組合員に帰属します。

　任意組合には、一般の組合の他、投資事業有限責任組合（LPS）や有限責任事業組合（LLP）などさまざまな形態があり、パススルー課税の結果、各組合員に税法上の効果が生じます。

日本国籍を有する個人が非永住者と認定された事例（東京地判平25・5・30）。なお、非永住者制度は、外国籍の者のみを対象とするよう平成18年改正が行われています。

映画フィルムの配給会社へのリースを事業目的とした組合が、実質的に映画フィルムを所有しているとはいえず、その組合員である個人や法人の映画フィルムの減価償却費が否認された事例（最判平18・1・24）

任意組合から生じる所得の計算方法が争点となった事例（東京高判平23・8・4）

第6　非課税所得

　所得税は、原則として、すべての所得が課税の対象とされますが、**社会政策上の配慮**や税の負担能力（**担税力**）、あるいは**二重課税の防止**などの理由から、次のような特定の所得が非課税とされています。

(1)　**利子・配当に係る非課税所得**

①　障害者等が受け取る元本350万円以下の郵便貯金、銀行預金、公社債等の利子

②　元本550万円以下（一定のものは385万円以下）の勤労者財産形成住宅（又は年金）貯蓄の利子等

③　納税準備預金の利子

④　オープン型証券投資信託の収益の分配のうち、信託財産の元本の払戻しに相当する部分

⑤　非課税口座（いわゆる一般NISA、つみたてNISA、ジュニアNISA）内の上場株式等にかかる配当金・分配金・譲渡所得

(2)　**給与に係る非課税所得**

①　給与所得者の通勤手当（最高月額15万円）、出張旅費、転勤に伴う引越費用

②　単身赴任者の帰宅旅費

③　使用者から受ける食事・制服・社宅・宿日直料・住宅資金の低利貸付等のうちの一定額

④　国外勤務の居住者が受ける在外手当

⑤　外国政府や国際機構等の職員が受ける給与

⑥　特定の取締役等が受ける内国法人のストックオプションによる一定の経済的利益（権利行使価額の年間限度額1,200万円）

⑦　学資金（役員等一定の者に支給するものを除きます）

(3)　**資産の譲渡に係る非課税所得**

①　家具や衣類など生活用動産の譲渡によって生じる所得

②　資力をなくして債務の弁済ができない人が、滞納処分や強制執行、競売などにより資産を譲渡した場合の所得

③　上記(1)⑤の非課税口座内の少額上場株式等にかかる譲渡による所得

④　起業等のために売却した一定の株式の譲渡益

⑤　国や地方公共団体又は特定の公益法人に資産を寄附した場合の所得

⑥　相続税を物納した場合の所得

⑦　保証債務を履行するために資産を譲渡し、求償権の行使ができなかった場合の所得

⑧　個人に対して資産を贈与した場合の所得（贈与を受けた人に原則と

非課税所得は、原則として、所得税の計算をするときに、初めから所得がなかったものとして扱われます。したがって、非課税所得に損失が生じた場合でも、その損失はなかったものとされます（所法9ほか）。

令和6年1月1日からNISA制度が改正されます（73ページ参照）。

非課税となる通勤手当は、通常の交通手段を利用した実費が月額15万円以下のものをいいます。

生活用動産で、宝石・書画・骨とうなどで一つ又は一組の価格が30万円を超すものを譲渡することによって生じた所得については、生活に通常必要でない資産の譲渡所得として課税されます。

して贈与税がかかります。）

(4)　その他の非課税所得

① 　傷病者や遺族などの受け取る恩給、年金・特別給付金など

② 　地方公共団体が心身障碍者扶養親族制度に基づき試供する給付

③ 　文化功労者年金や学術奨励金等

④ 　学資金及び扶養義務を果たすために支払われる扶養料

⑤ 　心身に加えられた損害又は突発的な事故により資産に加えられた損害に起因して取得する損害保険金、損害賠償金、慰謝料、見舞金などで特定のもの

⑥ 　健康保険、介護保険などの保険給付、出産育児一時金、健康保険被害救済給付金、感染救済給付金など

⑦ 　雇用保険の失業等給付、労働者災害補償保険の保険給付、求職者支援給付金、職業訓練受講給付金、職業転換給付金、自立支援教育訓練給付金、高等職業訓練促進給付金など

⑧ 　生活保護のための給付、児童福祉のための支給金品、児童手当・児童扶養手当、身体障碍者の福祉のための支給金品、生活困窮者住宅確保給付金、子育て世帯等臨時特別支援事業の支援給付金、高校の実質無償化に係る高等学校就学給付金など

⑨ 　オリンピック又はパラリンピック成績優秀者の表彰交付金品

⑩ 　宝くじの当選金など

⑪ 　公職の候補者が選挙運動に関して法人から受ける贈与により取得した金品で公職選挙法による収支報告書で報告したもの

⑫ 　相続、遺贈又は個人からの贈与により取得するもの

⑬ 　葬祭料、香典、災害等の見舞金で社会通念上相当と認められるもの

個人に対して資産を贈与した場合、所得税は非課税ですが、贈与を受けた人に、原則として贈与税が課税されます。

相続財産については、二重課税を避けるため、所得税は課さないこととされています。
相続税の課税対象となった生命保険金を年金形式で支払を受けた相続人に対して、所得税が課税されることは、同一の経済的価値に対する二重課税とされた事例（最判平27・7・6）

第7 利子所得（預貯金の利息等）

1 利子所得とは

　利子所得とは、①公社債及び預貯金の利子、②合同運用信託の収益の分配、③公社債投資信託の収益の分配、④公募公社債等運用投資信託の収益の分配などにより生じる所得をいいます（所法23①）。

2 利子所得の金額の計算

　利子所得の金額は、次のように計算します。

　　| 収入金額 | ＝ | 利子所得の金額 |

　一般に、利子等については、通常、20％（所得税15％、住民税5％）の税金が天引きされ、確定申告をする必要はありません。これを**源泉分離課税**といいます（措法3、所法175・179・181・182）。ただし、**日本国外の銀行に預けた預金の利子**、国際復興開発銀行債、アジア開発銀行債などの公社債の利子は、源泉分離課税とされていないため、確定申告が必要です（措法3の3①）。

3 利子所得にならない利子・利金など

　次の(1)～(3)に掲げる利子は、利子所得にはなりません。

(1)　次の利子等は利子所得ではなく、雑所得となります。

　①　法人の役員等の勤務先預金の利子

　②　学校債、組合債の利子

　③　公社債の償還差益又は発行差益

　④　定期積金等の給付補てん金など

(2)　金銭の貸付けによる利子は、事業所得又は雑所得となります（所法27・35）。

(3)　次の利子は非課税とされています（所法9・9の2・10）（51ページ参照）。

　①　子供銀行預金の利子

　②　障害者等のマル優預貯金の利子

　③　納税準備預金の利子

　④　当座預金の利子

　⑤　勤労者財産形成住宅（又は年金）貯蓄の利子

利子所得には、規定上、必要経費がないので、金融機関の破たんによる損失などは差し引くことができません（所法23②）。

平成25年分から令和19年分まで、別途、その年分の「基準所得税額の2.1％」の復興特別所得税が課税されます（復興財源確保法9、13）。これにより、源泉分離課税の税率15％は15.315％、20％は20.42％として源泉徴収されます。

同族会社が発行した社債の利子及び償還金については、役員等及び法人と特殊関係にある個人、親族等が支払を受けるものは、総合課税の対象とされ、確定申告が必要です。

第8 配当所得

1 配当所得とは

配当所得とは、次に掲げる所得をいいます（所法24①）。

①株式や投資に係る剰余金の配当 ②利益の配当 ③出資に係る剰余金の分配 ④基金利息	⑤公社債投資信託以外の証券投資信託の 収益の分配（オープン型の特別分配金 は非課税です） ⑥特定目的信託の収益の分配に係る所得

2 配当所得の金額の計算

配当所得の金額は、次の算式で計算します（所法24②）。

収入金額	−	株式などを取得するために要した負債の利子	=	配当所得の金額

　次のものは、本来の配当ではありませんが、株主が法人から受ける額が法人の「資本等の額」を超える場合の、その超える金額は、配当とみなされます（所法25）。

(1)　株主が、株式の消却や資本の減少、退社や脱退により持分の払戻し、解散による残余財産の分配、合併などによって法人から受ける額が法人の「資本等の額」を超える場合の、その超える金額

(2)　法人が自己株式を取得した場合

3 配当所得の確定申告

　配当所得は、通常、他の所得と総合して確定申告をします（所法120）。

　なお、配当は、支払われるときに20％（所得税15％、住民税5％）が源泉徴収されます（所法182、措法9の3①）ので、確定申告をして、所得税の精算をすることになります。

　また、次に掲げる配当については、①確定申告をしないで源泉徴収で済ませるか、②確定申告をして、源泉徴収された所得税の還付を受けるか、③上場株式等にかかる配当所得の金額と上場株式等の譲渡損失の金額との損益通算をするかのいずれか有利な方を選択できます（措法8の5）。

(1)　一般の内国法人から支払を受ける配当（(2)〜(5)までに該当するものを除きます）で、1回の支払額が10万円に配当計算期間の月数を乗じ、12で除した額が5万円以下のもの

(2)　上場株式等の配当等

(3)　公社債投資信託以外の公募証券投資信託の収益の分配に係る配当等（(4)に該当するものを除きます）

(4)　特定株式投資信託の収益の分配に係る配当等

(5)　特定投資法人から支払を受ける投資口の配当等

会社が利益の有無に関係なく株主に交付する、「株主優待乗車券」、「株主優待入場券」、「株主優待施設利用券」などの経済的な利益は、配当所得ではなく、原則として、雑所得となります。

みなし配当：利益準備金や配当可能利益の資本組み入れは、株主にいったん配当を行い、その配当金で株主から資本金に払込みがあったことと同じであり、これを配当とみなすというものです。

持株数3％以上の者（大口株主）の配当は総合課税です（措法9の3）。平成25年分から令和19年分まで、別途、その年分の「基準所得税額の2.1％」の復興特別所得税が課税されます(復興財源確保法9、13)。

NISAについては、「**第30　株式等を売ったときの申告分離課税**」欄外（73ページ）参照。

私募公社債等運用投資信託等の収益の分配に係る配当所得は他の所得と区分され、15％の税率による分離課税とされています（措法8の2）。

また、①国外払の国内発行の投資信託や特定目的信託の収益の分配金、②国外投資信託等の配当等、③国外払の国内発行株式の配当等、④国外株式の配当等は、確定申告が必要です。

②及び④については、国内の支払の取扱者を通じて交付を受けるものを除きます。

第9　不動産所得

❶　不動産所得とは

　不動産所得とは、不動産・**不動産上の権利・船舶や航空機**などの貸付けによって生じる所得をいいます（所法26①）。不動産の貸付けによる所得は、貸付けの規模にかかわらず、事業所得ではなく不動産所得になります。ただし、①従業員の寄宿舎、②時間貸しの有料駐車場などは、不動産所得ではなく、事業所得や雑所得になる場合があります。

　不動産上の権利の貸付けとは、**地上権・地役権・永小作権・借地権**などの設定又は貸付けをいいます。借地権などの設定により、一時に受ける権利金や、借地権契約の延長による更新料、借地人の名義が変わるときの名義書換料なども、原則として不動産所得となります。

船舶には総トン数20トン未満のものは含まれません。これらの貸付けによる所得は、事業所得や雑所得になります。

借地権、地役権の設定の対価として支払を受ける権利金等の額が、**土地の価格の50%**（借地権、地役権の設定が地下又は空間について上下の範囲を定めたものであるときは25%）**を超える場合の権利金等による所得**は、譲渡所得となります。

❷　収入金額の計上時期

　不動産所得の総収入金額は、事業所得と同様、1月1日から12月31日までに**収入すべきことが確定**した金額で計算します（所法36）。

(1)　一般的な原則

　収入すべきことが確定した日とは、一般的には、次の日をいいます。
①　契約・その他の慣習で定められている賃貸料の支払期日
②　支払期日の定めがない場合で、請求があったときに支払うべきものは、その請求の日又は実際に支払を受けた日

(2)　供託家賃の収入時期

　係争などにより供託されている家賃の計上時期は、次の日となります。
①　賃貸借契約の存否が争いの原因の場合は、係争が解決した日
②　賃貸料の値上げが争いの原因である場合、供託額のうち賃貸料相当額は、一般的な原則の日、その金額を超える部分は、係争が解決した日

(3)　頭金・権利金・名義変更料・更新料などの収入時期

　一時的に受ける頭金・権利金などの計上時期は、次の日となります。
①　引渡しを要するものは、引渡しの日又は契約の効力発生日
②　引渡しを要しないものは、契約の効力が発生した日

(4)　敷金、保証金

　賃貸契約の際に収受する**敷金**や**保証金**など、明渡しのときに借主に返還

その他の特別な収入として次のようなものは、不動産所得の収入金額となります。
①　**共益費など**：アパート、マンション、貸事務所などの入居者から受け取る水道光熱費、共益費、実費弁償金など
②　**損害賠償金**：賃貸借契約の解除に伴い、明渡しが遅れた場合に受ける損害賠償金

するものは、収入金額に入れる必要はありません。ただし、敷金などの一部を返還しない旨の取決めをしている場合は、総収入金額に計上します。

3 不動産所得の金額の計算

不動産所得の金額は、次の算式で計算します（所法26②）。

| 総収入金額 | − | 必要経費 | = | 不動産所得の金額 |

第10 不動産所得の必要経費

不動産所得の必要経費は、事業所得の必要経費とおおむね同じです（所法37①）。ここでは、不動産所得特有の経費について説明します。

1 家族事業従事者（青色事業専従者給与）の取扱い

家族事業従事者にかかる事業専従者控除や青色事業専従者給与の必要経費算入については、事業所得の場合と同じです（所法56・57）が、不動産所得の場合は、前提として「不動産の貸付けが**事業的規模**として行われている」ことが必要となります。

2 立退料

建物の貸借人を立ち退かせるために支払う**立退料**は、原則として不動産所得の必要経費になります（所法37）。ただし、建物の譲渡、建物の敷地の譲渡のために支払う立退料は、譲渡所得の計算のときに差し引かれ、不動産所得の必要経費にはなりません（所法33③）。

3 固定資産の損失

固定資産の除却、取壊しなどによる損失額も、事業所得の場合と同じように不動産所得の必要経費になりますが、不動産の貸付けが事業的規模として行われていない場合、固定資産の除却、取壊しなどによる損失額は、不動産所得の金額（その損失額控除前）を限度として、必要経費になります（所法51④）。

4 借入金の利子

賃貸用不動産の購入のための借入金の利子は、必要経費になりますが、その結果、不動産所得に損失が生じた場合は、**土地の取得に係る借入金利子**の額に相当する部分の金額の損益通算は認めないという特例が設けられています（措法41の4①）。

③ **預り保証金の経済的利益：** 借地権の設定に伴う預り保証金について、適正な利率で見積もった利息相当額

海洋掘削作業に用いられるリグの「船舶」該当性が問題となった事例（東京高判 平26・4・24）

事業的規模があるか否かの判断について、通達は、次のいずれか一つに当てはまれば良いとしています（所基通26-9）。
① 貸間、アパートの場合→貸与できる独立室数が10以上
② 独立家屋の場合→5棟以上
③ 貸ガレージの場合→貸付件数50件以上必要

国外で所有する中古建物の不動産所得がある場合、その建物の減価償却費も必要経費になりますが、不動産所得に損失が生じたときは、令和3年分以後、耐用年数をいわゆる「簡便法」（131ページ参照）により算定している場合は、その損失の金額のうち、国外中古建物の減価償却費に相当する部分の金額の損益通算は認められません（措法41の4の3）。

第11 事業所得

1 事業所得とは

　事業所得とは、農業、漁業、製造業、建設業、小売業、サービス業などの事業により得た所得をいいます（所法27①、所令63）。事業とは、**自己の計算と危険**（給与所得との区分）において**営利を目的**とし**対価を得て**（一時所得との区分）**継続的**（譲渡・一時所得との区分）に行う経済活動とされます。また、規模や設備、社会的認知などの点で、雑所得とも区分されます。

2 収入金額とは

　収入金額は、いわゆる売上です。事業を行う人にとって、この売上をいつの年の収入金額にするかは、重要な問題です。所得税は、**暦年課税**といって、計算期間を1月1日から12月31日までの1年間に区切っており、売上がどの年分の収入になるかによって、事業所得の金額及び税額の計算に大きな違いが出ます。

　税法では、収入金額の認識基準について、**権利確定主義**（発生主義のうち所得発生の時点を、収入すべき権利の確定した時点とするもの）という考え方をとっています。したがって、現実にお金を受け取っていなくても、お金をもらえることが確定したときに、収入として計上します（所法36①・②）。

3 必要経費とは

　必要経費とは、事業収入を得るために必要な経費で、原価と費用との両方が含まれます（所法37①）。

4 事業所得の金額の計算

　事業所得の金額は、投下資本の回収部分に課税が及ぶことを避けるため、収入金額から必要経費を差し引くことによって、求めます（所法27②）。

$$\boxed{\text{収入金額}} - \boxed{\text{必要経費}} = \boxed{\text{事業所得の金額}}$$

5 事業所得の金額が赤字のとき

　事業所得の金額が赤字になったときは、他の所得から差し引くことができます（**損益通算**）（所法69）。また、差し引いても赤字が消えないときは、その損失は翌年以降3年間**繰り越す**か、前年に**繰り戻す**ことができます（所法70・140）。

事業とは、自己の計算と危険において営利を目的とし対価を得て継続的に行う経済活動と判断した事例（最判昭56・4・24）

弁護士が破産管財人として受ける報酬が、事業所得に当たるとされた事例（最判平23・1・14）

農業委員会の許可を受けていない農地の譲渡や違法所得の場合、権利確定主義では収入としてとらえることはできません。そうした場合、収入が納税者のコントロールの下に入ったという意味で**管理支配基準**により収入としてとらえる必要があります。

債務の返済が免除される**債務免除**の場合、債務の減少という純資産の増加をもたらすことから原則として収入となります（所法36①）。

夫の弁護士が妻の税理士に支払った報酬についての必要経費性が争われた事例（最判平17・7・5）

損益通算については、81ページ参照。

第12　事業所得の収入金額の計上時期

　所得税法では、収入金額の認識基準を、原則として「その年において収入すべき金額」という権利確定主義を採用しています。主なケース別の事業所得の収入金額に計上する具体的な時期は、次のとおりです。

(1)　商品の販売

〔原則〕その商品の**引渡しの日**

　「引渡しの日」とは、次の①～③に掲げる日をいいます。「引渡しの日」をどの日にするかをいったん決めると、その後は継続してその日に収入があったものとして計上する必要があります。

① 　出荷した日
② 　相手方が検収した日
③ 　相手方が使用して収益が上がるようになった日

(2)　商品の試用販売

〔原則〕相手が購入の意思表示をした日

　配置商品などで相手が一定期間内に返品などをしないときに限り、特約により販売が確定する場合は、その日（一定期間が経過した日）となります。

(3)　商品の委託販売

〔原則〕受託者（委託を受けた人）がその商品を販売した日

(4)　請負による収入

〔原則〕次に掲げる区分に応じ、それぞれに掲げる日

① 　物の引渡しをする請負：その目的物の全部を完成して相手に引き渡した日
② 　物の引渡しをしない請負：約束した役務の提供を完了した日

　長期にわたり請け負った工事などについては、慣習などにより完成した部分ごとに引き渡すことになっていれば、全部が完了していなくても、その引渡しの日（相手方に引き渡した日）によることができます。

(5)　資産の貸付け

〔原則〕その年の末日（その年に対応する賃貸料）

(6)　金銭の貸付け

〔原則〕その年の末日（その年に対応する利息）

(7)　リース譲渡の収入金額の計上時期

　リース譲渡について、2年以上の期間で賦払とする場合には、延払基準の方法で計算したその年分の賦払金をその年分の収入として計上できます。
(所法65)

収入すべき金額について、通達では、詳細にその計上時期を示しています（所基通36-1～36-50）。

次に該当するものは、収入として計上しなければなりません(所法39～41)。
①自家消費したもの（製品や販売用の商品を人にあげたり、親族などに安い値段で売ったり、自分が使った場合など販売価格の70%または仕入価格で収入に計上）
②物品や経済的利益を受けた場合
③広告宣伝用資産などを貰った場合など
④付随収入
⑤損害賠償金や保険金・国庫補償金など

長期大規模工事については、工事進行基準が適用されます（所法66①、措法192⑥）。
（工事完成基準と工事進行基準の選択制）（所法62②、所令193）

第13　事業所得の必要経費

　事業所得の金額は、収入金額から必要経費を差し引いて計算します。この場合の必要経費とは、売上に対応する売上原価と、収入を得るために要した費用や販売費、一般管理費その他の業務上の費用の合計額（いいかえると、収入を得るために要した費用）です（所法37）。

　事業所得の主な必要経費としては、次のようなものがあげられます。

生計を一にしている親族に支払った給料や家賃、借入金の利息などは、原則として、**必要経費**にはなりません（所法56）。

必要経費の種類（勘定科目）

種類（勘定科目）		内　　容
①	売 上 原 価	販売商品の仕入原価など
販売費及び一般管理費	② 租 税 公 課	印紙代、固定資産税、自動車税など（所得税などは除きます）
	③ 荷 造 運 賃	包装材料費や鉄道運賃、船賃などの商品の発送費用
	④ 水 道 光 熱 費	電気、ガス、水道料金など
	⑤ 旅 費 交 通 費	電車、バス、タクシー代、通行料など
	⑥ 通 信 費	電話代、はがき、切手代など
	⑦ 広 告 宣 伝 費	新聞・テレビ・チラシなどの広告代、カタログ印刷など
	⑧ 接 待 交 際 費	取引先の接待費用、中元、歳暮などの贈答品費用、慶弔見舞金など
	⑨ 損 害 保 険 料	事業用の資産に係る火災保険料や自動車保険料など
	⑩ 修 繕 費	事業用の建物や機械、什器などの修繕費用
	⑪ 消 耗 品 費	事務用品代、ガソリン代、10万円未満の器具備品代など
	⑫ リ ー ス 料	事務機器、機械などのリース料
	⑬ 賃 借 料	工作機械、ＯＡ機器などの賃貸契約に基づいて借り入れた賃料
	⑭ 福 利 厚 生 費	従業員に係る慰安旅行費用、残業夜食代、慶弔見舞金、雇用主負担の社会保険料など
	⑮ 給 料 賃 金	従業員に支払う給料、賃金、賞与など
	⑯ 支 払 利 子	借入金の利子など
	⑰ 手 形 売 却 損	手形の割引料など
	⑱ 地 代 家 賃	店舗や事務所の建物・車庫の賃借料など
	⑲ 減 価 償 却 費	事業用の機械・備品、建物、車両などの減価分
損失	⑳ 事業用固定資産の売却損	事業用資産などの取壊し、除却、災害等による損失など
	㉑ 貸 倒 損 失	売掛金、貸付金、受取手形などの回収不能額（40ページ参照）
	㉒ 損 害 賠 償 料	事業に関連して他人に損害を与えた場合に支出した損害賠償金
青色の特典	㉓ 青色事業専従者給与	青色申告者が、家族従業員に支給する給与・賞与など
	㉔ 青 色 申 告特 別 控 除	青色申告者が、複式簿記により記帳して、確定申告書に貸借対照表及び損益計算書を添付して提出するときは、65万円を控除。それ以外の青色申告者は10万円の控除

　支払った金額の全部が、そのまま支払った年の経費になるとは限りません。これらの費用のうち生活用部分（これを**家事費**や**家事関連費**といいます）は、必要経費になりません（所法45）。

　なお、わいろや脱税工作金などの不法あるいは違法といえる支出の必要経費性については、見解が分かれます。所得税法では、公序良俗あるいは違法行為に対する制裁の観点から認めるべきでないとする考え方（いわゆる**パブリック・ポリシー**）に基づく規定があります。しかしながら、包括的所得概念からは、所得の違法性の有無を問わず課税されることとのバランス上、必要な経費であれば、認められるとも考えられます。

弁護士会の役員としての会務と業務の必要経費との直接性が問題となった事例（東京地判平23・8・9）

脱税工作金に該当するか否かで争われた事例（最判平6・9・16）

事業所得の売上原価

　販売した商品の原価を売上原価といいますが、その計算は、次の算式で求めます（所法47①）。

$$\boxed{年初の棚卸高} + \boxed{年中の仕入高} - \boxed{年末の棚卸高} = \boxed{売上原価}$$

　商品の売上原価を計算するために、年末（12月31日）現在の商品や製品などの在庫はいくらあるかを調べます。これを、**棚卸**といいます。棚卸する資産は、物品販売業や製造業などの事業の種類によって違いがありますが、①商品又は製品、②原材料、③半製品、④仕掛品（半成工事）、⑤貯蔵中の消耗品などです。

1　棚卸資産の価額に加える費用

　棚卸資産の価額は、商品を他人から購入したものか、自分で製造したものかにより、価額に加える費用に違いがあります（所令103）。

(1)　他から購入したとき：購入代金に次の費用を加えます。

①　引取運賃、荷造費、運送保険料、購入手数料、関税

②　買入れのための事務、検収、整理、手入れの費用

③　他の販売所への商品の移換えの費用

④　季節商品などの長期保管費用

(2)　自分で製造したとき：自分で製造するために要した「原材料費」「労務費」「その他の経費」の合計額に、次の金額を加えます。

①　製造後の検査、整理、手入れの費用

②　他の販売所への移替えの費用

③　季節商品などの長期保管費用

2　棚卸資産の評価方法

　評価方法には、原則として、期末の棚卸資産の有り高を取得原価で評価する**原価法**が用いられます。原価法には、次のものがあります（所令99）。①個別法、②先入先出法、③移動平均法、④総平均法、⑤売価還元法、⑥最終仕入原価法

　いずれの評価方法を用いるかについての選択は自由ですが、選択した評価方法は、税務署長に届け出ることが必要です。届け出がないときは、⑥の**最終仕入原価法**を用いることになります。この方法は、年末に一番近い時期に仕入れた商品の仕入単価に、年末の棚卸数量をかけて計算する方法です。

　なお、青色申告者は、低価法によることができます。

売上原価の計算式を図式化すると、次のようになります。

年初の棚卸高	売上原価
年中の仕入高	
	年末の棚卸高

会計上は、原価法の他に決算日現在の時価で評価する時価法や、時価と原価を比較して低い方の価格で評価する低価法があります（113ページ参照）。

第15　減価償却と資本的支出

　事業用の建物、機械、器具などの資産は、時の経過などによりその価値が減っていきます。このような資産の取得に要した金額は、費用と収益との観点から、取得した時に全額を必要経費にするのではなく、その資産の使用可能期間にわたり分割して必要経費としていくべきものです。**減価償却**とは、このような資産の取得に要した金額を一定の方法によって各年分の必要経費として配分していく手続です。

　また、修繕費は、原則として、その全額が必要経費になりますが、固定資産の修繕が、通常の管理又は修理の程度を超えて、資産の価値を高めたり、使用可能年数が延びたりすれば、その修繕の効果が翌年以降にも及びます。これを**資本的支出**といいます（所令181）。資本的支出は、その資産の取得価額に加算され、減価償却の方法によって、何年間かにわたって必要経費とします（所令127・181）。

第16　消耗品の取得費用

　消耗品の取得費用は、事業のために消費した年分の必要経費とするのが原則ですが、一定の条件の下に、取得した年の経費とすることが認められています。

(1)　**購入した年に経費にできるもの**

　事務用消耗品、包装材料、広告用印刷物などについて、毎年、一時期に一定量を購入して消費している場合、継続して購入した年分の必要経費としている場合は、その経理が認められます。

(2)　**消耗品費と工具器具備品の区分**

　工具や器具、備品などについては、次に該当する場合、消耗品費として購入した年の必要経費にすることができます（所令138・139、措法28の2、措令18の5）。

①　使用可能期間が**1年未満**のもの

②　取得価額が**10万円未満**のもの

③　取得価額が**20万円未満**のもので、**一括償却資産**として3分の1償却の方法を選択したもの（②で必要経費に算入したもの及び国外リース資産を除きます）。

④　青色申告者で中小企業者に該当する人は、取得価額**30万円未満**のもの（②及び③の適用を受けたものは除きます）。

減価償却と資本的支出については、法人税《第Ⅲ編》**第18**で詳しく説明します（134ページ参照）。
また、資本的支出と修繕費の判定については、42ページと139ページを参照。

所得税の法定償却方法は、一般的には、旧定額法又は定額法です。

第17　給与所得

1　給与所得とは

給与所得とは、勤務先などから受ける給料・賃金・賞与や歳費、その他これらの性質を有する給与による所得をいいます（所法28）。

(1)　給与所得の金額の計算

給与所得の金額は、次の算式で計算します。

$$\boxed{収入金額} - \boxed{給与所得控除額} = \boxed{給与所得の金額}$$

(2)　経済的利益

給与の収入金額には、金銭だけでなく、使用者から受ける次の**経済的利益**も含まれます。

① 使用者から不動産を無償又は低価で利用：通常の対価と実際の支払額との差額

② 使用者から金銭を無利息又は低利率で借入れ：通常の利率で計算した利息と実際の支払利息との差額

③ 使用者から受けた借入金などの債務の免除：免除を受けた利益相当額

(3)　給与所得控除額

給与の収入金額から差し引かれる給与所得控除額は、一定の率によって定められており、一般的には、「簡易給与所得表」を使って求めます。

給与等の収入金額（＊1）		給与所得控除額（令和2年分以降）
55万円以下		収入金額
55万円超	162.5万円以下	55万円
162.5万円超	180万円以下	収入金額×40％－ 10万円
180万円超	360万円以下	収入金額×30％＋　8万円
360万円超	660万円以下	収入金額×20％＋ 44万円
660万円超	850万円以下	収入金額×10％＋110万円
850万円超	1,000万円以下	195万円（上限額）
1,000万円超		子育て介護世帯は210万円

＊1．給与等の収入金額＝『給与所得の源泉徴収票』の支払金額欄の金額。
＊2．特別障害者、23歳未満の扶養親族を有する者は、所得金額調整控除があります。

(4)　非課税給与

使用者から支給を受ける次のようなものは、原則として課税されません。

① 通勤手当、出張旅費、転任に伴う転任旅費及び宿日直料で一定のもの

② 結婚、出産等の祝金や災害等の見舞金等で社会通念上相当なもの

③ 海外勤務に伴う物価水準等により支給される在外手当

④ 労働基準法の規定による療養の給付、休業補償、障害補償など

⑤ 永年勤続記念品等の支給でおおむね10年以上勤務した人を対象として支給するなど社会通念上相当と認められるもの

⑥ 特定の取締役等が受ける特定新株予約権等（税制適格ストックオプショ

金銭以外の勤務の対価を、フリンジ・ベネフィットといいます。

経費を実額計算する場合の特定支出控除の特例：サラリーマンなど給与所得者の交通費・研修費・資格取得費・勤務必要経費（図書・衣服費・交際費・旅費）の特定支出の金額が、給与所得控除額よりも多いときは、給与等の収入金額が1,500万円以下の場合は、給与所得控除額×$\frac{1}{2}$、1,500万円を超える場合は、125万円を、給与の収入金額から差し引くことができます（所法57の2）。

麻酔医としての派遣収入が給与所得とされた事例（東京地判平24・9・21）

家庭教師派遣業者が家庭教師に支払う金員を給与所得とされた事例（東京高判平25・10・23）

税制適格ストック・オプションの場合、権利行使時には課税されませんが、それによって取得した株式の譲渡時に譲渡所得として課税されます。ストックオプション課税についての所得分類・所得認識の時点が争われた事例（最判平17・1・25）

ン）の行使による株式の取得にかかる経済的利益（最高1,200万円まで）

2 給与所得と確定申告

　給与所得のある人は、通常、毎月の給料や賞与から源泉徴収され、年末調整によって所得税が精算されますので、ほとんどの人は、確定申告をする必要はありません。ただし、①給与を2か所以上から受け取っている場合、②1か所の給与以外に、20万円を超える他の所得がある場合、③給与の収入金額が2,000万円を超える場合には、確定申告をしなければなりません（所法121）。

3 現物給与

　従業員が会社等から食事の支給や低利の住宅ローン融資を受ける場合又は会社の商品を安い価格で購入できる場合など、さまざまな形で受けている経済的な利益は、税法上、現物給与であり給与として所得税が課税されます。しかし、社会通念上、給与として課税するのが不適当と考えられるものや換金性が乏しいあるいは選択性がないものは、例外的に給与として課税されません。

> 現物給与に関して給与課税されたとしても、その現物給与に関して会社が負担した額は、基本的には損金算入されます。ただし、不相当に高額な役員給与は損金不算入となります。

	現物給与になるもの	現物給与にならないもの
① 旅費・交通費・通勤手当等（所令20の2、所基通9-6の3）	旅費等の名目で支給を受ける金品等	・転任のための通常必要とされている転居費用 ・1か月最高15万円までの通勤用定期乗車券の費用など
② 食事代の支給（所基通36-38の2、昭59直法6-5）	食事代の名目で支給を受ける金品等	従業員が食事代の半額以上を負担し、かつ、会社負担が月額3,500円までの金品等
③ 宿日直料（所基通28-1）	宿日直の対価として支給を受ける金品等	原則として、1回4,000円までの金品等
④ 金銭の無利息貸付け等（所基通36-28）	金銭を無利息・低金利で貸し付けたことによる経済的利益	・災害、疾病等によるもの ・それ以外で、その年の利益が5,000円以下のもの
⑤ 商品・製品の値引き販売（所基通36-23）	自社の製品・商品等の値引き販売に伴う経済的利益	通常の販売価額の70％以上の価額で、かつ、取得価額以上である等の条件を満たすもの
⑥ 福利厚生施設の利用料（所基通36-29）	福利厚生施設の運営費を会社が負担することによる利用者の経済的利益	会社の負担が高額でなく、役員等特定の者を対象にしていない場合の費用
⑦ 結婚祝金・葬祭料・香典・見舞金等（所基通9-23、28-5）	結婚祝い・見舞金・香典等の名目で受ける金品等	常識程度の祝い金、見舞金、香典等としての金品等
⑧ レクリエーション費用の負担（所基通36-30）	社内行事に対して会社が負担する経済的利益	従業員の参加割合、負担割合等を総合的に勘案して合理的なもの
⑨ 創業記念品等（所基通36-22）	創業記念などの名目で受ける記念品等	記念品としてふさわしいもので、時価1万円以下であるなど一定の条件を満たすもの
⑩ 永年勤続記念品等（所基通36-21）	永年勤続者が受ける旅行、観劇の招待や記念品等	勤続年数がおむね10年以上で、社会一般にみて相当の金額以下のもの

4　社宅の家賃

役員や従業員に対して住宅を貸与し徴収する家賃は、あまり安すぎると、通常家賃から本人負担分を控除した額が経済的利益として給与課税の対象となります（所基通36-15）。

給与課税をされないためには、賃貸料相当額を基に計算した一定額を、家賃として徴収しなければなりません。この場合の通常の賃貸料は、役員又は使用人の別に、次のように取り扱われます。

(1)　従業員への社宅等の貸与

その社宅が会社所有か否かに関係なく、**通常家賃**の50％以上を徴収すれば、給与として課税されません（所基通36-47）。

なお、従業員に貸与した家屋の床面積が132㎡以下、木造家屋以外の家屋については99㎡以下であるものに係る通常家賃は、次により計算した金額となります（所基通36-41、36-45）。

$$通常家賃＝\begin{array}{l}その年度の家屋\\の固定資産税の\\課税標準額\end{array}×0.2\%＋12円×\frac{その家屋の}{総床面積(㎡)}{3.3(㎡)}＋\begin{array}{l}その年度の敷地\\の固形資産税の\\課税標準額\end{array}×0.22\%$$

(2)　役員への社宅等の貸与

役員用の社宅は、②の小規模住宅かそれ以外かによって変わってきます。ただし、床面積が240㎡を超えるものや、いわゆる豪華社宅である場合は、時価（実勢賃貸料）により判定します。

①　社有社宅で小規模以外のもの

法人所有の社宅（小規模社宅を除きます。）を役員に貸与したときの1か月分の通常の賃貸料相当額は、次の算式により計算した金額となります（所基通36-40）。

$$通常の家賃＝\left\{\begin{array}{l}その年度の家屋\\の固定資産税の×12\%\\課税標準額\end{array}\left(\begin{array}{l}木造家屋以外\\の家屋につい\\ては10\%\end{array}\right)＋\begin{array}{l}その年度の敷地\\の固定資産税の×6\%\\課税標準額\end{array}\right\}×\frac{1}{12}$$

また、借上社宅の場合は、その借上料の50％相当額と上記算式により計算した金額とのいずれか多い金額となります（所基通36-40）。

②　小規模住宅の場合

役員に貸与した社宅が、建物の耐用年数が30年以下の場合には床面積が132㎡以下である住宅、建物の耐用年数が30年を超える場合には床面積が99㎡以下である小規模住宅であるときの通常の賃貸料は、社有社宅及び借上社宅とも、前記1の従業員への社宅等の貸与と同じ算式により計算した金額で判断します（所基通36-41）。

家賃の経済的利益のプール計算
個々の建物について賃貸料相当額の50％以上を徴収していなくても、貸与したすべての使用人から住宅等の状況に応じてバランスのとれた賃貸料を徴収しており、その自己負担額が全部の賃貸料の50％以上であるときは、現物給与の課税は行なわれません。（所基通36-48）

役員から貸与住宅等の状況に応じてバランスのとれた賃貸料を徴収しており、その合計額が通常の賃貸料の合計額以上であるときは、すべての役員に経済的利益はないものとして取り扱われます（所基通36-44）。

③　豪華社宅の場合

いわゆる豪華社宅の適正家賃は、その住宅が一般の賃貸住宅である場合に授受されると認められる賃貸料となります。

豪華社宅であるかどうかは、床面積が240㎡を超えるもののうち、内外装の状況等各種の要素を総合勘案して判定します。

なお、床面積が240㎡以下であるときは、原則として、一般に貸与されていないプール付の社宅や役員個人の嗜好等を著しく反映した設備若しくは施設を有するものを除き、前記(1)又は(2)に掲げる方法で通常の賃貸料相当額を計算します（平7.4.3付課法8-1、課所4-4「使用者が役員に貸与した住宅等に係る通常の賃貸料の計算に当たっての取扱いについて」）。

【社宅の適正家賃（月額）】

区分	社宅の種類		適正家賃等の計算方法
役員社宅	社有社宅	小規模住宅 A	$\dfrac{\text{その年度の}}{\text{家屋の固定}}$ 資産税の課税標準額 $\times 0.2\% + 12$円 $\times \dfrac{\text{当該家屋の}}{\text{総床面積}(m^2)}{3.3(m^2)} + \dfrac{\text{その年度の}}{\text{敷地の固定}}$ 資産税の課税標準額 $\times 0.22\%$
		小規模住宅以外 B	$\left\{ \begin{array}{l}\text{その年度の}\\\text{家屋の固定}\\\text{資産税の課}\\\text{税標準額}\end{array}\times 12\%\left(\begin{array}{l}\text{木造家屋}\\\text{以外の家}\\\text{屋につい}\\\text{ては}10\%\end{array}\right) + \begin{array}{l}\text{その年度の}\\\text{敷地の固定}\\\text{資産税の課}\\\text{税標準額}\end{array}\times 6\%\right\}\times\dfrac{1}{12}$
	借上社宅	小規模住宅	Aの金額
		小規模住宅以外	借上料の50％とBの金額のいずれか多い金額
	豪華社宅		通常支払うべき使用料又は利用料相当額
従業員社宅	社有社宅・借上社宅、小規模かどうかは問いません。		Aの金額の50％

④　職務の遂行上やむを得ない必要に基づき貸与を受ける家屋等

看護師や守衛など、仕事を行う上で勤務場所を離れて住むことが困難な使用人に対して、仕事に従事させる都合上社宅や寮を貸与する場合、ホテルや旅館の住込みの使用人の部屋、工場寄宿舎の場合など、職務の遂行上やむを得ない必要に基づき使用者から指定された場所に居住するときは、無償であっても給与として課税されません（所令21、所基通9-9）。

第18　退職所得

⑴　**退職所得とは**

　退職所得とは、①退職金・退職手当・退職一時金・一時恩給など退職に際して勤務先から一時に受ける給与、②倒産等により退職する際に弁済を受けた未払賃金などの所得をいいます。

　また、国民年金法・厚生年金保険法などの規定に基づく一時金や、法人税法に規定する適格退職年金契約に基づいて支給される一時金、確定拠出年金法の規定に基づく老齢給付としての一時金なども退職所得となります（所法30・31）。

⑵　**退職所得の金額の計算**

　退職所得の金額の計算は、❶一般退職手当等、❷短期退職手当等、❸特定役員退職手当等に区分して計算します。

　退職所得の金額は、次の算式で計算します。

❶　**一般退職手当等**（❷、❸に該当しないもの）

勤続年数	退職所得控除額
20年以下	40万×勤続年数（80万円より少ないときは80万円）
20年超	70万円×（勤続年数−20年）+800万円

$$\left(\boxed{収入金額}-\boxed{退職所得控除額}\right)\times\frac{1}{2}=\boxed{退職所得の金額}$$

❷　**短期退職手当等**

　退職手当等のうち、短期勤務年数（5年以下）に対応するもので「特定役員退職手当等」に該当しない者をいいます。

イ　（短期退職手当等の収入金額−退職所得控除額）≦300万円

　　（短期退職手当等の収入金額−退職所得控除額）$\times\frac{1}{2}$

ロ　（短期退職手当等の収入金額−退職所得控除額）>300万円

$$150万円+\left(\begin{array}{c}短期退職手当等\\の収入金額\end{array}-（300万円+退職所得控除額）\right)$$

❸　**特定役員退職手当等**

　①法人税法上の役員、②国会議員及び地方議会議員、③国家公務員及び地方公務員で役員等としての勤続年数が5年以下の者が受ける退職手当等をいいます。

　収入金額−退職所得控除額

⑶　**退職所得控除額**

　退職所得控除額は、次のように計算します。

【計算例】

・勤続年数　33年5か月10日→34年（1年未満の端数は1年とします。）

　〈計算〉勤続年数20年を超える場合の算式によります。

　　　70万円×（34年−20年）+800万円＝1,780万円・・・退職所得控除額

　　　なお、障害退職の場合の退職所得控除額は、

　　　「1,780万円+100万円＝1,880万円」となります。

退職金の支払を受けるときは、**退職所得の受給に関する申告書**を提出することが必要です。提出をしなかった場合、20%（復興特別所得税を含めて20.42%）の税率で所得税が源泉徴収されます。この場合、正規の税率で計算した税額よりも少ないときは、確定申告をしなければなりません。また、源泉徴収された税額が多いときは、確定申告をすればその多い部分の税金が戻ってきます。

障害者になったことに直接基因して退職した場合には、退職所得控除額に100万円が加算されます。

確定給付企業年金や適格退職年金契約に基づいて払い込まれた掛金に、勤務者が負担した部分があれば、その金額を差し引いた金額が退職所得の収入金額となります。

第19 山林所得（山林を売ったとき）

山林を売った場合は、山林所得となります。**山林の育成には長い年月が
かかることから、税の負担は軽減され、他の所得とは分離して計算**します。

1 山林所得の意義

山林所得とは、山林を**取得後5年を超えて**、伐採して譲渡あるいは立木
のままで譲渡することにより生じる所得をいいます（所法32）。したがっ
て、次のようなものは含まれません。

① 山林を取得後5年以内に譲渡したものは、山林所得ではなく、事業所
　得又は雑所得となります。

② 山林を土地とともに譲渡した場合は、土地の譲渡に係る部分は、山林
　所得ではなく、譲渡所得となります。

③ 製材業者が、自ら植林して育てた山林を伐採し、製材して販売すると
　きは、原則として、その販売したときの事業所得となります。ただし、
　植林から伐採までを山林所得、製材から販売までを事業所得とすること
　ができます。

2 山林所得の金額の計算

山林所得の金額は、次の算式で計算します。

| 総収入金額 | － | 必要経費 | － | 山林所得の特別控除額
（最高50万円） | ＝ | 山林所得の金額 |

「総収入金額」には、山林の譲渡対価のほか、次のようなものも含まれ
ます。

① 間伐などによる付随収入

② 山林の損害について取得した保険金、損害賠償金、見舞金

③ 山林を伐採して自宅の建築用に使った場合等の、その時の山林の価額

「必要経費」とは、譲渡した山林に係る植林費、取得に要した費用、管
理費、伐採費その他山林の育成又は譲渡に要した費用です。

なお、15年以上前から所有していた山林を譲渡した場合には、**概算経
費控除の特例**として、「収入金額－伐採費、運搬費、譲渡費用」の50％を
必要経費にすることが認められています（措法30）。

3 税額計算

山林所得に対する税額は、次の算式で求めます。

| 〔課税山林所得金額 $\times \dfrac{1}{5} \times$ 税率〕$\times 5 =$ | 課税山林所得金額に対する税額 |

このような計算方法を、**5分5乗方式**といいます。

> 森林経営計画に基
> づいて山林を伐採
> し又は譲渡したと
> きは、収入金額の
> 20％（収入金額が
> 3,000万円を超え
> る部分は、10％）
> 相当額を森林計画
> 特別控除できます
> （措法30の2）。

> 5分5乗方式は、
> 累進税率が緩和さ
> れるため税額が少
> なくなります。

第20　譲渡所得の考え方

　譲渡所得の本質は、資産の値上がり益です。譲渡所得について、本質論に忠実に課税しようとすると、資産の値上がり益について、毎年課税することになりますが、これは、所得が具体的に実現していないことから、現実的ではありません。

①　清算課税説（判例）と譲渡益説（学説）

　譲渡所得には、**清算課税説（判例）**と**譲渡益説（学説）**の二つの考え方があります。清算課税説は、過去の値上り分（キャピタルゲイン）に対する課税であるとするもので、譲渡益説は、譲渡による利益に対する課税であるとするものです。両者の違いは、通常の場面では現れませんが、譲渡費用の範囲、無償又は低額譲渡に対する課税（みなし譲渡）の場面などにおいて顕在化します。

②　みなし譲渡

　所得税法では、資産の保有期間中の値上がり益については、資産の譲渡を機会として、清算し課税する考え方を原則としています。その場合、無償譲渡で対価を受け取っていなくても、資産の値上がり益は保有期間中に生じているはずですので、所得課税される（これを「**みなし譲渡**」といいます）ことになります（所法59①）。

　このことにより、資産を時価で売却し代金を贈与したときとの課税の公平、また無償・低額の譲渡を行うことでの課税回避を防止できます。とはいえ、対価を得ていない者からみれば納得し難い、また担税力の面でも難点があり、制度趣旨にもかかわらず、みなし譲渡の適用範囲は狭められてきた経緯があります。

　現在では、個人間の贈与や単純承認の相続の場合、みなし譲渡課税は行われず、法人に対する無償あるいは時価の２分の１未満の低額譲渡、限定承認に係る相続等の場合に、みなし譲渡所得課税が行われることになっています。

　例えば、単純承認により土地を相続した場合、みなし譲渡所得課税は行なわれませんので、相続人が実際の譲渡を行うまで、課税が先送り（これを**課税繰延**といいます）されることになります。この場合においても、資産の値上がり益は発生しているはずですから、将来の課税時に値上がり益を計算するため取得費を引き継ぐ必要があります（所法60①）。

　一方、みなし譲渡課税をすると、譲受側の取得費はリセットされ、時価になります（所法60②）。このように、みなし譲渡課税と時価評価、課税繰延（みなし譲渡課税を行わない）と取得費の引継ぎとは、それぞれ対になる取扱いになっています。

「資産を譲渡した日」は、原則として、資産の引渡しがあった日ですが、売買契約などの契約の効力発生日とすることもできます（所基通36-12）。

第21　課税されない譲渡

所得の性質や課税目的上の理由から、次のようなものは資産の譲渡ではあっても、非課税とされています（所法9）。

① **生活に通常必要な家庭用動産の譲渡**による所得

　　自分や自分の家族が生活の用に供する家具や什器、衣服などの生活用動産の譲渡による所得には、課税されません。ただし、生活に必要なものであっても、1個又は1組の価額が30万円超の宝石・貴金属・書画・骨董は除きます。

② **資力喪失の場合の強制換価手続による資産の譲渡**による所得

　　債務者の債務超過の状態が著しく、弁済ができないと認められる場合等に、滞納処分や強制執行、競売等があったとき、又はこれらの処分が避けられないため、譲渡して債務の弁済に充てたときの譲渡所得には、課税されません。

　　債務者が、債務の弁済の担保として、資産を譲渡した場合に、その譲渡が債権の担保のみを目的として形式的にされたものを**譲渡担保**といい、一定の条件を充たせば、譲渡がなかったものとして取り扱われます。

　　また、債務者が、債務の弁済の担保として、抵当権の設定の代わりに代物弁済予約の仮登記を行い、その後、債務者が資力を喪失して借金の返済ができなくなったため、その資産で**代物弁済**したときは、その譲渡については課税されません（所基通33-2、所法9①十）。

③ **国や地方公共団体に財産を寄附した場合**の譲渡所得

④ **公益法人に財産を寄附**又はその設立のために**財産を提供**し、国税庁長官の承認を受けた場合の譲渡所得

⑤ **相続税を納めるために財産を物納**した場合の譲渡所得

⑥ **保証債務を履行するための資産の譲渡**

　　本人が借入金の返済ができなくなったことにより、保証人が**保証債務を履行する**（保証人がやむなく借金を肩代わりして返済する）**ために資産を譲渡**した場合は、求償権を行使できなくなった金額の範囲で、譲渡収入がなかったものとみなされます（所法64②）。

⑦ **特定の国宝、重要文化財等を国や地方公共団体に譲渡**した場合の所得

⑧ **個人に対して資産を贈与**した場合の所得（贈与を受けた人に、原則として贈与税がかかります）

⑨ **非課税口座**〔いわゆるNISA、つみたてNISA（令和5年12月31日までの適用。令和6年からの年間投資枠は、つみたて投資枠120万円、成長投資枠240万円、非課税保有限度額は1,800万円（うち成長投資枠は1,200万円）の新NISA）、ジュニアNISA（令和5年12月31日で終了）〕内の少額上場株式等に係る譲渡所得

ゴルフ会員権やリゾート会員権は生活に通常必要でない資産とされ、譲渡損失が生じても、他の所得との損益通算や雑損控除はできません（所法69②ほか）。

最初から本人が返済できそうもない状態であると分かっていて、保証人になった場合は、この規定は適用されません。

お金を貸すときに、担保として抵当権を設定する代わりに、「借金を返さないときは、この土地等をとられてもかまいません」という意味合いの登記をしておくのが、**代物弁済予約の仮登記**です。抵当権を実行することに比べれば手続が簡単なため、比較的よく用いられる方法です。

法人に対して資産を贈与した場合、時価で譲渡したものとされます。贈与を受けた法人は、受贈益を計上します。

第22　譲渡所得（土地・建物等以外の資産を譲渡したとき）

　個人が持っている資産を売って得た利益については、譲渡所得として所得税と住民税がかかります（所法33）。譲渡とは、有償・無償を問わず所有権やその他の財産権を移転する行為をいいます。

　譲渡所得は、土地、建物を売った場合とそれ以外の場合とで、税金の計算の仕方が違います。**個人が有する「土地建物等や一定の株式等」以外の資産を譲渡したときは、他の所得と総合して課税されます。これを総合課税**といいます。この場合、**資産を持っていた期間が5年以下か否か**によって、課税される所得金額の計算が違ってきます。

譲渡の最も一般的なものは、①売買です。②交換・収用・代物弁済・競売・物納・法人に対する現物出資、③贈与や遺贈などの無償による資産の移転も譲渡所得です。

土地建物等や株式等の譲渡による所得は、**分離課税**になります（71、77ページ参照）。

譲渡所得の範囲

譲渡所得になるもの	譲渡所得にならないもの
① 土地（借地権を含む）・建物などの不動産の譲渡	① 棚卸資産などの譲渡→（事業所得）
② 車両や機械、備品などの減価償却資産の譲渡	② 営利を目的として継続的に行われる資産の譲渡→（事業所得）
③ 株式、公社債などの有価証券の譲渡	③ 山林の伐採又は譲渡→（山林所得）
④ 特許権や著作権、行政官庁の許認可による権利などの無形資産の譲渡	④ 金銭債権の譲渡→（雑所得）
⑤ その他書画・骨とう・貴石などの資産の譲渡	⑤ 生活に通常必要とされる動産→（非課税）

1　所有期間（短期と長期）の区分

　譲渡資産の所有期間の短期と長期の区分は、次によります（所法33③）。

① 　短期譲渡所得：所有期間が5年以下の資産の譲渡による所得

② 　長期譲渡所得：所有期間が5年を超える資産の譲渡による所得

「所有期間」は、資産の譲渡日の属する年の1月1日で判定します。

所有期間が5年以下であっても、自己の研究の成果である特許権等、実用新案権、工業所有権や自己の著作権、鉱床に係る採掘権の譲渡は、長期譲渡所得とされます。

2　譲渡所得の金額の計算

　譲渡所得の金額は、短期譲渡所得の金額・長期譲渡所得の金額とも、次の算式で計算します。

| 収入金額 | － | 取得費・譲渡費用 | － | 特別控除額（50万円） | ＝ | 譲渡所得の金額 |

① 　**収入金額**　原則として、「譲渡価額＝収入金額」です。

② 　**取得費**　譲渡した資産の取得にかかった金額に、その資産の設備・改良費を加算します。なお、建物などの減価償却資産の取得費は、**減価償却費相当額を控除**します。

③ 　**特別控除額**　特別控除額50万円は、譲渡益を限度とします。また、短期と長期の両方の所得がある場合は、まず短期譲渡所得の金額から控除します（所法33③〜⑤）。

3　総所得金額の計算

　短期譲渡所得の金額は、そのまま総所得金額に算入しますが、長期譲渡所得の金額は、その2分の1の金額を、総所得金額に算入します。

著しく低い価額（時価の2分の1相当額未満の価額）で**法人に譲渡**した場合などには、時価で譲渡したものとみなされます（所法59）。

第23　譲渡所得（土地・建物等を譲渡したとき）

　個人が所有する土地・建物等を譲渡したときは、他の所得と分離して、所得税を計算します（これを**分離課税制度**といいます）。分離課税とされる譲渡所得の対象となる資産は、土地・借地権・建物・建物附属設備・構築物などです。

1　短期譲渡所得と長期譲渡所得の区分

　譲渡した年の1月1日現在で、その資産の所有期間が5年以下であるか否かによって、短期譲渡所得と長期譲渡所得とに分けられます（措法31①、32①）。

2　課税譲渡所得金額の計算

(1)　譲渡所得の金額の計算

　譲渡所得の金額は、短期譲渡所得の金額・長期譲渡所得の金額ともに、次の算式で計算します。

$$\boxed{収入金額} - \boxed{取得費・譲渡費用} = \boxed{譲渡所得の金額}$$

(2)　課税所得金額の計算

　それぞれ、次に掲げる算式で課税所得金額を計算し、その金額に税率をかけて税額を算出します。

① 　課税短期譲渡所得金額：短期譲渡の場合は、次の算式で計算した金額が、課税短期譲渡所得金額になります。

$$\boxed{短期譲渡所得の金額} - \boxed{特別控除} - \boxed{所得控除} = \boxed{課税短期譲渡所得金額}$$

② 　課税長期譲渡所得金額：長期譲渡の場合は、次の算式で計算した金額が、課税長期譲渡所得金額になります。

$$\boxed{長期譲渡所得の金額} - \boxed{特別控除} - \boxed{所得控除} = \boxed{課税長期譲渡所得金額}$$

3　税額の計算

　分離短期譲渡所得・分離長期譲渡所得の税額は、原則として次のように計算します（所法33・36、措法31・32・33の4・34〜34の3・35・35の2・36）。

① 　短期譲渡所得　　課税短期譲渡所得金額×30％
② 　長期譲渡所得　　課税長期譲渡所得金額×15％

> **特別控除**の額は、収用等によった場合には5,000万円（措法33の4）、居住用財産を譲渡した場合は3,000万円（措法35）などいくつかの種類の特別控除があります。

> **所得控除**は、譲渡所得以外の所得から控除しきれない残額がある場合に控除します。

> 令和19年分まで、別途、その年分の「基準所得税額の2.1％」の復興特別所得税が課税されます（復興財源確保法9、13）。

第24　譲渡所得の経費になる取得費と譲渡費用

土地の取得費には、土地の購入代金のほか、買ったときに支払った仲介手数料や登記費用なども含まれます。ただし、建物は、年月が経つにつれて古くなり、その価額が下がった部分を減価しますので、土地とは違って、買ったときの金額がそのまま取得費にはなりません。また、土地や建物を譲渡するためにかかった各種費用は、譲渡費用になります。

ゴルフ会員権の資産性（株主権とプレー権との区分）が問題となった事例（東京高判平24・6・27）

1　取得費

土地・建物の取得費は、原則として次表のようになります（所法38①②）。

土地の取得費	・土地の購入代金 ・購入時の仲介手数料、所有権移転費用、不動産取得税、契約書の印紙代等 ・建物付きで土地を買って、1年以内に取り壊したときの建物購入代金・解体費用 ・土盛り・整地等の改良費、下水道設置等の設備費
建物の取得費	・建物の取得費＝取得原価－償却費相当額 　取得原価とは、購入代金又は建築代金、登記費用、印紙代、不動産取得税、建物の改良費、設備費などをいいます。 　償却費相当額とは、事業用資産の場合は、減価償却費の累積額、事業用資産以外の場合は、次の算式で算出される減価の額をいいます。 　減価の額＝取得原価×0.9×建物の耐用年数の1.5倍×経過年数に応じた償却率

(1)　概算取得費

長期譲渡の場合に、土地や建物を買ったのが昔のことで、実際の取得費がわからないときがあります。このような場合の「取得費」は、次の算式で計算することができます（措法31の4①）。

$$\boxed{取得費} = \boxed{譲渡収入} \times 5\%$$

(2)　相続や贈与等によって取得したとき

相続や贈与等によって土地・建物を取得した場合は、その亡くなった人や贈与してくれた人が取得したときの取得費を引き継ぎます。その金額がわからないときは、(1)の概算取得費を取得費とすることができます。

(3)　借入金の利息

土地や建物の購入に際して銀行からの借入金の利息については、次のように取り扱われます。

①　資金の借入れの日から土地・建物の使用開始の日までの期間に対応するものは、取得費になります（借入の際の抵当権設定登記費用なども、取得費になります）。

②　土地・建物を取得した後、これを使用しないで譲渡した場合は、その譲渡の日までの期間に対応するものが、取得費になります。

相続した土地等を相続税の申告期限の翌日以後3年以内に譲渡したときは、その人の納めた相続税額のうち、土地等に対応する部分の税額を、譲渡した土地等の取得費に加算して計算することができます（土地等以外の資産の譲渡の場合は、その譲渡資産に対応する相続税額です）。

相続、贈与又は遺贈により不動産を取得した場合の登録免許税・不動産取得税等は、取得費に算入することができます。

使用開始の日は一般に、居住用の土地・建物については、その建物に入居した日、店舗や事務所の場合は、その建物で営業を開始した日をいいます。

❷　譲渡費用

譲渡費用は、次に掲げる費用のうち、取得費とされないものをいいます。

| ① | 譲渡のために直接要した費用 | ・不動産業者の仲介手数料、契約書の印紙代、登記費用など
・借家人を立ち退かせるための立退料 |
| ② | その他譲渡に際して支出した費用 | ・土地を売るためにその土地の上の建物を取り壊した場合の取壊し費用
・有利な条件で他に売却するために支出した売買契約違約金など |

【計算例】

・木造モルタル造りの住宅：取得費3,000万円、法定耐用年数20年

① 減価の額の計算の基となる年数…20年×1.5倍＝30年

（非事業用は、1.5倍とします）

30年に応じる償却率（定額法）…0.034

② 経過年数を10年とした場合の減価の額

30,000,000円×0.9×0.034×10年＝9,180,000円

第25　低額譲渡

資産を時価の2分の1未満で譲渡することを、**低額譲渡**といいます。**個人が法人に対して低額譲渡した場合**は、実際の譲渡価額にかかわりなく、時価で譲渡したものとみなして、所得税が課税されます（所法59①）。

❶　譲渡の対価が時価の2分の1未満かどうかの判定

時価の2分の1未満で譲渡したかどうかは、一つの契約によって、二つ以上の資産の譲渡があった場合には、その二つ以上の資産の時価の合計額と譲渡対価の合計額を比較して判定します。また、時価の2分の1以上で法人に譲渡した場合でも、同族会社の行為又は計算の否認に該当するものである場合には、時価により譲渡したものとみなされることがあります（所法157①）。

❷　個人に対する低額譲渡

個人が個人に対して時価の2分の1未満で譲渡した場合、実際の譲渡価額を収入金額として、譲渡所得を計算することになります。ただし、低額譲渡によって譲渡損失が生じた場合は、その損失はなかったものとされ、低額で譲り受けた者が、取得費を受け継ぐこととされています。

例えば、取得価額700万円、時価1,000万円のものを400万円で売った場合は、譲渡損300万円はなかったものとされます。なお、400万円で譲り受けた人が、その後その資産を譲渡して譲渡所得を計算するときは、取得価額を700万円として計算します。

農地の譲渡について、農地転用のための費用が譲渡費用に当たるかが争われた事例（最判平18・4・20）

贈与により取得したゴルフ会員権の名義書換料が取得費に当たるとされた事例（最判平17・2・1）

低額譲渡に関する**みなし譲渡課税**（時価で譲渡したものとみなす）の取扱いは、あくまでも法人に対して譲渡した場合です。

個人の場合は、時価より安く買うと買った人には時価と譲渡価額との**差額について贈与税が課税**されます。

第26　相続した財産を３年以内に売却したとき

　相続や遺贈などで取得した財産（土地や建物に限りません）を譲渡したときは、**譲渡所得の計算をするうえで、相続税額の一部を取得費に加算できます**（措法39）。

1　特例を受けるための要件

⑴　相続等で取得した財産を、相続開始の日の翌日から相続税の申告期限後３年以内に譲渡したこと

⑵　その相続等について、確定している相続税額があること

⑶　その財産が、限定承認に係る相続や包括遺贈によるものでないこと

2　譲渡所得の金額の計算

　譲渡所得の金額は、次の算式で計算します。

譲渡所得の金額＝ 収入金額 － 取得費・譲渡費用 － 特別控除

　ただし、取得費加算の特例の適用を受ける場合には、相続等により取得した資産の「取得費」に、次の金額を加算して譲渡所得の金額を計算することができます（措法39、措令25の16）。

その本人の相続税額 × $\dfrac{譲渡した相続財産の評価額}{本人の相続税の課税価格 ＋ 本人の債務控除額}$ ＝ 取得費に加算する相続税額

第27　居住用財産の譲渡所得の課税の特例

⑴　**居住用財産の3,000万円特別控除**

　自分が居住している家屋又はその敷地を譲渡した場合、一定の要件を満たせば、**譲渡益から最高3,000万円を控除して所得金額を計算する課税の特例が適用できます**（措法35）。

⑵　**居住用財産の軽減税率**

　所有期間が10年を超える居住用財産（家屋、土地等とも）を譲渡した場合は、長期譲渡所得の税率より、さらに低くなる特例が適用できます（措法31の３）。

⑶　**空き家に係る譲渡所得の特別控除の特例**

　被相続人の居住用不動産を、相続又は遺贈等により取得した個人が、一定の要件を満たして譲渡した場合にも、上記⑴の『居住用財産の3,000万円特別控除』が適用できます(措法35)。

限定承認に係る相続や包括遺贈の場合は、被相続人や遺贈者について時価で譲渡したものとみなされて所得税が課税され、この所得税は相続税の計算上、債務控除の対象とされますので、この特例の対象にはなりません。

譲渡資産が土地等であるときは、まだ譲渡していない土地に係る相続税額も含めて取得費に加算されます。

第28　特定の居住用財産の買換え特例

居住用の住宅を買い替えるときには、特定の居住用財産の買換え特例という制度があり、一定の要件に該当する場合に、譲渡所得に対する課税の繰延べが認められます。この制度は、**新しい住宅の購入資金に、前の住宅の売却資金を全部使った場合は、譲渡益には課税されず、売却資金の一部を使った場合は、残った部分だけが課税対象になる**というものです（措法36の2）。

課税の繰延べとは、所得を課税の対象から除外し、将来において課税することをいいます。

特定の居住用財産の買換えの特例制度

①譲渡資産	・所有期間が10年を超え、かつ、本人の居住期間が10年以上であること ・譲渡資産の譲渡対価が1億円以下であること
②買換資産	・居住部分の床面積が50m²以上であること ・中古の耐火建築住宅は、新築後25年以内であること（地震に対する安全性に対する一定の適合証明書がある場合は、25年超でもよい） ・敷地は500m²以下であること

ただし、「居住用財産の3,000万円控除」や「居住用財産の軽減税率」との選択適用とされています。

第29　収用・交換・買換えの特例

収用・交換・買換えについては、次のような特別控除や課税の繰延べなどの特例があります。

1　収用等の場合の5,000万円控除

土地収用法等によって資産を収用され、個人が所有する土地や建物、借地権などがその公共事業のために買取りや取壊しなどで補償金を受け取ったときは、譲渡益から最高5,000万円を差し引くことができます（措法33の4）。

買取りの申出日から6か月を超えて譲渡が行われる場合など、一定の場合にも、5,000万円控除は適用できません（措法33の4③）。

2　収用等による代替資産の取得

個人が所有していた土地等が収用され、もらった対価補償金を全部使って代わりの資産を購入すれば、譲渡益に対して税金はかかりません。また、補償金の一部を使ったときは、残った部分が課税対象になります（措法33・33の2）。

３　特定の事業用地の買取りで土地等を売った場合の特別控除

特定の事業用地の買取りに際して、個人が土地等（土地の上に存する権利を含みます）を譲渡した場合の譲渡所得の特別控除として、特定土地区画整理事業のために土地等を譲渡したときの2,000万円控除（措法34）、特定住宅地造成事業のために土地等を譲渡したときの1,500万円控除（措法34の２）、農地保有の合理化等のために農地等を譲渡したときの800万円控除（措法34の３）などがあります。

４　固定資産を交換した場合の特例

資産を交換したときは、取得した資産の価額で譲渡したものとされて、所得税の課税対象になるのが原則です。しかし、一定の要件を満たす交換については、課税の繰延べが認められています。この特例は、土地・建物以外の資産の交換についても適用されます（所法58）。

５　特定の事業用資産の買換え等の場合の課税の特例

個人が一定の事業用の土地・建物を買い換えた場合には、①既成市街地等の内から外への買換え、②立体買換え、③長期保有資産の特例などが設けられており、譲渡価額又は買換価額のいずれか低い方の80％について課税が繰り延べられます（措法37・37の３〜37の５）。

都市計画法56条に基づく土地の買取りが、収用の特例の対象となるかが争われた事例（名古屋高判 平23・1・27差戻審）

第30 株式等を売ったときの申告分離課税

　株式等の譲渡所得等に対する課税は、他の所得と区別して課税される**申告分離課税**とされています（措法37の10）。なお、上場株式等にかかる譲渡損失については、**3年間にわたり繰り越して株式等の譲渡所得等の金額から控除**することができます。また、証券会社等に**特定口座**を設けて上場株式等を譲渡した場合には、源泉徴収のみで納税が完了し、確定申告を不要とする制度を選択することができます（措法37の11の4）。

上場株式等の譲渡所得が赤字になるときは、その年分の上場株式等の配当所得の金額（申告分離課税を選択したものに限ります）と損益通算ができます。

■上場株式等を証券業者等で譲渡等した場合の制度の概要

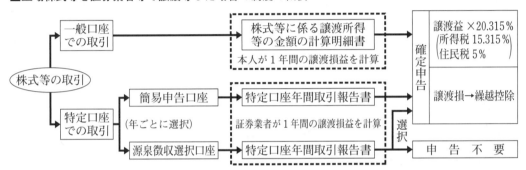

所得と区分して、株式等の譲渡所得等の金額に復興特別所得税を含めた所得税15.315％（ほかに地方税5％）の税率により課税されます。

1　分離課税の対象となる株式等の範囲

① 株式（株主となる権利、株式の割当てを受ける権利、新株予約権等及び新株予約権の割当てを受ける権利を含みます。）

② 特別の法律により設立された法人の出資者の持分、合名会社・合資会社・合同会社の社員の持分、協同組合等の組合員の持分等

③ 協同組織金融機関の優先出資に関する法律に規定する優先出資及び資産の流動化に関する法律に規定する優先出資

④ 投資信託の受益権

⑤ 特定受益証券発行信託の受益権

⑥ 社債的受益権

⑦ 公社債（長期銀行債等一定のものを除きます。）

毎年1口座360万円（5年間で最大1,800万円）の上場株式や投資信託の利子・配当所得や譲渡益を非課税（少額投資非課税制度）として、一般NISA、つみたてNISAがあります（69ページ参照）。

スタートアップ企業支援の減税措置、エンジェル税制、ストックオプション税制など非課税の特例があります。

令和19年分まで、別途、その年分の「基準所得税額の2.1％」の復興特別所得税が課税されます（復興財源確保法9、13）ので、源泉分離課税の税率15％は15.315％となります。

2　譲渡所得等の金額の計算

　株式等に係る譲渡所得等の金額は、次の算式で計算します。

その年中の株式等の譲渡による収入金額	－	株式等の取得費と譲渡費用	＋	その年の支払利子のうち譲渡した株式等の取得のために要した部分の金額	＝	譲渡所得等の金額

雑損失の金額又は繰越雑損失の金額は、株式等の譲渡所得等の金額から差し引くことができます。

第31 国外転出をする場合の譲渡所得等の特例

1 出国時における未実現キャピタルゲインに対する特例的課税

　国外転出をする居住者が、出国時に1億円以上の有価証券等又は未決済デリバティブ取引等を有する場合には、国外転出の時に譲渡又は決済をしたものとみなして、所得税が課税されます（所法60の2）。また、贈与、相続又は遺贈により非居住者に移転した場合にも、その贈与、相続又は遺贈の時に、その時の時価で譲渡又は決済があったものとみなして、所得税が課税されます（所法60の2）。

キャピタルゲイン非課税国に出国して、非居住者になった後に、持ち出した金融資産を売却して課税逃れをする方法を防止するための特例です。

この特例は、平成27年7月1日から適用されています。

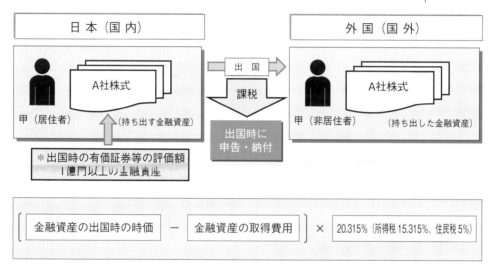

2 出国者に対する納税猶予の特例

　その出国が一時出国で、帰国予定のある者は、原則5年間（最長10年間）の納税猶予の特例を適用できますが、相続税又は贈与税の納税義務の判定に際しては、その期間中は、国内に住所を有していたとみなされます。

この特例は、出国時において資産が現実には売却されてはおらず、その担税力に欠けることから、設けられています。

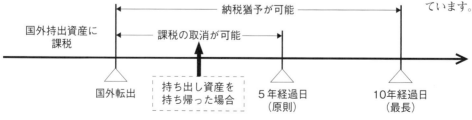

第32 一時所得

1 一時所得の意義

一時所得とは、利子、配当、不動産、事業、給与、退職、山林、譲渡の各所得のいずれにも当てはまらないもののうち、**所得の性質が、①営利を目的とする継続的行為、②労務その他役務の対価性、③資産の譲渡の対価性のどの性質も有しない一時的な所得であるもの**をいいます（所法34）。

2 一時所得の金額の計算

一時所得の金額は、次の算式で計算します。

| 総収入金額 | − | その収入を得るために支出した金額 | − | 特別控除額（50万円） | = | 一時所得の金額 |

一時所得の金額は、他の所得と合計して総所得金額を計算する場合には2分の1とします。

3 生命保険の満期受取金

負担者と受取人が同一の**生命保険の満期金等**は、一時所得です。この場合は、受取保険金から、支払った保険料の総額を差し引いて一時所得の金額を計算します。

生命保険は、被保険者や保険金の受取人、保険料の負担者が誰であるかによって、課税関係が次のように異なります。

生命保険金の課税関係

被保険者	負担者	受取人	原因	課税関係
夫	夫	夫	満期	夫の一時所得
夫	夫	妻	満期	妻に贈与税
			夫の死亡	妻に相続税
妻	夫	妻	夫の死亡	妻に相続税
妻	夫	夫	満期	夫の一時所得
			妻の死亡	

4 立退料の取扱い

借家人が受け取る立退料は、その性質によって、課税関係が次のように異なります。

受け取った立退料の性質		課税関係
立退きのための費用の弁償		一時所得
借家権の消滅の対価	借家権の取引慣行のない地域	一時所得
	借家権の取引慣行のある地域	譲渡所得（総合課税）
事業者の場合の休業期間の営業補償		事業所得等

賞金を、金銭以外のもので受け取った場合には、原則として、その品物の処分見込価額が収入金額とされます。

一時所得の必要経費、すなわち、「収入を得るために支出した金額」は、「その行為をするため、又はその収入を生じた原因の発生に伴い直接要した金額」（所法34②）をいいます。

払戻金を得た者の馬券購入行為が、客観的に認められる態様や規模に照らして「営利を目的とする継続的行為」に当たれば、雑所得とされた事例（最判平27・3・10）。

使用者と使用人とが半分ずつ負担した満期保険金を受領した使用人の一時所得の計算に、使用者が負担した保険料を含むかが争われた事例（最判平24・1・16）

損害保険契約に基づく保険金、生命保険契約に基づく給付金で身体の傷害・心身の損害につき支払われる慰謝料その他の損害賠償金は、非課税（所令30、51ページ参照）。

第33　雑 所 得

雑所得とは、**他のどの所得にも当てはまらない所得**のことをいいます。なお、一時所得と雑所得とを区分するうえで紛らわしいものについては、次のいずれの性質も有しなければ一時所得、いずれかの性質を有するものについては雑所得として判断します（所法35）。

新株予約権の権利行使益は、役務の対価性があり、一時所得ではなく、雑所得とされた事例（東京高判平23・6・29）

一時所得と雑所得の違い

一時所得	雑所得
（相違点） 　所得の性質が次のいずれの性質も有しない一時的な所得であること ①　営利を目的とする継続的行為 ②　労務その他役務の対価性 ③　資産の譲渡の対価性	左記の一時所得に当てはまらないものであること

1　雑所得の金額

雑所得の金額は、①公的年金等と②公的年金等以外の所得に分けて計算したうえで、それらを合計して求めます。

① 　公的年金等の収入金額 － 公的年金等控除額

② 　公的年金等以外の総収入金額 － 必要経費

　①＋②＝ 雑所得の金額

生命保険契約に基づく年金受給権について、相続税と所得税との二重課税とされた事例（最判平22・7・6）

2　公的年金等にかかる所得の計算

公的年金等とは、国民年金法、厚生年金保険法、国家公務員等共済組合法、恩給法及び過去の勤務の基づき使用者であった者から支給される年金、確定給付企業年金法、中小企業退職金共済法、小規模企業共済法、確定拠出年金法などの法律の規定により支払われる年金や老齢給付年金などをいいます。公的年金等の所得の金額を計算する場合には、他の所得や年齢と収入金額に応じた控除額が定められています（所法35④）。

公的年金等の収入金額が400万円以下で、かつ、年金以外の所得金額が20万円以下の人は、確定申告書の提出は、不要です（所法121③）。

暗号資産（ビットコインなどの仮想通貨）の売買により生じる利益は、原則として雑所得（事業所得等の各種所得の基因となる行為に付随して生じる場合を除く）になります。

■公的年金等控除額の速算表（1,000万円超は省略）

（公的年金等の雑所得・・・その年中の公的年金等の収入金額－公的年金等控除額）

受給者の年齢	公的年金等の収入金額Ⓐ		公的年金等控除額
65歳以上	①	330万円以下	110万円
	② 330万円超	410万円以下	Ⓐ×25％ ＋ 27.5万円
	③ 410万円超	770万円以下	Ⓐ×15％ ＋ 68.5万円
	④ 770万円超	1,000万円以下	Ⓐ× 5％ ＋ 145.5万円
65歳未満	①	130万円以下	60万円
	② 130万円超	410万円以下	Ⓐ×25％ ＋ 27.5万円
	③ 410万円超	770万円以下	Ⓐ×15％ ＋ 68.5万円
	④ 770万円超	1,000万円以下	Ⓐ× 5％ ＋ 145.5万円

＊受給者の年齢は、その年の12月31日の年齢による（年の中途で死亡し又は出国した場合は、その死亡又は出国の日の年齢による）。

住宅ローンを使ってマイホームを買い換えた場合に生じた損失は他の所得との損益通算（控除しきれない部分は3年内の繰越控除）ができます。

第34　損益通算（赤字は他の所得から控除）

　所得税は、すべての所得を総合課税することが原則です。二つ以上の種類の所得があるときは、個別に計算した所得金額を合計して、税額計算の基となる総所得金額を求めます。このとき、不動産所得、事業所得、山林所得、譲渡所得の四つの所得のいずれかに赤字があるときは、他の黒字の金額から差し引くことができます（所法69）。これを**損益通算**といいます。

　なお、次の損失については、損益通算をすることはできません。

① 　配当所得、一時所得及び雑所得の金額の計算上生じた損失

② 　分離課税の土地建物等にかかる譲渡所得金額の計算上生じた損失

③ 　分離課税の株式等にかかる譲渡所得等の金額の計算上生じた損失

④ 　分離課税の先物取引による雑所得等の金額の計算上生じた損失

⑤ 　特殊な損失

　ア 　競走馬（事業用の競走馬は通算できます）、別荘、貴石、貴金属、書画、骨とうなどで1組又は1個の価額が30万円を超えるものなど、**生活に通常必要でない資産**についての所得の計算上生じた損失

　イ 　非課税所得の金額の計算上生じた損失

⑥ 　不動産所得の金額の計算上生じた損失のうち、**土地等を取得するために要した借入金の利子の額に相当する部分**の金額

⑦ 　組合契約締結の特定組合員・個人受益者等信託の受益者のその組合事業・信託による不動産所得の損失

■「総所得金額等」の計算過程図

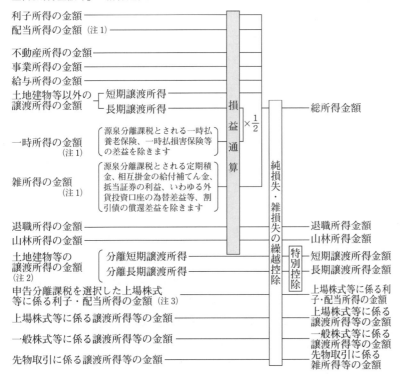

申告することを選択した上場株式等の**譲渡損失**額は、申告分離課税を選択した上場株式等に係る**配当所得**の金額と損益通算することができます。

⑥には、国外不動産所得の損失のうち、減価償却費の金額に相当する金額が含まれます。

（左下図の注）
1．これらの所得に係る損失額は他の所得金額と通算できません。
2．譲渡損失は、特定の居住用財産の譲渡又は買換え等の場合を除き、譲渡所得以外の他の所得からの控除及び損失の繰越控除はできません。ただし、分離課税の短期と長期との間での通算はできます（措法31①・③・21①・④）。
3．申告分離課税を選択した上場株式等に係る利子・配当と上場株式等に係る譲渡損失は損益通算できます。

第35 損失の３年間繰越し・前年への繰戻し

1 損失の繰越し

損益通算をしても、なお控除することができない純損失の金額について
は、一定の要件の下で翌年以降３年にわたって、繰り越して控除すること
ができます（所法70・71）。損失の繰越しは、青色申告者と白色申告者と
では、次表のような違いがあります。

区　　　分	繰り越すことのできる損失の金額	繰り越すための要件
青色申告者	①雑損失の金額全部 ②純損失の金額全部	損失の生じた年分の申告に損失の金額を記載した損失申告用の確定申告書を期限内に提出しており、かつ、その後の年に引き続いて損失申告書又はその他の確定申告書を提出していること
白色申告者	①雑損失の金額全部 ②純損失の金額のうち、変動所得の損失と被災事業用資産の損失	

繰り越すことのできる損失の種類は、次のとおりです。

(1)　**純損失の金額**：損益通算の結果が赤字となった場合の、その赤字の金
額を純損失の金額といいます。純損失の金額は、不動産・事業・山林・
譲渡の各所得の損失に限られます。なお、申告分離の土地、建物等の譲
渡所得については、特定の居住用財産にかかる譲渡損失のみ、他の所得
から控除できます。また、申告分離の株式等の譲渡所得及び先物取引に
かかる雑所得等については、損失が出ても損益通算できません。黒字で
あっても他の赤字は通算できません。

(2)　**雑損失の金額**：災害・盗難・横領などによって、生活用の資産などに
損害を受けた場合に、雑損控除として他の所得から控除しても、控除し
きれなかった損失の金額をいいます。

(3)　**変動所得の損失**：事業所得や雑所得のうち、年によって収入に著しい
変動のある所得の赤字をいいます。

(4)　**被災事業用資産の損失**：商品などのたな卸資産や、店舗・機械などの
事業用固定資産（競走馬を含みます）の損失又は地震、火災、風水害な
どの異常な災害による山林の損失をいいます。

2 純損失の繰戻し

青色申告者については、純損失の金額を翌年以降３年間に繰り越して控
除することができますが、そのほかに、前年分についても青色申告書を提
出している場合には、その純損失の金額の全部又は一部を前年分の所得か
ら控除することにより、税額計算をし直して、その差額の税額について還
付の請求をすることができます（所法140）。

特定非常災害の指
定を受けた災害に
よって生じた雑損
控除適用後の純損
失については控除
期間は５年間（所
法72の２）。

変動所得の損失：
事業所得や雑所得
のうち、年によっ
て収入に著しい変
動のある、次のよ
うな所得の赤字を
いいます。
・漁獲やのりの採
　取による所得
・はまち、たい、
　ひらめなどの養
　殖による所得
・原稿又は作曲の
　報酬
・著作権の使用料
　（印税）

第36　所得控除

下表②の医療費控除については、平成29・1・1～令和8・12・31間に限り、「セルフメディケーション税制の控除」（86ページ）との選択適用となります。

　所得税では、個々人の状況を考慮して、各種所得金額の合計額から扶養控除や社会保険料控除など、次の14種類の所得控除額の合計額を差し引くこととされています。これを**所得控除**といいます（所法72～86）。

所得控除の種類と所得控除額の計算式

所得控除の種類	控除額の計算式等		
①雑　損　控　除	差引損失額－総所得金額等の合計額×10％　　　＝A｜いずれか多い方の金額 差引損失額のうち災害関連支出の金額－5万円＝B｜ （注）差引損失額＝損害金額－保険金等で補てんされる金額		
②医　療　費　控　除 （200万円以下が限度）	（支払った_保険金等で_｜－｜10万円と「総所得金額等の合計金額の5％」との 医療費の額　補てんされる額）　　いずれか少ない方の金額		
③社　会　保　険　料　控　除	支払った又は給与から控除された社会保険料の合計額		
④小　規　模　企　業　共 済　等　掛　金　控　除	支払った小規模企業共済掛金（旧第2種共済掛金を除きます）、個人型年金制度の掛金及び心身障害者扶養共済掛金の合計額		
⑤生　命　保　険　控　除	生命保険料、個人年金保険料及び介護保険料について、それぞれ一定の計算式に当てはめて計算。 控除額は、それぞれ最高4万円。併せて最高12万円（原則）。		
⑥地　震　保　険　料　控　除	その年に支払った地震保険料と旧長期損害保険料の金額に応じて、それぞれ一定の計算式に当てはめて計算。 控除額は、それぞれ最高1.5万円と5万円ですが、併せて最高5万円まで。		
⑦寄　附　金　控　除	（「特定寄附金の支払額」と「総所得金額等の合計額の40％」との いずれか少ない方の金額）－2,000円		
⑧障　害　者　控　除	障害者1人につき270,000円。特別障害者1人につき400,000円（同居特別障害者は750,000円）		
⑨ひ　と　り　親　控　除	本人の合計所得金額が500万円以下で	①未婚又は配偶者の生死が不明の人（いずれも性別は問わない）で、②生計を一にする子（総所得金額等が48万円以下）がある人	350,000円
⑩寡　婦　控　除		ひとり親に該当しない女性で、①夫と死別又は離婚し、まだ再婚していない人で、②扶養親族がいる人	270,000円
⑪勤　労　学　生　控　除	給与収入130万円以下の学生又は生徒……270,000円		
⑫配　偶　者　控　除	①　②以外の控除対象配偶者	0円～380,000円	下記＊参照
	②　老人控除対象配偶者	0円～480,000円	
⑬配　偶　者　特　別　控　除	一定の所得を有する配偶者	0円～380,000円	
⑭扶　養　控　除	①　一般の扶養親族（16～19歳未満又は23歳以上）	380,000円	
	②　特定扶養親族（19～23歳未満の人）	630,000円	
	③　老人扶養親族 （70歳以上の人）　同居老親等	580,000円	
	その他	480,000円	

⑮基　礎　控　除	合計所得金額	控除額	合計所得金額	控除額
	2,400万円以下	48万円	2,450万円超2,500万円以下	16万円
	2,400万円超2,450万円以下	32万円	2,500万円超	0 円

　このうち、①②は、災害や盗難あるいは医療費で、これらは**納税者の担税力を弱める**という考え方に基づきます。③～⑥は、**社会保険をはじめとする保険**で、これらの保険は、法令で加入が義務づけられているか、多くの人々が加入するもののため、これらの保険料の支払に充てた部分は担税力を弱めるという理由によります。⑧～⑪は寡婦やひとり親、障害者などに対する控除であり、これらの者は通常の者と比較し、**生活の上で追加的支出が多い**ことに対する配慮によります。⑫～⑮は一括して**人的控除**と呼

上表⑤の生命保険料控除の対象は、保険契約の時期とその組合せによって、控除額が異なります。
＊上表⑫⑬の控除額は、居住者の所得金額に応じて減額されます。

ばれますが、これは、憲法25条の生存権の保障の現れとして、所得のうち本人及びその家族の最低限の生活を維持するために必要な部分は担税力をもたないという考え方に基づくものです。これらの所得控除は、そこまでは課税されないという意味で、**課税最低限**と呼ばれています。

第37 雑損控除（災害などに遭ったときの控除）

災害・盗難・横領によって**生活用資産等に損害**を受けたときは、雑損控除として、一定の損害額を所得から差し引くことができます（所法72）。

1 対象となる損害の発生原因

雑損控除の対象となる損害は、次のようなものに限られます。

⑴　災害（火災、震災、風水害、雪害、干害、落雷、噴火その他の自然現象の異変による災害、鉱害、爆発など人為による異常な災害、害虫・害獣その他の生物による異常な災害）

⑵　盗難又は横領（詐欺又は脅迫による損失を除きます。）

2 対象となる資産

日常生活に必要な住宅、家具、衣類、現金などの**生活用資産に係る損害**についてだけ認められます。この場合、納税者本人の所有する資産以外に、生計を一にする親族（1年間の所得が38万円以下の人に限ります）が所有する資産も、雑損控除の対象になります。

3 控除額の計算

損失の金額は、その損害を受けた資産の直前の時価を基礎として計算します。また、保険金、損害賠償金などを受け取った場合は、損失の金額から差し引きます。控除額は、次の算式で求めた金額です。

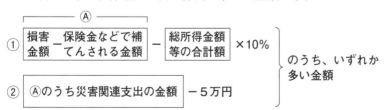

4 災害関連支出の金額

災害関連支出とは、災害に関連して**原状回復等のためにやむを得ず支払った金額**をいい、その災害がやんだ日の翌日から1年（大規模災害の場合は、3年）以内に支払ったものは、雑損控除の対象となります。また、豪雪による屋根の雪下ろし等、災害の発生を防止するために支払った金額は、災害関連支出として雑損控除の対象となります。

生活に通常必要でない資産（別荘や競走馬、一つが30万円を超える書画・骨とう・貴金属など）の損失は対象となりません。

総所得金額等の合計額とは、純損失・雑損失の繰越控除額を控除した後の全所得の金額の合計額（土地建物等の譲渡所得は特別控除額控除前の金額）をいいます。

⑤　雑損失の繰越し

雑損控除の金額が大きくて、その年の所得から控除しきれないときは、翌年以後3年間（特定非常災害の指定を受けた災害は、5年間）にわたって、順次繰り越して控除することができます。これを、**雑損失の繰越控除**といいます。

　医療費控除（医療費を支払ったときの控除）

本人自身又は生計を一にする親族の病気やけがなどにより、医療費を支払った場合、通常は、保険金などで補てんされた後の金額の**10万円を超える部分の金額**（最高200万円）を、**医療費控除**として、所得から差し引くことができます（所法73）。

❶　医療費控除の計算

医療費の金額は、その年中に実際に支払った金額が対象になります。控除額は、次の算式で求めた金額です（最高200万円）。

その年中に支払った**医療費の総額−保険金などで補てんされる金額**

− **10万円又は総所得金額等の合計額の5％のいずれか少ない金額** ＝ **医療費控除額**

❷　保険金などで補てんされる金額

次のような支払を受けているときは、医療費の計算から控除します。
① 健康保険制度などにより支給を受ける療養費、出産育児一時金、高額療養費など
② 医療費の補てんを目的として支払われる損害賠償金や、生命保険契約・損害保険契約などによる医療費保険金、入院給付金など

❸　控除の対象になる医療費

医療費控除の対象となる医療費とは、次の費用など（保険金などで補てんされる部分の金額は除きます）で、納税者本人や本人と生計を一にする親族に係るものをいいます。申告のときには、医療費の明細書等の添付が必要です。また、医療費の明細書は5年間保存する必要があります。
⑴　次に掲げる費用のうち、その病状に応じて一般的に支払われる水準を著しく超えない部分の費用
　①　医師、歯科医師による診療代、治療代
　②　治療、療養に必要な医薬品の購入費
　③　病院や診療所、老人保健施設、助産所に収容されるための費用

東日本大震災などと同様の著しく異常かつ激甚な災害に係る一定の損失の場合、繰越控除期間は5年に延長されます（所法71の2）。

離れて暮らしている人や所得があって扶養控除の対象者でない人にかかった医療費を支払った場合、生計が一緒であれば、本人の所得から控除できます。

次の費用は控除の対象になりません。
①医師等に対する謝礼金品
②**人間ドック**（ただし、診断の結果、重大な病気が発見され、引き続き治療を受けた場合には、この健康診断の費用も医療費に含まれます）
③美容整形の費用
④疾病予防や健康増進などのための医薬品や健康食品の購入費用
⑤親族に支払う療養上の世話の費用
⑥治療を受けるために直接必要としない近視、遠視のための眼鏡や補聴器等の購入費用
⑦通院のための自家用車のガソリン代、駐車料金、分べんのために実家へ帰るための交通費

④　あん摩、マッサージ、指圧師、はり師、きゅう師、柔道整復師などによる施術費

⑤　保健師や看護師、准看護師及び特に依頼した付添人に支払った療養上の世話の費用

⑥　助産師による分べんの介助費用

⑦　介護費用のうち次のもの

・指定介護老人福祉施設（特別養護老人ホーム）にサービスの対価（介護費、居住費及び食費）として支払った額の２分の１相当額

・一定の居宅サービスの自己負担額

⑵　次のような費用で、診療や治療などを受けるために直接必要な費用

①　通院費用、入院のための部屋代や食事代の費用、医療用器具の購入費用や賃貸料の費用で通常必要な費用

②　義手、義足、松葉づえ、義歯などの購入費用

③　６か月以上寝たきり状態でおむつの使用が必要であると医師が認めた人のおむつ代

4　医療費控除の特例（セルフメディケーション税制の控除）

従来の医療費控除との選択適用を要件として、医師の指導による健康管理や疾病予防に取り組む場合のスイッチOTC薬の購入費が年間12,000円を超える場合には、その超える部分の医療費（88,000円が限度）を控除することができる医療費控除の特例が設けられています（措法41の17の２）。

区　分	セルフメディケーション 税制の控除	←選択適用→	医療費控除
控除対象者	健康の維持増進及び疾病の予防のために定期診断等の一定の取組を行う個人（居住者）		居住者
控除対象となる医療費の範囲	特定一般用医薬品等		医療費
控除額の計算	（特定一般用医薬品等の購入費の合計額－保険金等の補てん額）－12,000円		（支払った医療費の合計額－保険金等の補てん額）－10万円 （総所得金額等が200万円未満の人は、総所得金額等の５％）
控除限度額	88,000円		200万円
適用期間	H29.1.1～R8.12.31		適用期限なし

特定一般用医薬品等（スイッチOTC薬）とは、医師の処方箋が必要な医療用のスイッチ薬を、処方箋不要の市販薬として販売できるように許可された薬をいいます。

対象となるスイッチOTC医薬品等については、そのパッケージに「セルフメディケーション税制の対象である」旨の共通識別マーク「 セルフメディケーション 税 控除 対象 」がついています。また、レシート等には「★セルフメディケーション税制★控除対象品購入累計金額」などの表示がされています。特定医薬品等の領収書及び医師が関与する健診等又は予防接種を受けていることを証明する書類は、確定申告期限等から５年間自宅等で保存しなければなりません。

第39　寄附金控除（寄附をしたときの控除）

　国や県、市、日本赤十字社などの特定団体等に寄附をしたときは、一定額が所得から控除されます。これを寄附金控除といいます。対象となる寄附金は限られており、どのような寄附でも対象になるわけではありません。例えば、学校の入学に関してする寄附などは除かれます（所法78）。

1　控除額の計算

　寄附金控除の額は、次の算式で求められます。

$$\left.\begin{array}{l}\boxed{\text{支払った特定寄附金の総額}} \\ \boxed{\text{総所得金額等の合計額の40\%}}\end{array}\right\}\begin{array}{l}\text{のいずれか}\\\text{少ない金額}\end{array}-2{,}000\text{円}=\boxed{\text{寄附金控除額}}$$

2　対象となる特定寄附金

　寄附金控除の対象となる特定寄附金とは、次の支出金をいいます。

　なお、申告のときには、寄附した相手先から特定寄附金の受領証の交付を受けて確定申告書に添付する必要があります。

① 　国や地方公共団体に対する寄附金

② 　指定寄附金（民法等の規定による公益法人等に対する寄附金で、財務大臣が指定したもの）

③ 　特定公益増進法人への寄附金

④ 　政治活動に関する寄附金

⑤ 　特定地域雇用等促進法人に対する寄附金

⑥ 　認定特定非営利活動法人（認定NPO法人）に対する寄附金

⑦ 　特定公益信託への支出金

⑧ 　特定新規中小会社が発行した株式の取得に要した金額（上限800万円）

3　金銭以外のもので寄附をした場合

　国や地方公共団体に対する資産の贈与や遺贈、公益法人に対する財産の贈与や遺贈で国税庁長官の承認を受けたものは、その贈与等によって税法上の利益が出ることになっても非課税であるとされています（措法40）ので、特定寄附金の金額は、その資産の取得費相当額となります。

寄附金控除の適用を受けるには、確定申告書に証明書の添付が必要です。東日本大震災に対する一定の寄附金や義援金も特定寄附金になります。この場合、左の算式の40％は80％になります。

地方公共団体に寄附を行うと、地域の特産品がもらえることになる、いわゆる**ふるさと納税**は、所得税等の寄附金控除（住民税は税額控除）が受けられる制度です。
ふるさと納税の寄附には、確定申告を要しない「ふるさと納税ワンストップ制度」が設けられています。

政治活動に関する寄附金で一定の要件に該当するものは、この規定の適用を受けるか、**政党等寄附金特別控除**（93ページ）として所得税額から控除するか、どちらか有利な方を選ぶことができます。

第40 配偶者控除・配偶者特別控除

1 配偶者控除

　居住者（納税者）本人の合計所得金額が1,000万円以下で、かつ、生計を一にする控除対象配偶者又は老人控除対象配偶者で、その配偶者の合計所得金額が48万円以下である場合には、次表に掲げる居住者（納税者本人）の合計所得金額の区分に対応する金額が、控除対象配偶者の年齢に応じて一般の控除対象配偶者控除額又は老人控除対象配偶者控除額として控除できます。

■配偶者控除額

区　分	控除を受ける納税者本人の合計所得金額			
	900万円以下	900万円超 950万円以下	950万円超 1,000万円以下	1,000万円超
一般の控除対象配偶者 （70歳未満）	38万円	26万円	13万円	適用なし
老人控除対象配偶者 （70歳以上）	48万円	32万円	16万円	

2 配偶者特別控除

　その年分の合計所得金額が1,000万円以下の居住者（納税者本人）と生計を一にする配偶者（青色事業専従者又は白色事業専従者を除きます。）で、その配偶者の合計所得金額が48万円超133万円以下である場合には、配偶者控除は適用できませんが、次表の配偶者の合計所得金額の区分に対応する金額が、配偶者特別控除額として控除できます。

■配偶者特別控除額

区　分		控除を受ける納税者本人の合計所得金額		
		900万円以下	900万円超 950万円以下	950万円超 1,000万円以下
配偶者の合計所得金額（円）	48万円超 95万円以下	38万円	26万円	13万円
	95万円超100万円以下	36万円	24万円	12万円
	100万円超105万円以下	31万円	21万円	11万円
	105万円超110万円以下	26万円	18万円	9万円
	110万円超115万円以下	21万円	14万円	7万円
	115万円超120万円以下	16万円	11万円	6万円
	120万円超125万円以下	11万円	8万円	4万円
	125万円超130万円以下	6万円	4万円	2万円
	130万円超133万円以下	3万円	2万円	1万円

老人控除対象配偶者とは、その年の12月31日現在の年齢が70歳以上の控除対象配偶者をいいます。

配偶者控除は、その配偶者の合計所得金額が48万円以下、また配偶者特別控除は、その配偶者の合計所得金額が48万円超133万円以下の場合に適用されます。

配偶者特別控除額は、控除を受ける居住者本人の合計所得金額と配偶者の合計所得金額に応じた控除額となっています。

配偶者控除及び配偶者特別控除の適用が受けられるのは、納税者本人の合計所得金額が1,000万円以下の人に限られています（所法83①、83の2①）。

平成28年分以後、国外居住の親族に親族関係書類等の添付が義務付けられています。

第41　所得税額の計算（総合課税）

1　所得税額の計算方法

　いろいろな所得がある人の場合、すべての所得を合計した後に税額を計算します（これを**総合課税**といいます）。ただし、退職所得や土地・建物の譲渡所得など一定の所得については、他の所得と分離して個別に税金を計算し、算出された税額を合計します（これを**分離課税**といいます）。

各種所得のうち、総合課税をしない**分離課税**については、次ページ参照。

2　課税所得金額の計算

　所得控除の金額を差し引いた後の所得の金額を、**課税所得金額**といいます（所法89②）。所得税額は、課税所得金額に税率をかけて算出します。この税額を**算出税額**といいます。

　そのあと、住宅借入金等特別控除などがあれば、その**税額控除**を差し引いて、納付する税額を計算します。

税額控除については、92ページ参照。

| 所得の総合 |……各種所得の金額を合計、繰越損失のある場合は差し引きます。|
⊖（マイナス）
| 所得控除額 |……社会保険料控除、配偶者控除などの人的控除
‖（イコール）（79ページ、84ページ参照）
| 課税所得金額 |……所得税率をかける金額

3　算出税額の計算

| 課税所得金額 |……課税所得金額に1,000円未満の端数があるときは切り捨てます。
×
| 税　率 |……課税所得金額に対する税率は、課税所得金額の大きさにより、5％から45％までの6段階の税率（超過累進税率といいます）があります。
‖（イコール）
| 算出税額 |……分離課税のため、別々に計算した税額も、ここですべて合計します。

令和19年分までの所得税については、別途、その年分の「基準所得税額×2.1%」の復興特別所得税が加算されます（復興財源確保法9、13）。

所得税の速算表　　　　　　　　　（税額の求め方＝A×B－C）

課税される所得金額 A		税率 B	控除額 C	課税される所得金額 A		税率 B	控除額 C
超	以下			超	以下		
195万円以下		5％	0円	900万円	1,800万円	33％	1,536,000円
195万円	330万円	10％	97,500円	1,800万円	4,000万円	40％	2,796,000円
330万円	695万円	20％	427,500円	4,000万円超		45％	4,796,000円
695万円	900万円	23％	636,000円				

高額所得者に対する課税の特例（令和7年分以後適用）
【所得税の計算方法】
イ．基準所得税額
ロ．｛基準所得金額－3.3億円（特別控除額)｝×22.5%
ハ．ロ＞イの場合に限り、その差額分を申告納付することになります。

4　申告納税額の計算

| 算出税額 |
⊖（マイナス）
| 税額から差し引かれる金額 |……配当控除、住宅借入金等特別控除、政党等寄附金特別控除、源泉徴収された税額など（88、89ページ参照）。
‖（イコール）
| 納付する税額（申告納税額） |……予定納税のある人は、予定納税額を差し引いた残額を確定申告により納付します。

納付する税額に100円未満の端数があるときは、これを切り捨てます。

第42 申告分離課税による所得税額の計算

　所得税の計算は、総合課税が原則です。しかし、**特定の所得については、総合課税の所得とは分離して税額を計算**します。申告分離課税により計算する所得とその所得税額の計算方法は、次のとおりです。

⑴　**株式等の譲渡による事業所得・譲渡所得・雑所得**（措法37の10）

$$\left\{\begin{matrix}\text{株式等にかかる譲渡}\\\text{所得等の金額Ⓐ}\end{matrix} - \left[\begin{matrix}\text{Ⓐのうち特定中小会社の特定}\\\text{株式にかかる譲渡所得金額}\end{matrix} \times \frac{1}{2}\right]\right\} \times 15\%（他に住民税5\%）$$

⑵　**上場株式等の配当所得**（措法8の4）

　上場株式等の配当所得については、総合課税と申告分離課税との選択ができます。

⑶　**先物取引による事業所得・雑所得**（措法41の14）

　課税雑所得等の金額×15%（他に住民税5％）

⑷　**土地建物等の譲渡による譲渡所得**

①　所有期間が5年を超えるものを譲渡した場合の一般の長期譲渡所得（措法31）

　課税長期譲渡所得金額×15%（他に住民税5％）

②　所有期間が5年を超えるものを、国等に対して譲渡した場合や収用交換による譲渡、優良住宅建設や宅地造成のための譲渡に該当する場合の長期譲渡所得（措法31の2）

課税長期譲渡所得金額		（税率）	
2,000万円以下の部分		10%	（他に住民税4%）
2,000万円超の部分		15%	（他に住民税5%）

③　所有期間が10年を超える自己の居住用の土地建物等を譲渡した場合の長期譲渡所得（措法31の3）

課税長期譲渡所得金額		（税率）	
6,000万円以下の部分		10%	（他に住民税4%）
6,000万円を超える部分		15%	（他に住民税5%）

④　所有期間が5年以下の土地建物等を譲渡した場合の短期譲渡所得（措法32）

　課税短期譲渡所得金額×30%（他に住民税9％）

⑸　**山林所得**

　課税山林所得金額の5分の1の金額に総合課税の税率をかけて算出した金額を5倍して求めます（所法89）。

⑹　**退職所得**

　課税退職所得金額に総合課税の税率をかけて税額を算出します（所法89）。

平成25年分から令和19年分まで、別途、その年分の「基準所得税額の2.1%」の復興特別所得税が課税されます（復興財源確保法9、13）。

所有期間の判定は、譲渡した年の1月1日現在で行います。

国等に対する譲渡や収用交換等による譲渡など一定の譲渡については、④の税率30%は15%（他に住民税5％）に軽減。

これを5分5乗方式といいます（67ページ参照）。

第43　変動所得と臨時所得

　所得税の計算は、所得が多いほど高い税率（これを**超過累進税率**といいます）で課税する方法がとられていますが、所得によっては、年によって変動が著しかったり、その年だけ臨時的に所得が高額になることがあります。このような特殊な所得については、**税負担を軽減するために、低い税率で計算できる平均課税の方法を選択することができます**（所法90）。

　平均課税を選択するには、次の変動所得と臨時所得の金額の合計額が、総所得金額の20％以上であることなど、一定の要件があります。

(1)　変動所得

　事業所得や雑所得のうち、年によって収入に著しい変動がある所得をいいます。

(2)　臨時所得

　不動産所得や事業所得、雑所得のうち、臨時的に生じた所得をいいます。

第44　平均課税の税額計算

　平均課税は、特別の年だけ特に所得が高くなるような収入に対して、超過累進税率の適用による負担を軽くしようという制度です。例えば、毎年10％の税率の人が、変動・臨時所得があった年だけ高い税率が適用されるのは、その人の担税力と一致しません。そこで、このような所得については、数年間にわたって平均して受け取ったと考えた税率を当てはめ、次の方法で所得税額を計算します（所法90）。

① 　次表の算式により調整所得金額と特別所得金額を計算します。

区　　分	調整所得金額	特別所得金額
課税総所得金額が平均課税対象金額を超えるとき	（課税総所得金額）－（平均課税対象金額）$\times\frac{4}{5}$	（課税総所得金額）－（調整所得金額）
課税総所得金額が平均課税対象金額以下のとき	（課税総所得金額）$\times\frac{1}{5}$	（課税総所得金額）－（調整所得金額）

② 　調整所得金額に対する税額を税額表で求めます。

③ 　次に、調整所得金額に対するその税額の割合（小数点3位以下切捨て）を求めます。

$$\frac{調整所得金額に対する税額}{調整所得金額} = 平均税率$$

④ 　次に、特別所得金額に平均税率を乗じて、特別所得金額に対する税額を求めます。

⑤ 　課税総所得金額に対する税額は、②で計算した税額と④の税額を合計した金額となります。

変動所得と臨時所得は、10種類の所得分類とは別の観点で分類したもので、10種類の所得のいずれかに含まれます。

変動所得とは、漁獲・のりの採取・魚介類の養殖による所得や原稿料などです（所法2①二十三）。

臨時所得とは、
①土地や建物、借地権、船舶、航空機、採石権、鉱業権、漁業権、工業所有権などを、3年以上の期間他人に使用させることにより一時に受ける権利金や頭金など
②プロ野球の選手などが、3年以上の期間専属契約を結ぶことで一時に受ける契約金
③公共事業のため、事業を休業、廃業、転業することにより、又は鉱害などの災害で、事業用の資産に損害があったときに3年以上の期間の補償として支払を受ける補償金
などです（所法2①二十四）。

平均課税対象金額とは、変動所得の金額（前年又は前々年に変動所得の金額がある場合には、前年及び前々年の変動所得の金額の合計額の2分の1を超える部分の金額）と臨時所得の金額との合計額のことです（所法90）。

第45　税額控除

　所得税は、**二重課税の排除**や**政策誘導**などの理由から、算出した税額から配当控除や住宅借入金等特別控除などを差し引いて、納付する税額を計算します。これを**税額控除**といいます。

1　配当控除

　法人で課税された利益が、配当金として株主に分配されたものを、さらに課税するという二重課税を排除するために設けられた税額控除の制度です（所法92）。

　配当控除の計算は、次のとおりです。

⑴　課税総所得金額等が1,000万円以下の場合

　　　　配当所得の金額×10％＝配当控除の金額

⑵　課税総所得金額等が1,000万円を超える場合

　①　1,000万円を超える部分の配当所得の金額×5％

　②　①以外の部分の配当所得の金額×10％

　③　配当控除の金額＝①＋②

⑶　配当控除の控除率：上記の配当控除の控除率の10％又は5％は、配当所得の種類により、次のようになっています。

　①　利益の配当及び剰余金の分配…10％又は5％

　②　証券投資信託の収益の分配…5％又は2.5％

　③　一般外貨建等証券投資信託の収益の分配…2.5％又は1.25％

2　住宅に関連する税額控除

⑴　**住宅借入金等特別控除**

　住宅ローンなどを利用してマイホームを新築・取得したり、中古住宅を取得又は増改築や特定の改修工事をした場合には、住宅借入金等の年末残高の0.7％（又は1％）の控除率で、13年間（又は10年間）の控除期間で、住宅ローン控除の適用を受けることができます。（居住年により控除率及び控除額が異なります）（措法41、41の2）。

⑵　**住宅特定改修特別税額控除**

　居住用家屋について、耐震改修工事、省エネ改修工事、バリアフリー改修工事、三世代同居改修工事、耐久性改修工事を含む増改築等を行った場合には、住宅ローン控除に代えて住宅特定改修特別税額控除として、標準的な工事費用の10％相当額（最高20〜35万円）を控除することができます（措法41の19の2、3）。

給付付税額控除：一定以上の勤労所得に対して、所得が低く控除しきれない場合に、算出されるマイナスの税額相当分を給付する制度をいいます。ただし、わが国の所得税法には、この規定はありません。

建設利息、基金利息・公募投資信託等及び特定目的信託の分配金・外国法人からの配当金・確定申告をしないことを選択した少額配当金は、配当控除の対象となりません。

自己資金による増改築等についても、税額控除が適用されます。

3 **定額減税**

　賃金上昇が物価高に追い付いていない国民の負担を緩和し、物価上昇を超える持続的な賃上げを行える経済の実現を目指す観点から、令和6年分所得税及び令和6年度分個人住民税の定額減税が実施されることになり、納税者及び配偶者を含めた扶養親族一人につき、令和6年分所得税3万円、令和6年度分個人住民税所得割額1万円の定額減税が行われます。

　なお、定額減税額が控除しきれない場合には、令和6年分推計所得税額又は令和6年度個人市・府民税所得割額を上回る額の合計を1万円単位に切り上げた額が、市区町村から調整給付金として支給されます。

定額減税は、令和6年分の合計所得金額が1,805万円（給与収入2,000万円）超の高額所得者は適用されません。

4 **外国税額控除**

　国際的な二重課税を排除するための規定です。外国での所得があるときに、その国の法令によって日本の所得税と同じような税金が課されている場合に、一定の金額を所得税額から控除することができます（所法95）。

5 **政党等寄附金特別控除**

　政党や政治資金団体に対する一定の寄附金については、寄附金控除（所得控除）の適用を受けるか、次の算式で計算した金額を税額から控除するか、いずれか有利な方を選択することができます（措法41の18）。

外国税額控除額は、算出税額のうち、国外課税所得の占める割合が限度となります。
集団投資信託の収益の分配に係る国際的な二重課税を調整するためのものとして「分配時調整外国税相当額控除」があります。

| その年中に支出した政党等に対する寄附金の額－2千円 (注1) | ×30%＝ | 政党等寄附金特別控除額(注2) |

（注1）　合計所得金額の40％相当額が限度です。
（注2）　その年分の所得税額の25％相当額が限度です。

第46 確定申告と支払調書

1 確定申告

　所得税の確定申告と納税は、所得を得た年の翌年の２月16日から３月15日（**申告期限**）までに行います。また、提出する書類を**確定申告書**といいます（所法120①）。

　会社などに勤務して給料をもらっている、いわゆるサラリーマンなどの給与所得者の場合は、会社などから給料をもらうときに税金が天引きされます。このような制度を**源泉徴収制度**といいます。なお、通常は、年末に行う**年末調整**で１年分の所得税が精算されますから、確定申告はしなくてもよいことになっています（所法121①）。

　ただし、住宅ローンで住宅を購入したとか、家族が病気になって医療費を多く支払ったとか、災害で被害を受けたなどの特別な事情がある場合には、税務署へ所得税の確定申告書を提出して所得税の精算をすると、税金が還付される場合があります（所法122①）。

　申告は、その内容によって次ページの表のように区分されています（所法120・122・123・125・143、通則18・19）。

①	確定所得申告（**確定申告**）	事業所得や不動産所得などのある一般の人がする申告
②	確定損失申告（**損失申告**）	その年の所得が赤字の人がする申告
③	準確定申告	納税者本人が死亡したときに遺族がする申告、又は納税者が出国するときにする申告
④	還付申告	サラリーマンなどが所得税の還付を受けるときにする申告
⑤	修正申告	すでに提出した確定申告書に誤りがあり、所得や納税額が増えるときにする申告
⑥	期限後申告	３月15日の申告期限を過ぎた後にする申告

平成28年１月から、税分野や社会保障分野で「マイナンバー」（行政手続における特定の個人を識別するための番号の利用等に関する法律）の利用が開始され、申告書や法定調書など、一定の提出書類について、マイナンバーを記載しなければならなくなっています。

❷ 支払調書

支払調書は、下の図のように、一定の取引について金銭を支払う側が取引の内容を記載して税務署に提出します。税務署では、取引の相手先の申告が適正に行われているか否かを、支払調書と照合することでチェックします。

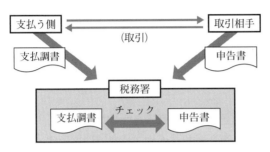

なお、支払調書は、法律でその提出が義務付けられています（所法225）。

❸ 財産債務調書の提出

①確定申告書を提出する人で、その年分の所得金額の合計額が2,000万円超で、かつ、その年12月31日において有する総資産3億円以上又は国外提出をする場合の譲渡所得等の特例対象となる有価証券等が1億円以上であるもの及び②その年の12月31日において10億円以上の財産を有する人は、その財産の種類・価額等を記した「財産債務調書」を、その翌年の6月30日（令和5年1月1日以後適用）までに、所轄税務署長宛に提出しなければなりません（国送法6の2、国送令12の2）。

❹ 国外財産調書の提出

居住者（非永住者は除きます）で、その年の12月31日において、その価額の合計額が5,000万円を超える国外財産を有する者は、その財産の種類、数量、価額その他必要な事項を記載した「国外財産調書」を、その翌年の6月30日までに、所轄税務署長に提出しなければなりません（国送法5①②、国送令10、相法10①②）。

❺ 国外送金等調書の提出

金融機関は、その顧客がその金融機関の営業所等を通じてする国外送金等（100万円以下を除きます）に係る為替取引を行ったときは、その国外送金等ごとに国外送金等調書を、その為替取引を行った日の属する月の翌月末日までに、その為替取引に係る金融機関の営業所等の所在地の所轄税務署長に提出しなければなりません（国送法4①）。

給与、利子、配当あるいは特定の報酬・料金などを支払った者は、翌年1月31日までに源泉徴収票や支払調書等を所轄税務署長に提出しなければなりません（所法225〜228の4）。

国外財産調書未提出の加算税加重措置の適用があるとされた事例（裁決H29・9・1）

国外財産制度について、税務調査時必要な資料を提示等しない場合、加算税が加重されます。

第47　所得税の還付

1　所得税の過納額の還付

　源泉徴収された所得税や予定納税がある人で、1年分の所得税を計算してみたところ納め過ぎになっている場合は、その納め過ぎ部分の税金の還付を受けることができます。

2　所得税の還付申告

　次のような人は確定申告をする義務はありませんが、確定申告をすれば所得税が還付されます（所法122①）。

① 給与所得や退職所得のある人で、災害や盗難で被害を受けたり、医療費の支払が多かった人（所得控除のうち、雑損控除や医療費控除を受けることができる人です）

② 給与所得や退職所得のある人で、償還期間が10年以上の住宅ローンを組んでマイホームを購入又は大規模な住宅修繕や改修等をした人

③ 給与以外に配当や原稿料などの収入がある人で、これらの所得の金額が少ない人

④ サラリーマンなどの給与所得者で、特定支出の額が多い人

⑤ サラリーマンなどの給与所得者で、年の中途で退職し、その後就職しなかったため年末調整をしていない人

⑥ サラリーマンなどの給与所得者だった人が、年の途中で事業経営をはじめ、利益が出なかった場合

⑦ 予定納税をした人で、所得が生じなかったなどの理由により、確定申告をしなくてもよくなった場合

税金の払戻しのことを還付といい、払い戻してもらうための申告を還付申告といいます。還付申告は、翌年1月1日から5年間いつでも提出できます（所法120⑥）。

第Ⅲ編

法 人 税

この編では、法人に対して課税される「法人税」
とは、どのような税金かについて学びます。
具体的には、どのような法人に、どのような
形で課税されるのか。また、課税される法人
には、どのような対応が求められているかを
説明しています。

第1　法人税とは

1　法人税の課税根拠

　法人税とは、法人の所得に対して課税される国税です。

　法人税の課税の根拠については、理論面からは法人の実態に着目して法人に独自の担税力を認めて課するものであるとする考え方（法人実在説）と、法人に独自の担税力を認めないが、徴税の便宜上、個人所得税の前取りとして課するものであるとする考え方（法人擬制説）の、二つの考え方があります。

　わが国の法人税法は、大正15年の法人税法創設時には、法人と個人とを独立した納税主体とする考え方でしたが、シャウプ勧告に基づく昭和25年の税制改正で法人擬制説の考え方に立って立法化されました。

　法人擬制説によれば、法人の利益は、その構成者である個人、つまり出資者に分配されるもので、法人の利益は株主のものと考えます。この考え方によれば、法人の所得に対して法人税を課し、さらに個人の所得に所得税を課すことは二重課税になりますので、株主個人への分配は、その分配を受けた株主においては既に法人税が前払いとして課税されていることから、所得税の申告において配当控除等で差引調整することとされ、配当の受取りが法人である場合においても、二重課税とならないように益金不算入とされています。

2　法人税の課税方法

　法人は、**内国法人**と**外国法人**に分けられます。さらに、法人の種類によって、次のように課税の方法が異なります（法法2、4）。

【法人税の納税義務の範囲】

法人の種類		課税方法
内国法人	普通法人	すべての所得に課税されます。
	協同組合等	すべての所得に課税されます。
	公益法人等	収益事業から生じた所得に課税されます。
	人格のない社団等	収益事業から生じた所得に課税されます。
	公共法人	課税されません。
外国法人	普通法人	国内源泉所得に課税されます。
	人格のない社団等	収益事業から生じた国内源泉所得に課税されます。

内国法人
日本国内に本店又は主たる事務所がある法人をいいます（法法2二）。

外国法人
日本国内には本店又は主たる事務所はないが、国内に所得がある法人をいいます（法法2四）。

人格のない社団等
PTA、学会、町内会や同窓会などをいい、法人とみなして法人税が課税されます。

ネズミ講の事業主体を人格なき社団として課税した事例（最判平16・7・17）

宗教法人が営むペット葬儀業が収益事業に該当するかどうか判断した事例（最判平20・9・12）

第2　法人税の申告と納税

1　事業年度

　事業年度とは、法令又は定款等に定める会計期間をいいます。会計期間の定めのない場合は、納税地の所轄税務署長に届け出た期間をいいます。ただし、その期間が1年を超えないときは、その期間、1年を超える場合は、その期間をその開始の日以後1年ごとに区分した各期間をいいます。この事業年度を基に課税所得を計算します（法法13）。

2　申告書の提出期限

　法人税申告書の提出期限は、原則として各事業年度終了の日の翌日から2か月以内です（法法74）。なお、特別の事情により事業年度末から2か月以内に定時総会が招集されない常況にあるときは、申請により4か月以内に延長できます（法法75の2）。

3　中間申告

　事業年度が6か月を超える普通法人は、**事業年度開始の日以後6か月を経過した日から2か月以内**に中間申告書を提出しなければなりません（法法71）。中間申告には、**前年実績による予定申告**と**仮決算による中間申告**があり、いずれかを選択することができます（法法71、72）。なお、これらの申告書が提出期限までに提出されなかったときは、予定申告書の提出があったものとみなされます（法法73）。

　予定申告による場合は、前年実績に基づく税額が10万円以下のときは申告は不要ですが、仮決算を選択したときは10万円以下でも中間申告書を提出しなければなりません（法法71①、72①）。

（注）　仮決算による中間申告書に記載すべき法人税の額が前事業年度の確定法人税額の12分の6を超えるときなどは、仮決算による中間申告書は提出できません（法法72①）。

4　納付期限

　中間申告書や確定申告書を提出した法人は、その申告書に記載された法人税額を、その申告書の提出期限までに納付しなければなりません（法法76、77）。

5　納税地

　原則として、その法人の本店又は主たる事務所の所在地が納税地となります（法法16）。申告、各種届出書の提出などは、納税地の所轄税務署長に対して行います。

会計期間とは、法人の財産及び損益の計算単位となる期間のことです。

申告書の提出期限の延長を受けている場合には、通常の申告期限内に見込納付をし、残額は、申告書の提出期限までに納付しますが、この納付額については利子税が課されます（法法75、75の2）。

新設法人の最初の事業年度並びに清算中の法人及び協同組合、公益法人等又は人格のない社団等については、中間申告書を提出する必要はありません。

「前年実績に基づく税額が10万円以下」とは、前年度の確定法人税額が20万円以下のことです。

6 法人税の税率

法人税率は、法人の種類や規模によって次のとおり定められています（法法66、措法42の３の２、附則26）。

資本金５億円以上である大法人による完全支配関係にある法人は軽減税率の適用はありません。

（法人税額＝法人の所得金額×**法人税率**）

区　分	平成31年４月１日〜令和７年３月31日開始事業年度	
	800万円超の部分	800万円以下の部分
普通法人	23.2％	
中小法人	23.2％	15％
公益法人等	19％	15％

（注）「中小法人」とは、資本金の額若しくは出資金の額が１億円以下の普通法人（大法人の子会社を除きます）や人格のない社団等をいいます。

7 納付する法人税額

前述の算式で計算した法人税額には、まだ、加算しなければならない税額と、減算される税額があります。これらの加算・減算後の税額が、納付すべき法人税額となります（法法67、68）。

① 加算される税額

特定同族会社の留保金課税による特別税額など

② 減算される税額

各種の税額控除・中間申告で納付した法人税額など

留保金課税については、104ページ参照。

税額控除	法人税法によるもの	法人が利子や配当等の支払を受けるときに課された所得税を法人税から控除する「所得税額の控除」や外国で課された法人税の二重課税を調整する「外国税額の控除」などがあります。
	租税特別措置法によるもの	試験研究費を支出したときや増額したとき、エネルギー環境負荷低減推進設備等を取得したとき、生産性向上設備等を取得したとき、教育訓練費を支出したとき、雇用者の数や給与が増加したときなど、産業促進育成や特定の政策目的による税額控除が設けられています。

第3　グループ通算制度とグループ法人税制

　平成11年からは企業グループを対象とした連結財務諸表制度が導入され、平成14年には商法において連結計算書の法制度が整備されたことから、税制においても、法人の組織形態の多様化に対応するとともに、課税の中立性や公平性等を確保する観点から、実態に即した課税を実現するために、平成14年に連結納税制度を導入、さらに、平成22年にはグループ法人税制が導入されました。

　そして、令和2年の税制改正により連結納税制度は廃止され、令和4年4月以後に開始する事業年度からグループ通算制度が適用されています。

1　グループ通算制度

　グループ通算制度とは、完全支配関係にある企業グループ内の各法人を納税単位として、各法人が個別に法人税額の計算及び申告を行い、その中で、損益通算等の調整を行う制度です。各法人が個別に申告しますが、企業グループをあたかも一つの法人であるかのように捉え、その企業グループ内の各法人の所得金額と欠損金額を通算できます。

(1)　グループ通算制度の対象法人

　通算親法人は内国法人である普通法人又は協同組合等に限られ、通算子法人となれる内国法人は、親会社とその親会社に発行株式数の全部を直接又は間接に保有される子会社（100％子会社）です。ただし、事前に届出をした法人に限られます（法法64の9）。

(2)　事業年度

　通算親法人の事業年度と同じ期間がその通算子法人の事業年度となります。したがって、通算親法人と通算子法人の事業年度が異なる場合には、通算親法人の事業年度に合わせたみなし事業年度となります（法法14）。

(3)　所得金額の計算方法

　欠損法人の欠損金額の合計額を所得法人の所得の金額の比で配分し、所得法人において損金算入します。そして、この損金算入された金額の合計額を欠損法人の欠損金額の比で配分し、欠損法人において益金算入します（法法64の5）。

(4)　税率

　通算法人の各事業年度の所得の金額に対する法人税の税率は、各通算法人の区分に応じた税率が適用されます（法法66）。

(5)　申告と納税

　通算グループ内の各通算法人を納税単位として、その各通算法人が個別に法人税額の計算及び申告を行います（法法74）。

連結納税制度の承認は、令和4年4月1日以後に開始する事業年度においては、グループ通算制度の承認とみなされます。

グループ通算制度の適用は選択制で、親法人の事業年度開始の日の3月前の日までに、親法人及び子法人の全ての連名で承認申請書を国税庁長官に提出しなければなりません（法64の9②）。

中小法人の軽減税率の適用対象所得金額は、年800万円を所得法人の所得の金額の比で配分した金額とされます（法法66、措法42の3の2）。

【グループ通算制度と連結会計の相違点】

項　　目	グループ通算制度	連結会計
制度の適用	選択適用できる	上場会社等は強制適用される
連結の対象範囲	100％保有の子会社に限定	一定の支配力基準による
決算申告手続	各法人が個別に決算し申告	親会社が連結財務諸表を作成
会計処理基準	統一は不要である	原則統一される
内部取引等の消去	相殺消去しない	相殺消去する
事業年度	親法人に統一する	決算日差3か月超は統一する

2　グループ法人税制

　グループ企業を一つの会社とみなして課税するもので、連結納税制度と同じ考え方ですが、任意の選択適用ではなく、一定の要件を満たす場合には「強制適用」となる点で異なります。

⑴　対象となる法人

　グループ法人税制は、完全支配関係のある法人を対象としているため、個人や外国法人による完全支配関係のある法人にも適用されます（法法2十二の七の六）。

⑵　グループ法人の所得計算

　グループ法人間の資産の譲渡損益は認識せず、グループ外への移転等の時に、その移転を行った法人において計上します。また、グループ間の寄附金は全額損金不算入とし、受領法人では全額益金不算入となります（法法25の2、37②）。

⑶　申告と納税

　グループ法人税制においては、完全支配関係を有する子法人が多数いても、それぞれが単体として申告・納税します。したがって、連結納税制度と異なり、特別にみなし事業年度が設けられることもなく、各法人の事業年度に影響はありません。

　グループ法人税制は、グループ法人の一体的運営が進展している状況を踏まえ、実態に即した課税を実現する観点から、平成22年度の税制改正において創設されました。

　グループ法人税制は、グループ内の完全支配関係にある法人が対象です。

　譲渡損益が繰り延べとなるのは、固定資産、棚卸資産の土地、有価証券（売買目的有価証券を除く）、金銭債権及び繰延資産で、帳簿価格1,000万円以上のものです。

【グループ通算制度とグループ法人税制の相違点】

項　　目	グループ通算制度	グループ法人税制
関連法人の要件	内国法人によって100％保有される内国法人	外国法人、内国法人又は個人によって100％保有される内国法人
制度の適用	選択適用できる	強制適用される
申告と納税	それぞれで申告と納税	
関連法人間の所得通算	通算する	通算しない
関連法人間の資産譲渡	グループ外へ譲渡等されるまで、譲渡損益を繰り延べる	
関連法人間の寄附金	支出法人は損金不算入、受領法人は益金不算入	
関連法人間の受取配当	支出法人は損金不算入、受領法人は益金不算入	
中小会社の特例適用	各法人の適用税率による	親会社の資本金が5億円以上、子会社1億円超の場合は適用なし

第4　同族会社の判定と留保金課税

1　同族会社の判定

　少数の株主でその会社を支配しているような会社は、会社経営に恣意性が介入しやすいことから、課税の公平を図るため、

① 同族会社の特別税率（留保金課税）

② みなし役員や使用人兼務役員とされない役員

③ 同族会社の行為又は計算の否認

などの特別な規定が設けられています。

(1) 同族会社とは

　同族会社とは、**株主等の3人以下とその同族関係者**（上位3グループ）が、その会社の**発行済株式総数の50%超**（自己株式を保有している場合は、その自己株式を除きます。）を有している会社をいいます。また、その3グループの有する解散・合併などに関する議決権、役員の選任・解任に関する議決権、役員給与に関する議決権、剰余金の配当・利益の配当に関する議決権といった4種類の議決権のいずれかについて、**議決権の割合が50%超**の会社に該当するときも同じです（法法2十）。

(2) 同族関係者とは

　同族関係者とは、次のような個人及び法人をいいます。

① 株主等の親族（配偶者、6親等内の血族及び3親等内の姻族）

② 株主等と内縁関係にある人

③ 株主等個人の使用人

④ その株主等個人から受ける金銭などで生計を維持している人

⑤ 上記②、③、④と生計を一にしている親族

⑥ その株主や同族関係者が発行済株式総数又は総額の50%を超えて持っている会社

> 自己株式とは、株式を発行した会社が、自社株の発行後に、その会社自身がその発行した自社株を取得し、保有するものをいいます。

第1順位　A株主グループ	
第2順位　B株主グループ	上位3グループの持株数 ＞ 発行済株式総数の50%
第3順位　C株主グループ	
第4順位　D株主グループ	
第5順位　E株主グループ	

② 特定同族会社の留保金課税制度

特定同族会社の留保金課税制度とは、特定同族会社が所得のうち一定金額（留保控除額）を超える金額を社内に留保した場合に、通常の法人税のほかに、留保控除額を超えて留保した所得に対して、10％から20％による法人税を追加課税するという制度です（法法67）。

同族会社は、少数の特定の株主等により支配されているため、必要以上に配当を抑え、個人株主等の所得税の累進税率による負担を回避しようとして、利益を社内に留保する傾向があります。このような行為は個人営業者や非同族会社と比べて税負担の面でバランスを欠くことから、その代替的課税として特定同族会社の留保金に対して課税することとされています。

なお、特定同族会社とは、**発行済株式の50％超を有する１株主グループにより支配されている被支配会社**で、被支配会社であることについての判定の基礎となった株主等のうちに被支配会社でない法人がある場合には、その法人をその判定の基礎となる株主等から除外して判定するものとした場合においても、被支配会社となるもの（資本金等が１億円以下のものを除きます。）をいいます（法法67）。

留保所得金額の計算を算式で示すと、次のようになります。

$$\boxed{\text{所得金額}} - \boxed{\begin{array}{c}\text{社 外}\\\text{流出額}\end{array}} - \boxed{\begin{array}{c}\text{当期の法人税}\\\text{・住民税の額}\end{array}} - \boxed{\begin{array}{c}\text{留 保}\\\text{控除額}\end{array}} = \boxed{\begin{array}{c}\text{課税留}\\\text{保金額}\end{array}}$$

⑴　社外流出額

社外流出額とは、①利益処分による配当金、②寄附金や交際費等の損金不算入額、③延滞税や加算税等の損金不算入額などをいいます。

⑵　留保控除額

留保控除額とは、次の①～③のうち最も大きい金額をいいます。

①　所得基準額…当期の所得金額×40％

②　定額基準額…2,000万円

③　積立金基準額…期末資本金額×25％－期末利益積立金額

⑶　税額

留保控除額を超えた留保金額に対して、次の金額の区分に応じて、それぞれの税率を乗じて計算した金額の合計額が課税されます。

$$\boxed{\text{課税留保金額}} \times \boxed{\text{税率}} = \boxed{\text{特別税額}}$$

3,000万円以下の金額 ……………………10％

3,000万円を超え１億円以下の金額 ……15％

１億円を超える金額…………………………20％

留保金課税の対象となる特定同族会社の判定は、一般の同族会社の判定基準である同族会社の３株主グループではなく、１株主グループで判定します（法法67②）。

非同族法人を除外して判定すると、同族会社とならない会社を、実務上、「非同族の同族会社」と呼んでいます。

資本金等の額が１億円以下の中小法人は適用除外とされています（法法67①）

当期の法人税・住民税の額を控除するのは、税金を納めると、留保金額が減少するからです。

内部留保金額が、2,000万円以内であれば、留保金課税の対象となりません（法法67⑤）。

第5　法人税の所得金額

　法人税法では、税金の対象となる法人の利益のことを、所得金額といい、所得金額に税率を掛けて法人税の税額を計算します。

　税法上の所得は、本来は、法人の会社会計上の利益と同じ意味で、法人の事業活動の一定期間の成果（もうけ）を意味しています。しかし、税法上の所得金額と法人の決算上の利益の金額とは、それぞれの利益（所得）を出す目的が異なっているので、同一の金額とはなりません。

1　法人の利益

　法人の利益は、会社法の計算規則や企業会計原則などに従って計算されます。その目的は、株主に対して法人の経営成績や財政状態を正確に報告し、株主への配当金額を算定することを主要な目的としています。

　その利益は、法人が手に入れた**収益**（商品の売上や不動産の譲渡代金など）から、その収益を得るための**費用**（売上原価や販売費、一般管理費など）と**損失**を差し引いた残高が、利益になります。

> 企業会計の利益：│収益の額│－│原価・費用・損失の額│＝│利益の金額│

2　税法の所得金額

　法人税の課税標準である各事業年度の所得の金額は、法人税法第22条第1項において、当該事業年度の**益金の額**から**損金の額**を控除した金額と規定しています。

> 法人税法上の所得金額：│益金の額│－│損金の額│＝│所得の金額│

　益金の額には、会計処理上の収益となるもののほか、法人税法の規定や他の法令で「**益金の額に算入する**」とか「**益金の額に算入しない**」と定められているもの（別段の定め）を加減して、無償による資産の譲渡や役務の提供による収益、無償による資産の譲受けによる収益なども含めます（法法22②）。

　法人税の損金は、企業会計上の売上原価等の原価、販売費・一般管理費等の費用及び損失を含む広い意味の費用に対応するもので、企業会計の費用は、基本的に法人税の損金になります。ただし、課税の公平や経済・社会その他の政策的な要請によって「**損金の額に算入する**」とか「**損金の額に算入しない**」ものがあり、役員給与・退職給与、寄附金、交際費、引当金や租税公課などには別段の定めが設けられています（法法22③）。

会社法会計
株主と債権者との利害関係の調整及び株主保護を取り入れた債権者保護を目的として、会社計算規則の規制を受けます。

税務会計
法人税法の規定に基づき法人税申告書を作成するために制約を受けます。会計上の当期利益を出発点として「税務調整」を行います。

金融証券取引法会計
有価証券の発行、流通を公正かつ円滑にし、投資者保護を目的として、有価証券報告書の提出義務のある上場会社等は、財務諸表等規則の制約を受けます。

公正会計慣行は法人税法第22条4項にいう「一般に公正妥当と認められる会計処理の基準」に該当しないとした事例（東京高判平25・7・19、ビックカメラ事件）

第6 決算調整と申告調整

　各事業年度の所得の金額は、一般に公正妥当と認められる会計処理の基準によって計算された企業会計上の当期損益に、法人税の**別段の定め**によって税務計算上の調整を行って計算しますが、この調整を**税務調整**といいます。税務調整は、**決算調整**と**申告調整**に大別されます。

① 益金に算入する　　　　→　企業経理の利益に加算（＋）
② 益金の額に算入しない　→　企業経理の利益から減算（－）
③ 損金に算入する　　　　→　企業経理の利益から減算（－）
④ 損金の額に算入しない　→　企業経理の利益に加算（＋）

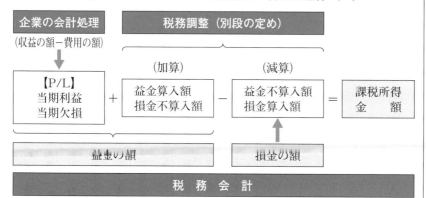

1 決算調整

　会社が決算を組む段階で、減価償却費の計上など、損金として認められるよう会計処理をすることを**決算調整**といいます。
　決算調整事項は、決算に織り込むかどうかは法人の自由ですが、法人税法において費用又は損失として認められるためには、法人の確定した決算で損金経理をする必要があり、企業利益の計算要素として決算に織り込み、企業利益に反映させ、株主総会や社員総会などの承認を得なければなりません。

2 損金経理

　株主総会などで承認を得た決算を**確定した決算**といい、この確定した決算において、費用又は損失として経理することを損金経理といいます（法法2二十五）。
　法人税では、減価償却資産・繰延資産の償却費、回収不能貸金の貸倒損失や貸倒引当金等の繰入額など、損金経理をしないと損金として認めないと規定している事項が多くあります。

企業会計によって計算された利益は、必ずしも税法の定める所得の計算規定に従って計算されてはいないため、法人税申告書に添付する各種の明細書の上で、これらを税法の規定に従った課税所得金額に修正することが必要です。

法人税法上の「別段の定め」による加算・減算は、実務では、法人税申告書別表四で行います。

株主総会又は社員総会の承認を得ていない決算書類に基づく確定申告が有効であるとした事例（福岡高判平19・6・19）
決算調整事項には、減価償却資産の償却費の損金算入などがあります。

確定した決算書に基づいて申告書を作成しなければならないことを「確定決算主義」といいます。
実務では、法人が行った会計処理が税務上否認されないように、法人税法で定められた規定どおりに決算書を作成しており、税法が会計処理について強い影響力を持っています。

❸　申告調整事項

申告調整事項とは、法人の経理のいかんを問わず、法人税申告書の上だけで、確定決算上の当期利益に対して直接加算又は減算することによって所得金額を調整して算出することをいい、確定決算で経理する必要がないものをいいます。申告調整事項には、必須の申告調整事項と任意の申告調整事項があります。

(1)　必須の申告調整事項

必須の調整事項は、確定申告書において必ず調整しなければならない事項です。法人が申告調整していない場合には、税務署長から更正又は決定を受けることになります。

(2)　任意の申告調整事項

任意の調整事項は、確定申告書において加算又は減算していれば認められますが、その調整をしていなければ認められない事項です。確定申告書において調整するかどうかの判断が法人の意思に委ねられていますので、申告調整を忘れていた場合には、後から修正することは認められません。

❹　税効果会計

税効果会計とは、企業会計上の収益又は費用と課税所得計算上の益金又は損金の認識時点の相違等により、企業会計上の資産又は負債の額と課税所得計算上の資産又は負債の額に相違がある場合において、**法人税等の額を適切に期間配分**することにより、税引前当期純利益と法人税等を合理的に対応させることを目的とする会計処理の手続です。

【事例】 当期の課税所得100のうち、会社の利益80、税務の加減算20、法定実効税率40%と仮定した場合

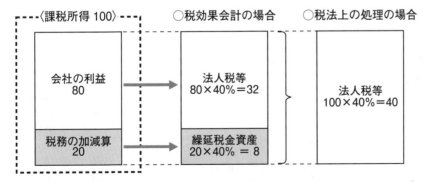

企業会計と税法では、損益の認識時期に差異が生じます。このような会計上の収益・費用と税務上の益金・損金を認識するタイミングが異なることによる差異のことを一時差異といいます。

この一時差異には、将来において法人税等を減少させる差異≪将来減少一時差異≫と将来において法人税等を増加させる差異≪将来加算一時差

申告調整する項目は、租税理論や課税技術、産業政策の達成の目的から設けられている税法固有の制度によるものです。それゆえ法人が決算に織り込むことができませんので、申告段階で調整するものです。
必須の調整事項には、法人税額等の損金不算入、過大な役員給与、寄附金及び交際費等の損金不算入などがあります。

任意の調整事項には、受取配当等の益金不算入や所得税額及び外国税額の税額控除などがあります。

企業会計上の損益と税法の損益との差異には、「一時差異」と「永久差異」があります。「一時差異」は税効果会計の対象となりますが、「永久差異」は税効果会計の対象とはなりません。
「永久差異」には、交際費、寄附金及び役員給与の損金算入限度超過額などがありますが、これらは永久に損金又は益金に算入されません。

異≫があります。将来減少一時差異は、貸借対照表の資産の部に繰延税金資産として計上し、将来加算一時差異は、貸借対照表の負債の部に繰延税金負債として計上します。

　そして、貸借対照表上に計上された繰延税金資産及び繰延税金負債は、税法上の損金又は益金として将来において取り崩します。

第7　益金の額

　法人税の基本は、各事業年度の所得に対する法人税の課税標準であり、その課税標準となるのは、各事業年度の所得の金額です（法法21）。この各事業年度の所得の金額とは、その事業年度の益金の額から損金の額を控除した金額です（法法22①）。

　そこで、所得金額の計算に当たっては、まず益金とは何か、次にその範囲や計算方法などを明らかにしなければなりません。法人税における益金は、企業会計の収益に対応するものであり、企業会計の収益は、基本的に法人税の益金に含まれます。

　ただし、税法は課税の公平を図ることを前提としていますので、別段の定めによって、益金の範囲や益金の計上時期、受取配当金や資産の評価益、受贈益、還付金などに独自の取扱いを定めています。

1　益金の意義

　法人の課税所得の計算上、その事業年度の益金の額に算入すべき金額は、次に掲げる取引によって生じた収益の額です。ただし、税法に益金の額に算入しないとする別段の定めがある収益及び資本等取引によって生じた収益は除きます（法法22②）。

① 　資産の販売
② 　有償又は無償による資産の譲渡
③ 　有償又は無償による役務の提供
④ 　無償による資産の譲受け
⑤ 　その他の取引で資本等取引以外の取引から生じた収益の額

　「別段の定め」により、会計上の収益計上が否認されるものは、受取配当等の益金不算入（法法23、23の2）、資産の評価益の益金不算入（法法25）、受贈益の益金不算入（法法25の2）、還付金等の益金不算入（法法26）などがあります。

　益金とは、益金の額に算入する旨の別段の定めがある収益に加え、資本等取引以外の取引によって生じたすべての収益であり、企業会計における収益より広いといえます。また、適法なものか違法なものかを問いません。

法人税法22条2項は、資産の無償譲渡も収益の発生原因となることを認めており、資産の譲渡が反対給付を伴わなくても適正価額の収益があると認識すべきであるとした事例（最判平7・12・19）

企業会計との関係は、106ページ参照。

無効な行為であっても、その行為により経済的成果が発生し、存続していると認められている限り、その収益は課税対象になるとした事例（最判昭38・10・29）

無利息融資と法人税法22条の収益について判断した事例（大阪高判昭53・3・30、清水惣事件）

❷　法人課税の原則

　法人税法では、法人が他の者と取引を行う場合には、すべての資産は、時価によって取引されたものとみなして課税所得を計算します。

　したがって、法人の所有資産を第三者に無償又は低廉な価額で譲渡しても、その譲渡によって収入すべき金額は、その法人の収益として益金の額に算入すると同時に、その金額を相手方に対して贈与したものとされ、それによって生じた損失は、原則として寄附金となります。この場合、その相手方が法人の役員又は使用人の場合は、その者に対する給与となります（法法22、34〜37）。

　また、法人が他の者から資産を無償でもらったり債務を免除された場合は、法人の純資産がそれだけ増加しますので、その行為を受けた時の価額をもって益金の額に算入します。

① タダで物をあげる（無償譲渡）…寄附金
② タダで物をもらう（無償譲受）…受贈益
③ 時価より安く売る（低額譲渡）…寄附金
④ 時価より安く買う（低額譲受）…受贈益
⑤ 債務を免除してあげる（債務免除）…寄附金・貸倒損失
⑥ 債務を免除してもらう（債務免除）…債務免除益

> 法人がその所有する資産を低額譲渡したときは、時価と帳簿価額との差額分が利益となるとした事例（最判昭41・6・24）

会社の行為	譲渡等した会社	取得した会社
無償譲渡	資産の時価が寄附金	資産の時価が受贈益
低額譲渡	資産の時価と譲渡価額との差額が寄附金	資産の時価と譲受価額との差額が受贈益
債務免除	免除した金額が寄附金又は貸倒損失	免除された金額が債務免除益 (注)

　(注)　破産などの法的整理等に係るものは、債務免除益課税がない場合があります。

【例題】

　法人が時価1,000、帳簿価額400の土地を子会社に無償で譲渡した場合は、企業会計では通常、次のように経理処理します。

　　寄附金（損失）　　400　　／　　土　地　　　　　400

　土地を譲渡してもその対価が入ってこないから収益は生じず、その土地の原価（帳簿価額）相当額の損失だけが生じます。企業会計では、無償取引からは収益は生じないと考えています。

　これに対して、法人税では取引を次のように擬制します。

　　未収金　　　　　1,000　／　土地譲渡収益　　1,000
　　土地譲渡原価　　　400　／　土　地　　　　　　400
　　寄附金　　　　　1,000　／　未収金　　　　　1,000

　つまり、法人税では、この土地につき、いったん時価で有償譲渡したものと観念し、その段階で収益が発生したと認識し、次に、その有償譲渡により収入すべきであった金額を子会社に寄附したとします。

> 法人税の処理でも、企業会計と同じように結果的には土地の原価（帳簿価額）相当額の損失が生じます。しかし、寄附金については、所定の損金算入限度額を超える部分の金額は損金にならないという寄附金課税が適用されます（法法37）ので、企業会計の処理とは同一になりません。

第8　収益の計上時期

1　収益認識に関する会計基準と法人税法

顧客との契約から生じる収益に関する包括的な会計基準として、平成30年3月に収益認識に関する会計基準（企業会計基準第29号）が公表され、令和3年4月1日以後開始事業年度から強制適用とされています。

収益認識に関する会計基準は企業会計原則に優先して適用される会計基準であり、その基本原則は、約束した財又はサービスの顧客への移転をそれと交換に企業が権利を得ると見込む対価の額で描写するように、収益を認識することであり（新会計基準16項）、収益をいつ、いくらで認識するかの決定のために、①契約の識別、②履行義務（収益認識の単位）の識別、③取引価格の算定、④履行義務への取引価格の配分、⑤履行義務の充足による収益の認識の5つのステップを適用して認識します。

法人税では、原則として一般に公正妥当と認められる会計処理の基準に従って計算しますが、無償取引など契約を伴わないものも課税対象とし、会計基準より射程範囲が広いので、法人税独自の別段の規定を設けています（法法22④、法法22の2ほか）。

2　収益計上の単位の原則

商品等の販売等に係る収益の額は、原則として個々の契約ごとに計上します。ただし、同一の相手方と同時期に締結した複数の契約において、その複数の契約において約束した資産等の販売等を組み合わせて初めて単一の履行義務となるときは単一契約とみなします。なお、一の契約の中に複数の履行義務が含まれているときは、それぞれの履行義務に係る資産の販売ごとに収益を計上します（法基通1-1-1）。

(1)　機械設備等の販売に伴い据付工事を行う場合

機械設備等の販売に伴い据付工事を行った場合は、機械設備等と据付工事代の全体を契約単位として収益を計上します。ただし、その据付工事が相当の規模のものであり、かつ、機械設備等の販売額とその据付工事の対価を合理的に区分できるときは、区分した単位ごとにその収益を計上できます（法基通2-1-1の2）。

(2)　販売時に保証を行う場合

商品の販売等に伴う製品の品質保証は同一の取引単位となりますが、その販売等に伴い家電量販店などが付ける数年間の保守サービスなどは、販売等とは別の履行義務となります（法基通2-1-1の3）。

会計基準の改正は、我が国の企業会計原則に「売上高は、実現主義の原則に従い、商品等の販売又は役務の給付によって実現したものに限る。」（企業会計原則 第二 損益計算書原則 三B）とされているものの、収益認識に関する包括的な会計基準はこれまで開発されていなかったためです（平成30年3月収益認識に関する会計基準）。

中小企業については、従前の企業会計原則等に則った会計処理も認められます（国税庁平成30年5月「収益認識に関する会計基準」への対応について）。

法人税法第22条が定める所得算定における収益の計上基準は、原則として権利確定主義が妥当するとした事例（最判平5.11.25、大竹貿易事件）

過大徴収電気料金の返還と収益の計上時期について争われた事例（最判平4・10・29）

3 収益の計上時期の原則

商品や製品等の販売等に係る収益は、目的物の引渡し又は役務の提供の日の属する事業年度の益金に算入します（法法22の2①）。

引渡し日とは、出荷日、船積日、相手方着荷日、相手方検収日、相手方使用収益可能日など、棚卸資産の種類及び性質、その販売に係る契約の内容等に応じ、その引渡しの日として合理的であり、かつ、その選択した基準を毎期継続している日によります（法基通2-1-2）。

また、商品等の販売等に係る契約の効力が生ずる日、目的物の引渡し又は役務の提供の日に近接する日の属する事業年度の収益として経理することも認められます（法法22の2②）。

収 益 の 計 上 時 期	
原　　則	例　　外
目的物の引渡しの日	目的物の引渡しの日に近接する日 検針日、契約効力発生日など
役務の提供の日	役務の提供の日に近接する日 乗車券の発売日など

4 販売等に係る収益の計上額

商品等の販売等に係る収益の額として所得の金額の計算上、益金の額に算入する金額は、その販売若しくは譲渡をした商品等の引渡しの時における価額又はその提供をした役務につき通常得べき対価の額に相当する金額です（法法22の2④）。

この引渡し時の価額等とは、商品等の販売等につき第三者間で取引されたとした場合に通常付される価額をいい（法基通2-1-1の10）、金銭債権の貸倒れや買戻しの可能性がある場合でも、その可能性がないものとした価額です（法法22の2⑤）。

5 修正経理

引渡し事業年度後に修正経理等をしたときの増減額は、修正経理をした事業年度の益金の額又は損金の額に算入します（法令18の2①、法基通2-1-1の11）。

なお、単なる収益の計上漏れは引渡し等事業年度の収益とします（法基通2-1-1の11）。

収益計上時期は、引渡日基準が原則ですが（法法22の2①）、その近接する日を基準に会計処理している場合は、その近接する日とできます（同法②）。また、会計処理を行っていない場合、引渡日に近接する日を収益認識時期として、申告書別表4で申告調整することも認められます（同法③）。

単なる計上漏れなどは、本来の事業年度で計上すべきで、前期損益修正という処理は公正処理基準と認められない（東京地判平27・9・25）。

6　不動産の販売収益

　不動産業者にとって販売用の不動産(土地、建物)は商品ですから、その販売による収益は、一般原則に従い、引渡基準によって計上します（法法22の2①）。ただし、譲渡契約の効力発生日に算入することも認められます（法基通2-1-14）。

　なお、土地等の引渡しの日がいつであるかが明らかでないときは、①代金の相当部分（おおむね50％以上）を収受するに至った日、②所有権移転登記の申請（その登記の申請に必要な書類の相手方への交付を含みます。）をした日のうちいずれか早い日に引渡しがあったものと判定します（法基通2-1-2）。

農地は農地転用許可日での収益計上も認められます（法基通2-1-15）。

7　運送収益

　運送収入は、原則として役務の提供を完了した日に益金に算入しますが、例外的に乗車券の発売日等とすることも認められます（法基通2-1-21の11）。

8　商品引換券の販売収益

　商品券、ビール券や仕立券等の商品引換券を発行した場合には、商品引換券の代金は前受金であり、商品引換券が使用されたときに益金に算入します。ただし、その発行の日から10年が経過したときは未引換分を一括して益金に算入します（法基通2-1-39）。

9　賃貸借契約の収益

　賃貸借契約に基づく使用料は、期間の経過に応じて益金に算入します。ただし、契約内容に紛争があるため賃料が確定せず支払を受けていないときは、その支払を受けるべき日又は係争が解決し支払を受ける日に算入できます（法基通2-1-29）。

賃貸借契約の係争には使用料等の額の増減に関するものは含みません。

10　ポイントを付与する場合

　商品の販売等に伴う自己発行ポイントは、当初の資産の販売等とは別の取引に係る収入の一部又は全部の前受けとすることができます（法基通2-1-1の7）。

　また、収益の計上を繰り延べた自己発行ポイントは、ポイントの使用に応じて益金に算入し、有効期限が到来したときやその付与の日から10年が経過したときは未計上分を一括して益金に算入します（法基通2-1-39の3）。

自己発行ポイントとは、将来の販売時にポイントと交換に値引きできるもので、発行年度ごとに区分して管理しているなど一定の要件に該当するものをいいます。

■B社が運営するポイント制度の加盟店Ａで、110円（税込）の商品を購入するごとに１ポイント（１円分）を付与した場合の処理

(単位：円)

	会計処理（税抜経理方式）				消費税の取扱い	
ポイント付与時	売手（加盟店Ａ）				売手（加盟店Ａ）	
	現金等	11,000	売上	10,000	課税売上げの対価	10,000
	ポイント費用	110	仮受消費税	1,000	課税売上げに係る消費税額	1,000
			未払金	110	ポイント費用（不課税）	100
	買手（会員）				買手（会員）	
	仕入	10,000	現金等	11,000	課税仕入れの対価	10,000
	仮払消費税	1,000			課税仕入れに係る消費税額	1,000
B社への支払時	加盟店Ａ				加盟店Ａ	
	未払金	110	現金等	110	－	
ポイント使用時	売手（加盟店Ａ）				売手（加盟店Ａ）	
	現金等	110	売上	200	課税売上げの対価	200
	未収金	110	仮受消費税	20	課税売上げに係る消費税額	20
	買手（会員）				買手（会員）	
	消耗品費	200	現金等	110	課税仕入れの対価	200
	仮払消費税	20	雑収入	110	課税仕入れに係る消費税額	20
					雑収入（不課税）	110
B社から受領時	加盟店Ａ				加盟店Ａ	
	現金等	110	未収金	110	－	

11 リース取引

　リースは、その機能的な面からみて、ファイナンス・リースとオペレーティング・リースの二つに分類されます。法人税では、ファイナンス・リース取引はすべて資産の売買として取り扱いますので、賃貸人が賃借人にリース資産を引き渡したときは、引渡時にリース期間中のリース料の合計額を譲渡対価とし、リース資産の原価を譲渡原価として譲渡損益を計上します（法法64の２）。したがって、減価償却費は賃借人が計上します。なお、オペレーティング・リースは通常の賃貸借取引としてリース料を計上します。

> ファイナンス・リースとは中途解約不可など一定の要件に該当する取引をいいます（法法64の２③）。

12 工事の請負による収益及び費用

　建設、造船その他これらに類する工事の収益（費用）の計上時期については、企業会計上、**工事完成基準と工事進行基準**がありますが、税務上は、原則として工事完成基準とし、工事期間が１年以上であるなどの一定の要件に該当する長期大規模工事については、工事進行基準を適用し、それ以外の工事で期末をまたぐ工事については、工事完成基準と工事進行基準の選択適用が認められています（法法64）。

　なお、請負工事のうち、①工事期間が１年以上、②請負対価が10億円

> 工事完成基準は、工事完成時に一括して売上計上する方法であり、工事進行基準は、工事の完成度合いに応じて工事収益と原価を計上し、各会計期間に分配する方法です。

以上、③請負対価の２分の１以上が、引渡しの期日から１年を経過する日以後に支払われることが定められているものは長期大規模工事とされ、工事進行基準が強制適用されます（法法64）。

　また、完成工事の引渡量に応じて工事代金を収入する特約等がある場合や一部が完成し引渡し部分に応じた工事代金を収入する特約等がある場合は、税務上は部分完成基準に基づき工事収益を計上することが強制適用されます（法基通２-１-９）。

工事の内容	収益の計上時期
長期大規模工事	工事進行基準
長期大規模工事以外の工事で２事業年度以上にわたるもの	工事完成基準又は工事進行基準
上記以外の工事	工事完成基準
引渡量に応じて工事代金支払いの特約があるもの	部分完成基準

企業会計における工事の収益計上基準には、工事進行基準と工事完成基準との二つがありますが、税務では、この二つのほか部分完成基準を設けています。
　長期大規模工事等に該当するかは、契約の単位ごとに判定します（法基通２-４-14（注））。

第9　損金の額と損金の計上時期

　法人税の損金は、企業会計上の売上原価等の原価、販売費・一般管理費等の費用及び損失を含む広い意味の費用に対応するもので、企業会計の費用は、基本的に法人税の損金になります。

　しかし、法人税では税固有の理論や政策に基づき、損金の額に算入される費用が制限されています。法人がこの制限を超えて費用・損失に計上した場合には、その超えた金額が所得金額に加算（損金不算入）されます。

1　損金の意義

　法人税の課税所得の計算上、その事業年度の損金の額に算入すべき金額は、**別段の定め**があるものを除き、次に掲げる額です（法法22③）。

① 　売上原価、完成工事原価その他原価の額

② 　販売費、一般管理費その他の費用の額

③ 　損失の額で資本等取引以外の取引に係るもの

　「別段の定め」によって、会計上の経費が否認されるものとしては、減価償却費、資産の評価損、役員の給与等、寄附金、交際費、圧縮損、引当金・準備金などがあります。

2　損金の認識基準

　法人税の課税所得は、一事業年度を単位として計算しますので、益金と同じように、損金をいつの事業年度に帰属するものとして把握するかが重要になります。

　企業会計における費用認識の一般的原則は**発生主義**であり、収益に対応するものは、現実に支払がなされていなくても、財貨又は役務を消費したときに費用として認識します。

　法人税法では、当期の損金となる販売費、一般管理費その他の費用の範囲を「償却費以外の費用で当該事業年度終了の日までに債務の確定しないものを除く」（法法22③二）と規定し、債務の確定していない費用は、単なる見積りであるとして、損金算入を認めないという**債務確定主義**をとっています。

　法人税法が債務確定基準をとっているのは、費用の見越し計上や引当金の設定は恣意性が入り込みやすいため制限を設け、債務性の高い確実な費用に限って損金算入を認めようとする趣旨です。

　すなわち、税法の費用・損失の計上基準は、企業会計の計上基準よりも狭い厳格な発生主義であるといえます。

法人税の損金と企業会計の費用の関係は、105ページの図参照。

法人税の負担を減少させる不正な隠ぺい仮装行為に要する費用や公務員への賄賂などの違法支出は、損金算入は認められません。
また、隠蔽仮装行為に基づく申告や無申告のときの原価や費用は損金に算入できません（法法55）。

脱税工作のための支出金の損金算入が認められなかった事例（最判平6・9・16）

前払費用は、原則として、その事業年度の損金になりません。ただし、地代、保険料など、その支払った日から1年以内に提供を受ける役務に係るものがあり、このような短期前払費用は、継続適用を条件に、その支払時点で損金に計上することができます（法基通2-2-14）。

3 損金の計上時期

⑴ **売上原価等**

　商品や製品の売上高に対応する売上原価、譲渡した資産の原価などは、特に費用収益対応の原則が重要視され、当期の益金として計上した収益との対応関係により当期の損金かどうかの決定を行います。

⑵ **販売費、一般管理費、その他支払利息、割引料など営業外費用**

　外部に支払う費用を期間費用として処理する場合、その費用が期末までに**債務として確定**していることが必要です。したがって、減価償却費のようなものは別として、見越費用（未払費用）や引当金の計上による費用計算は、税法で決められたもの以外は認められません。

　期末までに債務が確定しているものとは、特別なものを除き、次の要件のすべてに該当するものをいいます（法基通2-2-12）。

① 期末までにその費用にかかる債務が成立していること

② 期末までにその債務に基づいて具体的な給付をすべき原因となる事実が発生していること

③ 期末までにその金額を合理的に算定できること

⑶ **前払費用**

　前払費用は、原則として、その事業年度の損金になりません。

　ただし、支払ったことに間違いないことから、地代、保険料など、その支払った日から1年以内に提供を受ける役務に係る**短期前払費用**は、**継続適用**を条件に、その支払時点で損金に計上することができます。

① まだ提供を受けていない役務について

② 支払った費用（前払費用）で

③ 継続適用を要件に

④ 支払日の損金算入が認められます。

　なお、収入と直接的な関係にある費用、例えば、借入金を預金、有価証券等に運用する場合のその借入金に係る支払利子のように、収益の計上と対応させる必要があるものについては、たとえ1年以内の短期前払費用であっても、支払時点で損金に算入することはできません（法基通2-2-14）。

4 不正行為等による費用の損金不算入

　法人の租税負担を減少させる隠蔽仮装行為に要する費用等、法人が隠蔽仮装行為に基づき確定申告書を提出又は無申告で帳簿保存等のない費用等、罰金や賄賂等は損金に算入することができません（法法55）。

売上原価等となるべき費用が当期終了日までに確定しない場合には、同日の現況により、その金額を適正に見積もります（法基通2-2-1）。

売上原価であれば、支出の相当程度の確実性が見込まれ、かつ金額の適正な見積りの可能性が認められる事情がある場合には、債務が確定していなくても損金に算入できるとした事例（最判平16・10・29、牛久市売上原価見積事件）

浚渫業を営む控訴人会社が事業年度の末月に支出した向こう1年分の傭船料は、前払費用相当部分が多額であることなどから、許されないとした事例（最判平12・12・15）

費用等とは、原価、費用及び損失の額をいいます。なお、帳簿保存については、災害等により保存できなかったときは認められます。

第10 棚卸資産

　営業活動においては、商品を仕入又は製品を製造し、これを販売することによって利益を上げますが、その一部が期末に販売されずに在庫として残る場合があります。この会社に保管されている商品、製品又は半製品等を棚卸資産といい、売上原価は、次の計算式で算出します。なお、当期の売上原価を算出するために期首及び期末の棚卸資産を評価する必要があります。

売上原価 ＝ 〔 期首棚卸高 ＋ 当期仕入高 〕 － 期末棚卸高

棚卸資産とは、商品、製品、半製品、仕掛品、原材料その他の資産（有価証券を除きます。）で棚卸をすべきものをいいます（法法2）。

後入先出法、単純平均法は、平成21年度の改正で選定できる評価方法から除かれています。また、低価法には、洗替え低価法と切放し低価法の二つがありますが、平成23年度の改正で切放し低価法は廃止されています（旧法令28②）。

1　棚卸資産の評価方法

　法人税法における期末棚卸資産の評価方法は、6種類の原価法とそのいずれかを基礎とする低価法があります（法令28①）。

　法人は、これらのうちから評価方法を選定し、税務署長に届け出る必要がありますが、届け出ない場合は、原価法のうち最終仕入原価法を選定したものとみなされます（法法29、法令31）。

評価方法		内　　容
原価法	個別法	期末棚卸資産の全部について、個々の取得価額で評価額を計算する方法です。個別法の適用が認められるのは、商品の取得価額から販売にいたるまでの過程を通じて具体的に個別管理が行われている場合などに限られます。
	先入先出法	棚卸資産の販売又は消費が取得時期の古いものから順に行われたものと仮定し、期末棚卸資産はその事業年度終了の時から最も近い時において取得をした種類等を同じくする棚卸資産から順次構成しているものとみなし、そのみなされた棚卸資産の取得価額をその取得価額とする方法です。
	総平均法	期首棚卸資産の取得額と期中取得棚卸資産の取得価額との合計額を総数量で除して、単位当たりの価額を求め、これに棚卸数量を乗じて評価額を算出する方法です。
	移動平均法	取得した都度、その取得価額とその時において有する棚卸資産の取得価額とを平均して帳簿価額を定め、この繰返しにより順次期末まで移動して期末評価額を定める方法です。
	最終仕入原価法	【法定評価方法】事業年度終了の日から最も近い時において取得をしたものの取得価額をその1単位当たりの取得価額として評価する方法です。
	売価還元法	棚卸資産を種類等又は通常の差益の率の異なるごとに区別し、通常の売価で見積もられた期末棚卸高に原価率を乗じて、原価に換算する方法です。
低価法		低価法は、棚卸資産について原価法の一の方法により評価した価額と期末における価額（期末時価）とのいずれか低い価額をもって評価額とする方法です。
特別な評価方法		税務署長の承認を受けた場合には、上記以外の評価方法により評価することができます。

2 資産の取得価額

棚卸資産の取得価額は、原則として、その資産の購入代価、取得価額のため又は販売の用に供するために直接要した費用の支出額の合計です。

したがって、引取運賃、荷役費、運送保険料、購入手数料や関税などの付随費用も取得価額に含まれます（法令32）。ただし、その費用の合計額が購入代価のおおむね3％以内の少額なものは、その取得価額に算入しないこともできます（法基通5-1-1）。

3 棚卸資産の評価単位

棚卸資産の評価方法については、事業の種類ごとに、かつ、商品又は製品、半製品、仕掛品、主要原材料及び補助原材料その他の棚卸資産に区分し、それぞれの区分ごとの棚卸資産について原価法又は低価法の評価方法を選定することができます（法令29）。

なお、これらの評価方法は、弾力的な運用を図る意味で、事業所別又は棚卸資産の種類の異なるごとなど、合理的な区分ごとに細分してそれぞれ異なる評価の方法を選定することもできます（法基通5-2-12）。

法人の所有する棚卸資産全部について、一つの方法によらなければならないというものではなく、あるグループについて総平均法を選定し、他のグループについては先入先出法を選定することもできます。

4 会社更生法又は災害時等の評価換え

税法は、原則として棚卸資産の評価換えによる評価損益の計上を認めてはいませんが、会社更生法の規定による場合など一定の場合には、例外的に評価損益の計上が認められます（法法25、33、法令68）。

次のように評価換えが認められる場合には、その評価換えによる損益を取得価額に加算又は減算したところの金額をもって取得価額とみなされます。

評価換えが認められる場合	会社更生法、金融機関の特例法の規定による更生計画認可及び民事再生法の決定などに伴い評価替えの必要が生じた場合
評価損の計上が認められる場合	イ　災害により著しく損傷した場合
	ロ　著しく陳腐化した場合 　　例えば、①いわゆる季節商品の売れ残りで今後通常の価額では販売することができないことが明らかなものや②型式、性能、品質等が著しく異なる新製品が発売された場合の旧製品
	ハ　破損、型崩れ、たなざらし、品質変化等により通常の方法によって販売できなくなったような事実がある場合
評価損の計上が認められない場合	棚卸資産の時価が単に物価変動、過剰生産、建値の変更等の事情によって低下しただけでは、評価損の計上は認められません。

第11 役員給与

税務上、役員給与は、定期同額給与、事前確定届出給与、業績連動給与、退職給与、ストック・オプションなどの一定の要件に該当しないものは損金不算入とされ、不当に高額な部分の金額や隠ぺい仮装経理によるものも損金算入されません。

使用人給与は、雇用契約に基づく労務の対価であり企業会計上も法人税法上も原則として損金になりますが、役員は、株主等出資者の委任を受けてその法人の経営に従事するものであり、法人の得た利益の分配に参与する地位にあることから、その給与（報酬、賞与、退職給与）については、法人税法上その取扱いを特別に規定しています。

1 税法上の役員

税法上の役員の範囲は、会社法等の役員の範囲よりも広く、法人の取締役、執行役、会計参与、監査役、理事、監事及び清算人のほか、使用人以外の者でその法人の経営に従事している者、同族会社の場合は、たとえ肩書きは使用人であっても、特定株主等でその会社の経営に従事している者（みなし役員）も含まれます（法法２十五、法令７）。

2 役員の範囲

法人税法上の役員の範囲は、取締役等会社法その他の法令により選任された役員よりも広く規定されています（法法２十五、法令７）。

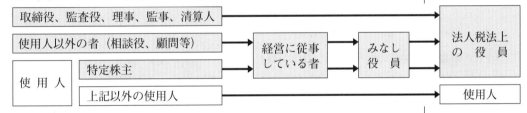

3 法人税法上のみなし役員

会社法上の役員以外の者でも、次のいずれかに該当する者は、法人税法上、役員とみなされます（法令７）。

① 法人の使用人（職制上使用人としての地位を有する者に限ります。）以外の者で実質的に法人の経営に従事している者

② 同族会社の使用人のうち、**特定株主**でその法人の経営に従事している者

なお、特定株主とは、次の三つの要件のすべてに該当している株主をいいます（法令７二、71①五）。

イ 同族判定の基礎となった持株割合が50％を超える場合の上位第三順位以内の株主グループのいずれかに属していること

ロ 自己の属する株主グループの持株割合が10％を超えていること

ハ 自己（配偶者及び持株割合50％超の関係会社を含みます。）の持株割合が５％を超えていること

みなし役員の規定は、実質的には会社の経営に従事している者でありながら、名目上取締役等とならないことにより、役員給与課税の回避を防止することにあります。

執行役員は、原則として、法人の使用人に該当し、税法上の役員には該当しません。

4 損金算入できる役員給与の種類

役員給与のうち定期同額給与、事前確定届出給与、業績連動給与に該当しないものは損金不算入とされます。逆にいえば、これらに該当する場合は損金に算入できます（法法34）。

(1) 定期同額給与

定期同額給与とは、1か月以内の一定期間ごとに支給する給与で、かつ、各支給時期における支給額が同額（規則的に反復・継続して支給）であるものをいいます（法法34①一）。

										増額	増額
100	100	100	100	100	100	100	100	100	100	100	100
4月	5月	6月	7月	8月	9月	10月	11月	12月	1月	2月	3月

} 損金不算入

定期同額給与は、その事業年度中の支払額が同額で変わらないことが原則ですが、事業年度中の改定についても、次の要件に該当するものは定期同額給与として損金算入が認められます。

① 事業年度開始の日の属する会計期間開始の日から3か月を経過する日までに改定された定期給与で、改定後の支給額が同額であるもの（**通常改定**）

② 役員の職制上の地位の変更、その役員の職務の内容の重大な変更その他これらに類するやむを得ない事情によりされた定期給与の額の改定（**臨時改定**）

③ 法人の経営の状況が著しく悪化したことその他これに類する理由によりされた定期給与の減額改定（**業績悪化改定**）

(2) 事前確定届出給与

事前確定届出給与とは、所定の時期に確定額を支給する旨の定めに基づいて支給する給与（定期同額給与及び業績連動給与を除きます。）をいい、納税地の所轄税務署長に事前確定届出給与に関する届出書を提出しているものをいいます（法法34①二）。

		増額						増額			
100	100	100	100	100	100	100	100	100	100	100	100
4月	5月	6月	7月	8月	9月	10月	11月	12月	1月	2月	3月

} 事前確定届出があれば損金算入

(3) 業績連動給与

業績連動給与とは、法人の利益に関する指標、株式の市場価格の状況を示す指標及び法人の業績を示す指針を基礎として役員給与額を算定するも

給与には経済的利益を含みます（法法34）。

継続的に供与される経済的な利益のうち、その供与される利益の額が毎月おおむね一定であるものは定期同額給与とされます。

税及び社会保険料の源泉徴収等の後の金額（手取金額）が同額であるものも、定期同額給与とされます。定期同額給与には新株予約権（ストックオプション）も含まれます。

事前確定届出給与のうち、届出額に満たない金額の支給があった場合は、届出どおり支給された給与も損金不算入になるとした事例（東京高判平25・3・14）

業績連動給与は上場会社やその100％子会社が対象であり、原則として同族会社である中小法人は適用できません。

ので、原則として、同族会社以外の法人が業務を執行する役員に対して支給するものをいいます（法法34①三）。

5　過大な役員給与や仮装経理で支出した給与の損金不算入

　役員給与が不相当に高額かどうかは、**実質基準**又は**形式基準**によって判定し、そのいずれにも該当する場合には、いずれか多い方の金額が過大な役員給与の額として損金不算入の対象となります（法法34②、法令70）。

　また、役員に対して、売上を除外することによって捻出した資金から給与を支払うなど、事実を隠ぺいしたり、又は仮装したりして経理操作を行い、それによって役員に対する給与を支払うような場合には、もはや健全な役員給与とは認められず、損金不算入とされます（法法34③）。

6　使用人兼務役員の給与

　使用人兼務役員とは、役員のうち部長、課長その他法人の使用人としての職制上の地位を有し、常時使用人としての職務に従事する者をいいます。使用人兼務役員については、給与のうち使用人としての部分は損金算入が認められますが、役員給与部分のうち過大給与の部分は損金不算入となります（法法34）。

　なお、使用人兼務役員の過大な給与額の**実質基準**による判定は、役員及び使用人としての給与全体で判定します（法基通9-2-21）。また、**形式基準**においては、定款等で使用人兼務役員の使用人分給与を含めないで限度額を定めているときは使用人分給与のうち適正と認められる額を除いたところで、支給限度額を判定します（法令70一ロ、法基通9-2-22）。

同族会社でも非同族法人の完全子会社であれば、業績連動給与の適用が認められます。

実質基準は、個々の役員ごとに支給される給与が適正な対価であるかどうかを判定し、形式基準は、定款や株主総会等の決議による支給限度額等が適正な対価であるかどうかで判定します。

「使用人としての職制上の地位」とは、支店長、工場長、営業所長、支配人、主任等法人の機構上定められている使用人たる職務上の地位をいいます（法基通9-2-5）。

わが国独得の制度として俗に功労役員なるものがあり、これらに対する給与については、法人税法は使用人としての職務に対応する部分を損金経理したときに限り認めたものであるとした事例（最判昭61・10・17）

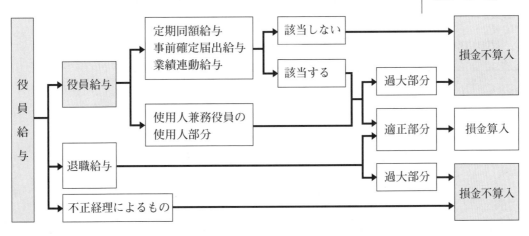

7　特殊関係使用人の給与

　特殊関係使用人については、役員及び役員兼務使用人と同様、給与のうち不相当に高額な部分の金額は損金に算入できません（法法36、法令72の2）。

　特殊関係使用人とは、①役員の親族、②内縁関係にある者、③役員から生計の支援を受けている者及び、④②～③の者と生計を一にする親族をいいます（法令72）。

特殊関係使用人の規定は、企業経営者が使用人である配偶者や子供に多額の給与を支払い、法人税の負担軽減を図るといった問題に対処するために設けられたものです。

【フローチャートで見る役員判定の流れ】

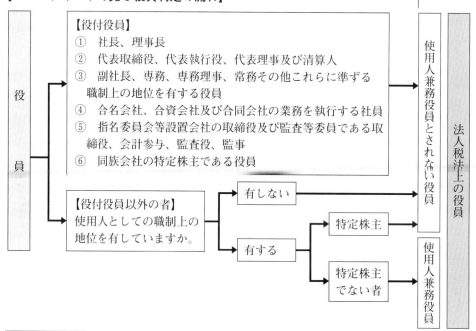

《参考》　法人の役員や使用人兼務役員等に支給される現物給与や役員等に貸与される社宅家賃等については、その役員等の給与所得として課税される場合がありますので、注意が必要です。
　現物給与の取扱いについては、63ページを、社宅家賃等の取扱いについては、64ページをご参照ください。

第12　役員退職給与

　法人が退職した役員に対して支給する退職給与のうち、不相当に高額な部分の金額は、損金の額に算入されません（法法34②、法令72の2）。

　また、退職金の支給について、外部拠出の方法、すなわち厚生年金基金等の給付を受ける場合には、これらも含めて総合勘案し、その退職給与が不相当であるかどうかを判定します（法基通9-2-31）。

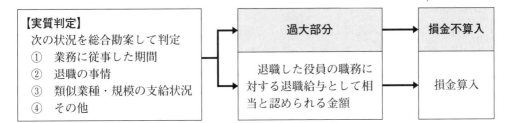

1　役員退職給与の適正額

　損金算入が認められる役員退職給与の適正額は、その役員が業務に従事した期間、その退職の事情、その法人と同種の事業を営む法人でその事業規模が類似するものの役員に対する退職給与の支給状況等に照らし、その退職した役員に対する退職給与として相当であると認められる金額とされています（法令70二）。

　具体的には、退職役員の功績（社業発展に対する貢献・協力度合等）、勤続年数及び退職時の役職（社長、専務、平取締役等）などの個別的要素を総合的に勘案しつつ、同業種・同規模の他社の役員退職給与の支給水準をも参考にしますが、裁判例などでは**平均功績倍率法、1年当たり平均額法及び最高功績倍率法**などが認められています。

　なお、退職給与が業績連動給与に該当するときは、業績連動給与の損金算入要件を満たし、かつ、過大でないものでなければ損金の額に算入できません（法法34①）。

2　分掌変更等の退職給与

　役員が現実には退職しない場合であっても、役員の分掌変更又は改選による再任など、役員としての地位又は職務の内容が激変し、**実質的に退職**したと同様の事情にあると認められるときには、支給される退職給与については、法人税法上、役員退職給与として取り扱うことができます（法基通9-2-32～38）。

使用人兼務役員に対する退職給与が過大であるかどうかは、たとえ役員分と使用人分とを区分して支給していても役員であることには変わりがないので合計額で判断します（法基通9-2-30）。

法人が事実を隠ぺいし、又は仮装して経理することにより役員に支給する退職給与は、損金の額に算入されません（法法34③）。

退職役員の報酬は減少したものの主要な取引先との実質的な対応を引き続き担当するなど、重要な地位を占めていたことから、退職したとはいえないとした事例（最判平19・3・13）

第13　旅費交通費

　旅費交通費とは、会社の業務遂行のため人が移動するために要する費用、すなわち、電車・バス等の移動手段のための費用及び出張先での宿泊費・日当・手当、従業員の通勤費のうち給与課税されない部分の金額をいいます。

1　出張旅費

　給与所得者が勤務する場所を離れてその職務を遂行するための旅費、転任に伴う転居のための旅費は、その旅行の目的、目的地、行路若しくは期間の長短、宿泊の要否、旅行者の職務内容及び地位等からみて、その旅行について通常必要であると認められる範囲内のものであれば損金に算入し、また、支給された従業員には給与課税はされません（法基通9-2-10、所法9、所基通9-3）。

　出張旅費は必ずしも実費支給ということではなく、旅費規程を設け、旅行距離や出張者の地位に応じた金額を定めて支給したものが、通常必要と認められる範囲内のものであれば、その旅費規程に基づき支給することができます。

2　海外渡航費

　法人がその役員又は使用人の海外渡航に際して支給する旅費は、その海外渡航がその業務遂行上必要なものであると認められる場合に限り、旅費としての適正額が旅費として損金算入できます（法基通9-7-6）。

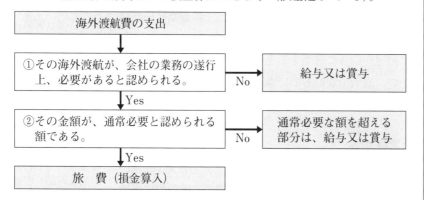

3　業務旅行と観光旅行を兼ねている海外渡航費

　業務の旅行と業務以外の観光旅行などとを併せて行ったときは、その海外渡航に際して支給する旅費をその業務の遂行上必要と認められる旅行の期間と認められない旅行の期間との比等によりあん分して判断します（法

不当に高額な出張旅費は、その高額な部分の金額は給与として課税され、それが役員や特殊関係使用人である場合は、損金不算入の対象となります（法基通9-2-19）。

日当を適正な範囲で定額支給する場合は、損金算入できます。

業務渡航ビザがおりにくいため、観光ビザで渡航した場合であっても実際に業務の遂行を行っている場合は、その実質によって判断します（法基通9-7-7）。

観光目的で、業務もあわせて行う場合は、その業務について直接要した部分の費用だけが、旅費になります。

基通9-7-9）。

(1)　**原則**　旅行費用を、仕事上と仕事以外の旅行期間にあん分して、各々に対応する金額を、それぞれ旅費又は給与とします。

(2)　**例外**　海外渡航の直接の動機が、商談等のためであって、その機会に併せて観光を行うような場合は、往復の旅費は仕事上のものとし、それ以外の金額については(1)のあん分計算をすることができます。

4　同業者団体等が行う視察等のための団体による海外渡航

　同業者団体等が主催して実施する海外視察等の機会に併せて観光が行われる場合の海外渡航費については、その旅行に通常要する費用の額に、旅行日程の区分による業務従事割合を基礎とした損金の割合（損金等算入割合）を乗じて計算した金額のみが、海外渡航費として損金に算入されます（平12.10.11付課法2-15ほか「海外渡航費の取扱いについて」）。

業務従事割合	旅費として損金算入できる金額		給与として課税される金額
	往復の交通費	その他の費用	
85％以上	全額損金算入		給与課税はありません。
85％未満～50％以上	全額損金算入	その他の費用×損金算入割合	その他の費用　×（1－損金算入割合）
50％未満～15％以上	通常の旅行費用×損金算入割合		通常の旅行費用×（1－損金算入割合）
15％未満	な　し		全額給与課税し、損金算入できます。

5　海外への社員慰安旅行

　役員又は使用人のために行う慰安旅行については、旅行の企画立案、主催者、旅行の目的、規模、行先や行程、従業員の参加割合、会社及び参加者の負担額や負担割合などを総合勘案して判断しますが、会社が負担する海外旅行の費用については、次のいずれにも該当し、特に高額でないものは福利厚生費として、損金算入できます（昭63直法6-9、直所3-13「課税しない経済的利益…使用者が負担するレクリエーションの費用の運用について」）。

①　旅行期間が4泊5日（海外旅行の場合には、目的地における滞在日数）以内であること

②　従業員等の参加割合が50％以上であること

自己都合による不参加者に金銭を支給した場合は、結局、旅行と金銭の選択ができるので、参加者全員についても、不参加者への支給額相当額が、給与として課税されます（所基通36-30）。

第14　広告宣伝費

1　広告宣伝費を支出したとき

　広告宣伝費の支出は、その内容により、全額が支出した事業年度の損金になるもの、前払費用又は繰延資産として翌事業年度以降に費用配分されるもの、減価償却資産として減価償却されるもの又は交際費として一部が損金不算入となるものなどに区分します。

⑴　広告宣伝費として損金算入するもの

　一般消費者である不特定多数の者に対して広告宣伝的効果を意図して支出するカレンダー、手帳、扇子、うちわ、手ぬぐいその他これらに類する物品を贈与するために通常要する費用や次の費用などは広告宣伝費になります（措令37の5②、措通61の4⑴-9）。

①　製造業者又は卸売業者が、抽選により、一般消費者に対し金品を交付するために要する費用又は一般消費者を旅行、観劇等に招待するために要する費用

②　製造業者又は卸売業者が、金品引換券付販売に伴い、一般消費者に対し金品を交付するために要する費用

③　製造業者又は卸売業者が、一定の商品等を購入する一般消費者を旅行、観劇等に招待することをあらかじめ広告宣伝し、その購入したものを旅行、観劇等に招待する場合のその招待のために要する費用

④　小売業者が商品の購入をした一般消費者に対し景品を交付するために要する費用

⑤　一般の工場見学者等に製品の試飲、試食をさせる費用（これらの者に対する通常の茶菓等の接待に要する費用を含みます。）

⑥　得意先等に対する見本品、試用品の供与に通常要する費用

⑵　繰延資産となるもの

　開業のための広告宣伝費及び他人の物的施設を通じて行う広告宣伝費は繰延資産として、その効果の及ぶ期間に対応して償却します。

　例えば、自動車等に製品名等を記載し、あるいは陳列棚等に製品名、製造者名等を大きく表示した資産を特約店等に贈与又は低額譲渡することによる広告宣伝費です（法基通8-1-8）。

イ　開業時の広告宣伝費

　法人の設立後営業を開始するまでの間に開業準備のために支出した広告宣伝費は、繰延資産として任意償却します（法令14①二、64）。

ロ　広告用資産の贈与

　製品等の広告宣伝の用に供する資産を贈与したことにより生ずる費用で、その支出の効果がその支出の日以後1年以上に及ぶものは繰延資産

医薬品の製造業者が医師や病院を対象にする場合や化粧品の製造業者や販売業者が美容業者や理容業者を対象とする場合の広告費は、交際費になります（措通61の4⑴-9㊟）。

あらかじめ新聞広告、テレビコマーシャル、新聞折込等により広告宣伝することなく、特定の消費者を選択して旅行等に招待することは、広告宣伝費ではなく、交際費になります。

特約店に広告宣伝のため固定資産（例えば自動車、興行用のどん帳等）を著しく低い対価で譲渡したときは、繰延資産として償却すべきであるとした事例（大阪地判昭38・3・30）。

となり、その資産の耐用年数の70％の年数（最高5年）を償却期間として各期で償却を行います（法令14①六ニ、法基通8-2-3）。

⑶　固定資産となるもの

ネオンサイン等の広告宣伝用減価償却資産の購入、建設費は直ちに損金に計上することはできません。その資産の取得に要した費用は、その資産の耐用年数が維持される期間の共通費用ですので、減価償却計算によって、その耐用年数に応じて、徐々に償却して損金の額に振り替えます（法基通8-2-1）。

区　　分	内　　容	取扱い
開業前の広告宣伝費	広告宣伝費、接待費、旅費、調査費等の開業費	繰延資産として任意償却します。
固定資産の購入	ネオンサイン等の広告宣伝用の減価償却資産	減価償却します。
広告用資産を贈与した場合	特約店や得意先等に対し、広告用の看板、ネオンサイン、どん帳、陳列棚、自動車のような資産を贈与したとき	繰延資産：資産の耐用年数の70％の年数（最高5年）を償却期間として各期で償却します。

2 広告宣伝費等の計上時期

⑴　毎年一定数量を消費する広告宣伝用印刷物等

広告宣伝用印刷物や見本品などの消耗品の費用は、原則としてこれらの資産を消費した日の属する事業年度の損金の額に算入し、未使用分は、貯蔵品として資産に計上するのが原則ですが、各事業年度ごとにおおむね一定数量を取得し、かつ、経常的に消費するものであれば、継続適用を要件として、取得をした日の属する事業年度の損金の額に算入することが認められます（法基通2-2-15）。

⑵　テレビ・ラジオ・新聞広告等

短期間の看板や広告塔などを設置するために建物の所有者に支払った前払費用は、支払った事業年度の損金に算入することができますが、翌期以降に行われる新聞広告、テレビ広告等の宣伝費は、媒体する広告会社等への支払のいかんにかかわらず、現実に広告が行われた日を含む事業年度に損金算入する必要がありますので、その費用を支払済であっても、現実に広告を行っていないときは、前払金（資産勘定）に振り替えなければなりません（法基通2-2-14）。

減価償却資産の耐用年数が1年に満たない場合又はその取得価額が10万円未満である場合は、その資産をその広告の用に供した事業年度の損金に算入することができ、取得価額が20万円未満である場合には、一括償却資産として3年間で償却することができます。

中小企業者等は、取得価額が30万円未満の減価償却資産であれば、合計300万円まで即時償却できます。

③　広告宣伝用資産の受贈益

　販売業者等が製造業者等から資産を無償又は低額で取得したときは、その経済的利益の額を益金（収入金額）とします。ただし、広告宣伝用の看板、ネオンサイン、どん帳のような広告宣伝用資産については、その取得による経済的利益はないものとして受贈益を計上しません。

　また、自動車や陳列棚等の広告宣伝用資産については、その資産の取得価額の３分の２に相当する金額から販売業者等がその取得のために支出した金額を控除した金額とします。

　ただし、その金額（同一の製造業者等から２以上の資産を取得したときはその合計額）が30万円以下であるときは、経済的利益の額はないものとします（法基通4-2-1）。

販売業者等が製造業者等から広告宣伝用の資産の取得に充てるため金銭の交付を受けた場合についても、同様です（法基通4-2-2）。

受贈益の内容	贈与を受けた法人（販売業者）	贈与した製造業者等
広告宣伝用の看板、ネオンサイン、どん帳のように専ら広告宣伝の用に供される資産	受贈益はないものとされます。	繰延資産になります。
自動車などで車体の大部分に製造業者等の製品名又は社名を表示しているもの	製造業者等の取得価額の３分の２相当額から販売業者等の負担額を控除した金額（受贈益）が、30万円以下のときは、受贈益はないものとされます。	
陳列棚、陳列ケース、冷蔵庫又は容器		
展示用モデルハウス		

第15 寄附金

取引に直接関係のない個人や法人あるいは国、地方公共団体や公益法人などに対して、金銭や物品などを無償で与えた場合などに寄附金として処理します。

企業会計上はその全額が費用になりますが、寄附金は企業が収益を得るために必要であるかという点については疑問があり、利益処分性を有する面も否定できませんので、法人税法上は、特定の寄附金を除き、一定の限度を超える金額は損金に算入されません（法法37）。

1 寄附金の範囲

法人税法上の寄附金とは、寄附金、拠出金、見舞金その他いずれの名義をもってするかを問わず、金銭その他の資産又は経済的な利益の贈与又は無償の供与をいい、低額譲渡などを含む広いものです（法法37⑦⑧）。

① 金銭その他の財産を無償で与える（贈与）
② 貸付金や売掛金を免除する（債務免除）
③ 時価より安く資産を譲渡する（低額譲渡）
④ 利息を低く設定したり無利息とする（低利又は無利息貸付）

2 寄附金から除かれるもの

寄附金は、対価を伴わないことを本質としていますので、寄附金からは、広告宣伝及び見本品の費用その他これらに類する費用並びに交際費、接待費及び福利厚生費とされるべきものを除きます（法法37⑦かっこ書）。

寄附金から除かれるもの	処理の方法
事業遂行と直接関係があると認められる広告宣伝費等、交際費等、福利厚生費（法法37⑦）	交際費等の損金不算入額を除き、それぞれの費用として損金に算入
役員等が個人として負担すべき費用（法基通9-4-2の2）	負担すべき者に対する給与
固定資産の取得に関連して支出する地方公共団体に対する寄附等（法基通7-3-3）	その資産の取得価額に算入
子会社等を整理する場合の損失負担（法基通9-4-1）	負担又は損失発生時の損金に算入
子会社等を再建する場合の無利息貸付け等（法基通9-4-2）	正常な取引として処理
被災者に対する一定の義援金等（法基通9-4-6）	費用等として損金に算入
災害の場合の取引先に対する支援 ① 売掛債権の免除（法基通9-4-6の2） ② 低利又は無利息による融資（法基通9-4-6の3）	正常取引として処理
被災者に対する自社製品の提供（法基通9-4-6の4）	費用等として損金に算入

100％グループ内の法人間の寄附金は全額損金不算入、受領法人は全額益金不算入となります。

低額譲渡の差額は寄附金となるとした事例（最判平7・12・19）

時価より高額で取得したときの差額は寄附金であるとした事例（福岡高判平11・2・17）

ノウハウの帰属とロイヤリティの支払における対価と寄附金課税について争われた事例（東京地判平17・7・21、一条工務店事件）

3　寄附金の損金算入時期

　寄附金は、法人の経理処理の方法にかかわらず、現実に金銭等により支払が行われたときに、その支出があったものとされ、未払金に計上した場合には、現実に支払がされるまでは寄附金として取り扱われず、また、仮払金の場合も、実際に支払った事業年度の寄附金となり、いわゆる現金主義的な取扱いを採っています（法法37、法令78）。

> 寄附金の支払のための手形の振出し（裏書譲渡を含みます。）は、現実の支払には該当しません（法基通9-4-2の4）

4　損金算入限度額の計算

　国や地方公共団体への寄附金及び指定寄附金は、全額損金に算入されますが、一般寄附金及び特定公益増進法人に対する寄附金は一定の限度額までが損金に算入でき、一定限度額を超える部分は損金算入できません。

> 国外関連者に対する寄附金は、全額損金不算入です。

⑴　国等に対する寄附金及び指定寄附金

　国や地方公共団体に対する寄附金及び財務大臣が指定した指定寄附金は、その支払った全額が損金に算入されます。

（注）　指定寄附金とは、赤い羽根募金、国宝等の修復、オリンピックの開催、国立大学の教育研究など財務大臣の指定した寄附金です。

⑵　一般の寄附金の損金算入限度額

　法人が支出した一般の寄附金については、その法人の資本金の額、所得の金額に応じた一定の限度額までが損金に算入されます。

> 資本金の額とは、資本金の額及び資本準備金の額の合計額又は出資金の額をいいます（法法37①）。

$$\left[\text{資本金の額}\times\frac{\text{当期の月数}}{12}\times\frac{2.5}{1,000}+\text{所得の金額}\times\frac{2.5}{100}\right]\times\frac{1}{4}=\boxed{\text{損金算入限度額}}$$

⑶　特定公益増進法人に対する寄附金

　特定公益増進法人に対する寄附金は、次のいずれか少ない金額が損金に算入されます。

①　特定公益増進法人に対する寄附金の合計額

②　特別損金算入限度額

$$\left[\text{資本金の額}\times\frac{\text{当期の月数}}{12}\times\frac{3.75}{1,000}+\text{所得の金額}\times\frac{6.25}{100}\right]\times\frac{1}{2}=\boxed{\text{損金算入限度額}}$$

（注）1　特定公益増進法人とは、独立行政法人、公益社団法人、公益財団法人、学校法人等、社会福祉法人、更生保護法人等をいいます。
（注）2　特定公益増進法人に対する寄附金のうち損金に算入されなかった金額は、一般の寄附金の額に含めます。

⑷　地方創生応援税制（企業版ふるさと納税）

　地方公共団体が実施する地方創生事業に対して企業が行う寄附については、現行の損金算入措置に加え、法人住民税、法人事業税、法人税から税額控除できます（措法42条の12の2）。

> 特産品の提供はありません。

第16　保険金

保険を大まかに分類すると、損害保険と生命保険とに分けられます。生命保険はさらに死亡保険、生存保険及び生死混合保険に分けられます。損害保険は、その危険に対する保険事故の原因によって海上保険、火災保険、運送保険、傷害保険、自動車保険、盗難保険などがあります。

死亡保険金及び生存保険金の支払及び受取人が法人である場合には、その支払った保険料は、仮に解約を申し出れば、一定の解約金が返還されるので、収受する保険金との対応を考えると貯金に準ずるものと考えられるので、保険事故の発生又は保険契約の解除若しくは失効により、その保険契約が終了する時までは、資産に計上することが必要となります。

1　養老保険

養老保険とは、被保険者が死亡した場合に死亡保険金が支払われるほか、保険期間の満了時に被保険者が生存している場合にも満期保険金が支払われる生命保険をいいます。

法人が自己を契約者とし、役員又は使用人及びその親族を被保険者とする養老保険に加入した場合には、その養老保険に万一の場合の保障と貯蓄との二面性があることから、その支払保険料については、保険金受取人が誰であるかによって、次のように取り扱われます（法基通9-3-4）。

傷害特約等に係る保険料
法人が、自己を契約者とし役員又は使用人及びその親族を被保険者とする養老保険、定期保険又は定期付養老保険の傷害特約等の保険料は期間の経過に応じて損金に算入します。ただし、役員や特定の使用人のみを給付金の受取人としている場合は、その役員又は使用人の給与となります（法基通9-3-6の2）。

保険契約者	保険金の受取人		支払保険料の経理
	死亡保険金	満期保険金	
法　人	法　人	法　人	保険積立金として資産計上
	従業員又はその遺族	従業員	給与として損金算入
	従業員の遺族	法　人	1/2は資産計上、1/2は損金算入 ただし、役員等のみを被保険者とする場合は1/2給与

2　定期保険

定期保険は、法人が自己を契約者とし、役員又は使用人及びその親族を被保険者として、一定期間内に被保険者が死亡した場合にのみ支払われる生命保険をいいます。

この定期保険は、養老保険のように満期保険金がないため、法人が支払った保険料は、損金となるか給与のいずれかとなります。

(1)　**死亡保険金の受取人がその法人である場合**

定期保険には貯蓄性がないことから、その支払った保険料は、期間の経過に応じて損金に算入します。

定期保険又は第三分野保険の保険料に相当多額の前払部分の保険料が含まれる場合は、資産計上し損金に算入できません（法基通9-3-5の2）。

(2) 死亡保険金の受取人が被保険者の遺族である場合

その支払った保険料は、期間の経過に応じて損金に算入されます。ただし、役員又は部課長その他特定の使用人のみを被保険者としている場合には、経済的利益を供与したものとして、その保険料は、その役員又は使用人に対する給与となります。

保険契約者	保険金受取人	保険料の経理	特約保険料	契約者配当
法人	法人	損金算入	損金算入 ただし、役員等のみを給付金の受取人とする場合には給与	益金算入
	従業員の遺族	損金算入 ただし、役員等のみを被保険者とする場合には給与		

3 定期付養老保険

定期付養老保険とは、養老保険に定期保険を付したものをいい、法人が、自己を契約者とし、役員又は使用人及びその親族を被保険者とする定期付養老保険に加入してその保険料を支払った場合には、その支払った保険料（傷害特約等の特約に係る保険料を除きます。）については、次の区分に応じ、それぞれ次のように取り扱います（法基通9-3-6）。

(1) 養老保険と定期保険の保険料が区分されている場合

養老保険と定期保険の保険料が保険証券などで区分されている場合は、それぞれの保険料について、前記の養老保険又は定期保険と同様に取り扱います。

(2) 上記以外の場合

その保険料について養老保険と定期保険とが区分されていないときは、全体を養老保険に係る保険料として、前記の養老保険と同様に取り扱います。

区分	保険金の受取人		主契約保険料		特約保険料
	死亡保険金	満期保険金	養老保険部分	定期保険部分	
保険料が区分されている場合	法人		資産計上	損金算入	損金算入 役員等のみを給付金の受取人とする場合には、給与
	従業員又はその遺族	従業員	給与	損金算入 役員等のみを被保険者とする場合には給与	
	従業員の遺族	法人	1/2は資産計上、1/2は損金算入 役員等のみを被保険者とする場合は1/2は給与		
保険料が区分されていない場合	法人		資産計上		
	従業員又はその遺族	従業員	給与		
	従業員の遺族	法人	1/2は資産計上、1/2は損金算入 役員等のみを被保険者とする場合は1/2は給与		

第17　租税公課等

　企業会計においては、租税公課は費用として認識されますが、税務上は
その課税目的から損金に算入されないものがあります。

1　法人税や法人住民税

　法人税や法人住民税（都道府県民税や市町村民税）など、所得を課税標
準とするものは損金に算入できません（法法38）。

2　附帯税や罰科金

　罰金、科料及び課徴金は反社会的な行為に課されるものですから、損金
算入できません。

　また、無申告加算税、過少申告加算税や重加算税などは、本来、自ら納
付すべき租税を何らかの形態により免れ、又は軽減したことに対する罰則
的な意味を持つ課徴金であり、これらの加算税を損金に算入すれば、課税
所得がその加算税相当額だけ減算される結果、税負担をそれだけ減少させ
ることになり、加算税が設けられた本来の意図を著しく阻害する結果にな
りますので、租税政策的な見地から損金算入は認められません（法法55）。

> 外国又は外国の地方公共団体が課する罰金、科料や司法取引による罰金等も損金算入できません（法法55④、法基通9-5-9）。

3　損金算入時期

　事業税、酒税、事業所税などの申告納税方式による租税は、納税申告書
を提出した事業年度、更正又は決定のあったものについては、その更正又
は決定のあった事業年度に損金算入します。また、固定資産税、不動産取
得税、自動車税等の賦課課税方式による租税は、賦課決定のあった日の属
する事業年度の損金になります。

> 納期開始日又は実際の納付日の事業年度に損金経理をした場合は、その事業年度の損金に算入できます（法基通9-5-1）。

税金の種類	損金算入の可否	損金算入の時期	税金の種類	損金算入の可否	損金算入の時期
法人税	×		源泉所得税	×	
地方法人税	×		罰金・交通反則金	×	
法人住民税	×		固定資産税	○	決定のあった日
法人事業税	○	申告書提出の日	都市計画税	○	決定のあった日
消費税	○	申告書提出の日	事業所税	○	申告書提出の日
地方消費税	○	申告書提出の日	自動車税	○	決定のあった日
酒税	○	申告書提出の日	不動産取得税	○	決定のあった日
加算税・延滞税	×		登録免許税	○	決定のあった日
延納に係る利子税	○	決定のあった日	印紙税	○	使用した日

第18　減価償却費

　事業用の機械や車などは、資産として経理処理します。しかし、これらの資産は、使用するにつれ、また時間がたつにつれて、価値が目減りしていきますので、税法では一定の期間を定めて、一定の方法で順次、毎年の費用として損金（減価償却費）にします。

1　減価償却資産

　価値が目減りする事業用の資産のことを、減価償却資産といいます。なお、いくら使っても、古くなっても、価値が減るとは限らないものや、場合によっては価値が上がるような資産は、減価償却できない資産とされています（法法2二十三、法令13）。

区分	減価償却資産	減価償却できない資産
有形減価償却資産	①　建物 ②　建物附属設備 ③　構築物 ④　機械装置 ⑤　車両運搬具 ⑥　工具・器具備品　など	1　時の経過によって価値が減少しないもの 　①　土地 　②　借地権 　⓪　書画骨とう 2　事業に使っていないもの 　①　まだ事業の用に使用していないもの 　②　遊休中のもの 　③　稼働休止中のもの 　④　建設中のもの　など
無形減価償却資産	①　特許権 ②　実用新案権 ③　商標権 ④　営業権　など	
生物	牛、馬、果樹など	

2　減価償却資産の取得価額

　減価償却資産の取得価額には、原則としてその資産の購入代価、その付随費用及び事業の用に供するために直接要した費用が含まれ、その取得の態様に応じて、それぞれ次のように定められています（法令54）。

取得の方法	取　得　価　額
購入したもの	購入の代価（引取運賃、荷役費、運送保険料、購入手数料、関税、その他購入費用を含みます。）＋事業の用に供するために直接要した費用の額(A)
自社で建設、製作又は製造したもの	建設等のために要した原材料費、労務費及び経費の額＋(A)
育成又は成熟させた牛馬等又は果樹等	購入の代価等、種付費・出産費又は種苗費＋成育又は成熟のために要した飼料費、肥料費、労務費及び経費の額＋(A)
その他（交換、贈与等）	その取得時におけるその減価償却資産の再調達価額＋(A)

法人税では、法人内部の計算に基づく減価償却費の計算が恣意的に行われる可能性を有していることや簿外資産には減価償却を認めないという観点から、損金経理が必要です。

民法上の組合がリースした映画フィルムは減価償却資産に該当しないとした事例（最判平18・1・24）

書画骨とうに該当するか否か明らかでない美術品等で、その取得価額が1点100万円未満のものは、減価償却資産として取り扱うことができます（法基通7-1-1）。

取得価額は、通常一単位として取引されるその単位ごとに判定します。

3　耐用年数

　耐用年数は、恣意的な決定を防止し課税の公平を図る見地から、「減価償却資産の耐用年数に関する省令」の別表一から別表六までに資産の種類、構造、用途の異なるごとに細かく規定しています。

〈建　物〉

構造・用途	細　　目	耐用年数
鉄骨鉄筋コンクリート造・鉄筋コンクリート造のもの	事務所用のもの	50
	住宅用のもの	47
	飲食店用のもの	
	延べ面積のうちに占める木造内装部分の面積が30％を超えるもの	34
	その他のもの	41
	旅館用・ホテル用のもの	
	延べ面積のうちに占める木造内装部分の面積が30％を超えるもの	31
	その他のもの	39
	店舗用・病院用のもの	39
	車庫用のもの	38
	公衆浴場用のもの	31
	工場用・倉庫用のもの（一般用）	38

(1)　中古資産の耐用年数

　中古資産は、その使用可能期間を見積もった残存耐用年数（見積法による耐用年数）で償却しますが、この見積りが難しいときは、法定耐用年数を基に算定した耐用年数（簡便法）とすることができます（耐令3①）。

①　法定耐用年数を全部経過したもの…**法定耐用年数×20％**

②　法定耐用年数の一部を経過したもの…

　　　　　　　　　……**法定耐用年数－（経過年数×80％）**

1年未満の端数は切り捨て、①、②の計算による年数が2年未満のときは2年とします（耐令3③）。

(2)　耐用年数の短縮

　減価償却資産の材質又は製作方法が種類及び構造を同じくする他の減価償却資産の通常の材質又は製作方法と著しく異なっているとか、陳腐化したなどの事情があり、その実際の使用可能期間が法定耐用年数より10％以上短くなる場合には、国税局長の承認を受けた未経過使用可能期間で償却することができます（法令57）。

(3)　損耗が激しい場合の増加償却

　機械及び装置の使用時間が一般的な平均使用時間を著しく超えるため、その損耗が著しく増加償却割合が10％以上である場合には、増加償却を行うことができます（法令60）。

　　償却限度額 ＝ 普通償却限度額 ×（1＋増加償却割合）

所定の事項を記載した増加償却の届出書を確定申告書の提出期限までに所轄税務署長に提出します。

4 償却率

　耐用年数に応じた償却率は、耐用年数省令別表第七及び第八で（旧）定額法、（旧）定率法それぞれに応じたものが定められています。

　この償却率は１年間についてのものですから、事業年度が１年に満たない場合には、償却率を月数換算して適用します（耐令４②、５②、耐通5-1-1）。

5 減価償却の方法

　減価償却資産の償却費は、償却費として損金経理をした金額のうちその資産について選定した償却の方法（選定をしなかった場合には、法定償却方法）によって計算した償却限度額に達するまでの金額とされています（法法31①）。

　損金経理した償却費が償却限度額を超える場合には、それが生じた事業年度では、損金の額に算入されませんが、その後の事業年度で償却不足額が生じた場合には、その償却不足額の範囲内で、その事業年度の損金の額とします。

　償却方法については、採用する償却方法を納税地の所轄税務署長に届出ることとされていますが、届出書の提出をしていない場合は、法定償却方法が適用されます（法令51、53）。

　なお、納税地の所轄税務署長の承認を受けた場合には、資産の区分に応じて定められている償却の方法以外の特別な償却方法を選定できます（法令48の４）。

株主総会などで承認を得た決算を「確定した決算」といい、この確定した決算において、費用又は損失として経理することを損金経理といいます。

法人税では、法人内部の計算に基づく減価償却費用が恣意的に計算が行われる可能性を有していることや簿外資産には減価償却を認めないという観点から、損金経理が必要とされています。

【選定できる償却の方法】

資産の区分		平成19年３月31日までに取得	平成19年４月１日以後に取得	平成28年４月１日以後に取得
建物		旧定額法（平成10年３月31日以前の取得は旧定率法も適用）	定額法	定額法
建物附属設備、構築物		旧定額法 旧定率法※	定額法 定率法※	定額法
機械及び装置、船舶、航空機、車輌、工具・備品		旧定額法 旧定率法※	定額法 定率法※	定額法 定率法※
無形減価償却資産及び生物		旧定額法	定額法	定額法
鉱業用減価償却資産	建物、建物附属設備、構築物	旧定額法 旧定率法 旧生産高比例法※	定額法 定率法 生産高比例法※	定額法 生産高比例法※
	上記以外			定額法 定率法 生産高比例法※
鉱業権		旧定額法 旧生産高比例法※	定額法 生産高比例法※	定額法 生産高比例法※

（注）　※は法定償却方法

6　減価償却限度額の計算

　償却限度額を算出する場合には、その資産の耐用年数を確認し、その耐用年数に応じた各償却方法の償却率等を求め、定められている各償却方法の計算式により計算します。法人税の減価償却費の計算では残存価格はありませんので、最終的には残額1円（備忘価額）まで償却できます。

　なお、減価償却費として損金経理をした金額が償却限度額を超えた場合には、その超える金額は損金の額に算入されませんので申告調整（申告書別表4で加算）することになります。

⑴　平成19年3月31日以前に取得した減価償却資産の償却方法

① 　旧定額法

　償却限度額＝（取得価額－残存価額）× 耐用年数に応じた旧定額法の償却率

② 　旧定率法

　償却限度額＝（取得価額－既償却額）× 耐用年数に応じた旧定率法の償却率

⑵　平成19年4月1日以後に取得した減価償却資産の償却方法

　平成19年4月1日以後に取得した減価償却資産に適用される償却方法では、最終的に残額1円まで償却できます。

① 　定額法

　償却限度額 ＝ 取得価額 × 耐用年数に応じた定額法の償却率

② 　定率法

　定率法は、減価償却資産の取得価額に、その償却費が毎年一定の割合で逓減するようにその資産の耐用年数に応じた「定率法の償却率」を乗じて計算し、その後の年度において「償却額」が「**償却保証額**」に満たないことになった場合は、その年度から償却方法を定率償却から均等償却に切り替え、定額法で償却します。

　なお、平成19年4月1日から平成24年3月31日までの間に取得した減価償却資産は、250％定率法の償却率、平成24年4月1日以後に取得した減価償却資産は、200％定率法の償却率で行います。

200％（250％）定率法とは、償却率として「定額法の償却率×200％（250％）」で計算するものです。

「償却保証額」は、減価償却資産の「取得価額」に「耐用年数省令別表第八」の耐用年数ごとに定められている「保証率」を乗じて求めます。

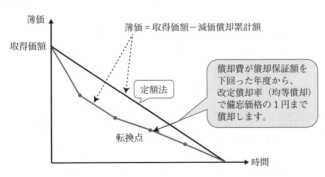

【取得価額100万円、耐用年数10年の減価償却資産の計算例】

耐用年数10年に応ずる定率法の償却率	0.200
耐用年数10年に応ずる改定償却率	0.250
耐用年数10年に応ずる保証率	0.06552
償却保証額	$1,000,000 \times 0.06552 = 65,520$

	期首末償却残高の計算	減価償却費の計算
1年目		$1,000,000 \times 0.200 = 200,000$
2年目	$1,000,000 - 200,000 = 800,000$	$800,000 \times 0.200 = 160,000$
3年目	$800,000 - 160,000 = 640,000$	$640,000 \times 0.200 = 128,000$
4年目	$640,000 - 128,000 = 512,000$	$512,000 \times 0.200 = 102,400$
5年目	$512,000 - 102,400 = 409,600$	$409,600 \times 0.200 = 81,920$
6年目	$409,600 - 81,920 = 327,680$	$327,680 \times 0.200 = 65,536$
7年目【転換点】	$327,680 - 65,536 = 262,144$	$262,144 \times 0.200 = 52,428 < 65,520$ ・ここで改定償却率（均等償却）に替わる （改定取得価額）（改定償却率） $262,144 \times 0.250 = 65,536$
8年目	$262,144 - 65,536 = 196,608$	$262,144 \times 0.250 = 65,536$
9年目	$196,608 - 65,536 = 131,072$	$262,144 \times 0.250 = 65,536$
10年目	$131,072 - 65,536 = 65,536$	$262,144 \times 0.250 = 65,536$ ・備忘価額1円を残す。 $65,536 - 1 = 65,535$

7年目で従前の「償却額」＜「償却保証額」となるので、改定償却率による定額法に切り替えます。

7 少額減価償却資産

　減価償却資産のうち、①使用可能期間が1年未満であるもの又は取得価額が10万円未満の減価償却資産は、その事業の用に供した日の属する事業年度において損金経理をして損金算入することができます（法令133）。また、②取得価額が20万円未満のものは3年間の各事業年度において均等に償却して損金算入できます（法令133、133の2①）。

主要な事業として貸付けが行われていない資産は除かれます。

　なお、③青色申告法人である中小企業者等が取得し、かつ、事業の用に供した減価償却資産で、その取得価額が30万円未満であるもの（合計で300万円に達するまでのもの）については、損金経理により即時償却できます（措法67の5）。

中小企業者等とは、常時使用する従業員の数が500人以下の法人をいいます（措令39の28）。

使用可能期間	取得価額	償却方法
1年以上	30万円以上	資産計上後、通常の減価償却
	30万円未満	①資産計上後に通常の減価償却又は②全額損金算入（中小企業者等のみ、合計300万円まで）の選択
	20万円未満	①資産計上後に通常の減価償却、②3年間で均等償却又は③全額損金算入（中小法人等のみ、合計300万円まで）の選択
	10万円未満	①資産計上後に通常の減価償却、②3年間で均等償却又は③全額損金算入の選択
1年未満	金額制限なし	全額損金算入（即時償却）

8　特別償却

特定の設備等を取得して、事業の用に供した場合には、公害対策、中小企業対策等の種々の政策的要請から、減価償却費の損金算入に関して税務上の特例を設け、普通償却額に上乗せして特別償却額を損金の額に算入することが認められています（措法42の5～52）。

なお、複数の特別償却の特例要件に該当する場合でも、複数の規定の適用はできません（措法53）。

(1)　供用初年度の特別償却制度

特定の設備等を取得し、事業の用に供した事業年度において、その取得価額の一定割合相当額（特別償却限度額）を、普通償却の別枠として特別に償却できます。

＊特別償却には、税額控除との選択適用が可能なものがあります。

(2)　一定期間の割増償却制度

特定の設備等を取得し、事業の用に供した時以後一定の期間において、普通償却限度額の一定割合相当額（割増償却限度額）を割り増しして償却できます。

(1)の主な特別償却の例示：
・中小企業者等の機械等の特別償却
・特定中小企業者等の経営改善設備の特別償却
・特別設備等の特別償却　　　など

(2)の主な割増償却の例示：
・障害者を雇用する場合の機械等の割増償却
・次世代育成支援対策資産の割増償却
・特定都市再生建築物等の割増償却　　　　など

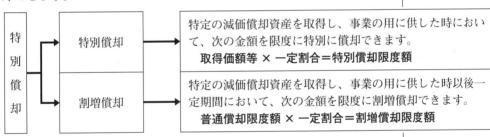

特別償却

特別償却 → 特定の減価償却資産を取得し、事業の用に供した時において、次の金額を限度に特別に償却できます。
取得価額等 × 一定割合＝特別償却限度額

割増償却 → 特定の減価償却資産を取得し、事業の用に供した時以後一定期間において、次の金額を限度に割増償却できます。
普通償却限度額 × 一定割合＝割増償却限度額

9　資本的支出と修繕費の判定

固定資産を使用している途中で、その固定資産の破損や腐食に対して修理や改良を行う場合がありますが、これが単なる修繕であれば、その費用は、全額が修繕費として支出時の損金となります。一方、使用可能期間を延長又は価値を増加させるような改良等に要した費用は、一時の損金とは認められず、新たな資産を取得したものとして償却します（法令132）。

資本的支出と修繕費の区分は実務上困難な面がありますので、通達で定めている基準によって申告することが認められています（法基通7-8-1～9）。

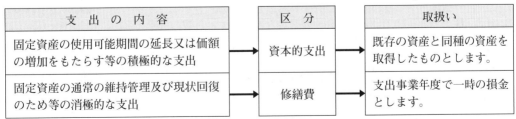

支出の内容	区分	取扱い
固定資産の使用可能期間の延長又は価額の増加をもたらす等の積極的な支出	資本的支出	既存の資産と同種の資産を取得したものとします。
固定資産の通常の維持管理及び現状回復のため等の消極的な支出	修繕費	支出事業年度で一時の損金とします。

(注)　「資本的支出と修繕費の区分等の基準」については、39ページ参照。

第19　繰延資産

　会計上、繰延資産とされているもののほか、税務上は、支出の効果がその支出後1年以上に及ぶものも繰延資産とし、**任意償却**又は一定の期間で**均等償却**します。

1　税法上の繰延資産の範囲

　繰延資産とは、創立費、開業費、開発費、株式交付費、社債等発行費のほか、次に掲げる費用でその支出の効果が1年以上に及ぶものをいいます（法令14）。

① 　自己が便益を受ける公共的施設又は共同的施設の設置又は改良のために支出する費用

② 　資産を賃借し又は使用するために支出する権利金、立退料その他の費用

③ 　役務提供を受けるために支出する権利金その他の費用

④ 　製品等の広告宣伝の用に供する資産を贈与したことにより生ずる費用

⑤ 　①から④までの費用のほか、自己が便益を受けるために支出する費用

2　繰延資産の償却期間と償却限度額

⑴　開業費等の繰延資産

　創立費、開業費、開発費、株式交付費及び社債等発行費等の繰延資産の償却は、その繰延資産の額（既に損金の額に算入された金額がある場合は、その金額を控除後の金額）が償却限度額です。つまり、任意償却が認められます（法法32①、法令64）。

⑵　税法固有の繰延資産

　税法独自の繰延資産については、その支出の効果の及ぶ期間で均等償却を行います（法令64①、14①六）。

$$その繰延資産の支出額 \times \frac{当期の期間のうちに含まれる償却期間の月数}{支出効果の及ぶ期間（償却期間）の月数} = 当期償却限度額$$

　（注）　支出事業年度の「当期に含まれる償却期間の月数」は、支出の日から当期終了日までの期間の月数となります。月数の計算で生じた1か月未満の端数は、1か月に切り上げます。

3　一般的な繰延資産の種類と償却期間

　支出の効果の及ぶ期間は、固定資産を利用するためのものは、その固定資産の耐用年数を基礎にし、また、その支出が一定の契約によるものは、その契約期間を基礎として適正に見積もることとされていますが、代表的なものは、次表のとおりです（法基通8-2-3）。

開業費、開発費は、開業又は開発のために特別に支出する費用に限られます。

資産の取得価額に算入される費用と前払費用は除かれています（法法2二十四、法令14）

少額繰延資産の損金算入
支出金額が20万円未満であるものは支出時の費用とすることができます（法令134）。

建設に係る開発行為許可を受ける際に支出した用水路整備費は地方公共団体への寄附金には該当せず、繰延資産に該当するとした事例（福岡高判平19・12・19）

繰延資産の種類	償却期間の年数
⑴　公共的施設の設置又は改良のために支出する費用	
その施設又は工作物が負担者の専用とされる場合	その施設又は工作物の耐用年数×$\frac{7}{10}$
上記以外の場合	その施設又は工作物の耐用年数×$\frac{4}{10}$
⑵　共同的施設の設置又は改良のために支出する費用	
その施設が負担者又は構成員の共用とされる場合又は協会等の本来の用に供される場合	①　施設の建設又は改良に充てられる部分の負担金……その施設の耐用年数×$\frac{7}{10}$（その施設が協会等の本来の用に供される会館等である場合は、②の部分を含め最長10年） ②　土地の取得に充てられる部分の負担金……45年
商店街等における共同のアーケード、日よけ、アーチ、すずらん灯など負担者の共用とされるとともに一般公衆の用にも供される場合	5年（その施設の耐用年数が5年未満である場合は、その耐用年数）
⑶　建物を賃借するために支出する権利金等	
建物の新築に際し支払った権利金等でその額が賃借部分の建設費の大部分に相当し、実際上その建物の存続期間中賃借できる状況にある場合	その建物の耐用年数×$\frac{7}{10}$
建物の新築に際し支払った上記以外の権利金等で契約、慣習等によって明渡し時に借家権として転売できる場合	その建物の賃借後の見積残存耐用年数×$\frac{7}{10}$
上記以外の場合	5年（契約による賃借期間が5年未満で更新時に再び権利金等の支払を要する場合は、その賃借期間）
⑷　電子計算機その他の機器の賃借に伴って支出する費用	その機器の耐用年数×$\frac{7}{10}$（契約による賃借期間を超える場合は、その賃借期間）
⑸　ノウハウの頭金等	5年（設定契約の有効期間が5年未満で更新時に再び一時金又は頭金の支払を要する場合は、その有効期間）
⑹　広告宣伝用資産を贈与したことにより生ずる費用	その資産の耐用年数×$\frac{7}{10}$（5年を超える場合は、5年）
⑺　スキー場のゲレンデ整備費用	12年
⑻　出版権の設定の対価	設定契約に定める存続期間（存続期間の定めがない場合は、3年）
⑼　同業者団体等（社交団体を除きます。）の加入金（構成員の地位を他に譲渡することができる場合及び出資の性質を有するものである場合を除きます。）	5年
⑽　職業運動選手等の契約金等	契約期間（その定めがない場合は、3年）

第20 受取配当金

配当とは、株式会社、合資会社、合名会社、合同会社などからその所有する株式数又は出資口数に応じて受け取る剰余金の配当、利益の配当、剰余金の分配、資本の払戻しに際しその原資が利益積立金に対応するみなし配当をいいます。

法人が他の法人から受け取る配当金は純資産の増加をもたらすものですので、企業会計上は当然収益に計上されますが、法人税では、内国法人からの配当金については、その50％又は20％相当額（親子会社間の場合は100％）は益金に算入しません（法法23）。

現在の税法では、法人の所得は、配当として最終的には個人に帰属（**法人擬制説**）するとして、法人税は所得税の前払であるとの立場をとっています。そこで、同一の所得に対する二重課税を調整する措置として、所得税では、配当課税に際し、配当控除制度が設けられ、法人税でも同様に、法人とその法人の法人株主との間の二重課税を排除する方法として、受取配当等の益金不算入制度が設けられています。

例えば、法人が他の法人から配当を受けた場合を想定すると、まず、配当を支払う法人に法人税が課税された後、続いて配当を受け取った法人にも法人税が課税されます。また、更に配当を受け取った法人が個人株主に配当すると、個人株主に所得税が課税され、同一の所得に3回課税されることになります。

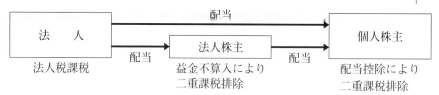

1 受取配当等の益金不算入

受取配当等の益金不算入制度は、法人・個人間の二重課税の排除を目的としていますので、配当等を支払う法人において、法人税を課税された所得からなされたもので、かつ、内国法人から受けるものに限られます（法法23①、措法67の6）。

このような調整方式をグロスアップ方式といいます。

区分	益金にならないもの	益金になるもの
剰余金の配当や利益の分配	・剰余金の配当や分配 ・利益の配当 ・みなし配当 ・特定株式投資信託	・外国法人、公益法人等からの配当 ・協同組合等の事業分量配当金 ・証券投資法人から受ける利益の配当 ・短期所有株式等の配当金
投資信託の収益の分配金	特定株式投資信託の収益分配金の20％	・公社債投資信託の収益分配金 ・貸付信託の収益分配金 ・証券投資信託の収益分配金

2 短期所有株式等の不適用

配当基準日（信託の収益の分配にあっては、その計算期間の末日）以前1か月以内に取得し、かつ同日後2か月以内に譲渡した短期所有株式等の配当等については益金不算入の適用はありません（法法23②、法令19）。

短期所有株式等の配当金が益金不算入とされているのは、配当前の株価の高いときに役員

3　みなし配当

みなし配当とは、所有株式の発行法人について、①合併、②分割型分割、③株式分配、④資本の払戻し又は解散による残余財産の分配、⑤自己の株式又は出資の取得（市場における購入による取得等を除きます。）、⑥出資の消却等、⑦組織変更が生じた場合において、交付される金銭その他の資産の価額の合計額がその法人の資本金等の金額（資本金と資本積立金等の合計額）のうち交付の基因となった株式等に対応する金額を超える部分の金額をいいます（法法24①、法令23③）。

これらは、会社法上の剰余金の配当、利益の配当、剰余金の分配の手続によって行われたものではありませんが、その経済的効果が利益の配当等と何ら異なるところがないので、これを配当とみなして取り扱うこととされています。

4　受取配当等の益金不算入額の計算

法人の有する株式等を、①完全子法人株式等（株式保有割合100％）、②関連法人株式等（株式保有割合3分の1超）、③非支配目的株式等（株式保有割合5％以下）、④その他の株式（一般株式等：株式保有割合5％超3分の1以下）の四つのグループに分けて、それぞれ次の計算式により計算した額の合計額が受取配当金等の益金不算入額となります（法法23）。

なお、関連法人株式等の受取配当等の金額からは、期中に支払った利子のうちその株式等の取得に要した借入金の利子相当部分の金額を差し引いた額が益金の額に算入されません（法法23④）。

```
①　完全子法人株式等に係る配当等の額（全額益金不算入の対象）
②　関連法人株式等に係る配当等の額　－　関連法人株式等に係る負債利子額
③　非支配目的株式等に係る配当等の額　×　20％
④　一般株式等に係る配当等の額　×　50％

        受取配当等の益金不算入額　＝　①＋②＋③＋④
```

5　配当に係る所得税額控除

所得税と法人税の二重課税を避けるために配当金について源泉徴収された所得税の額は、原則として、その納付すべき法人税額から控除し、控除不足額は還付されます（法法68、78）。

なお、所得税額控除の適用を受ける場合は、その所得税額は損金不算入となります。すなわち、いったん税引前の利子、配当等の全額を基礎にして法人税額を算定し、その所得税額は法人税の前払とみて、その法人税額

等の個人株主の株式を法人が買って配当を受け（このとき法人は益金不算入の適用を受け）、そして、配当落後の低い価額で法人から個人へ株式を売却（法人は譲渡損を損金算入）することを防止するために規定されたものです。

みなし配当は、留保された利益が合併、解散等を契機に分配されるものであり、通常の利益配当は各事業年度の決算に基づいて配当されるという点が異なるに過ぎず、法人が交付を受けた資産の価額のうちにこのような利益分配に相当する金額がある場合には、受取配当と同様に取り扱われます。

配当は20％相当額の源泉徴収が行われます。

から所得税を税額控除します（法法40）。

　また、所得税額控除の適用を受けずに申告することもできますが、その場合は、所得税額を租税公課として損金の額に算入することができますので、法人税額は税引後の利子、配当の金額に対して課されます。（全体の税負担は源泉徴収された所得税額とこの法人税額の合計になります。）

❻　受取配当等から控除する負債の利子の額

　関連法人株式等に係る受取配当等の額から控除する負債の利子の額は、次の２つの計算方法があります（法法23①、法令19）。

⑴　原則計算による金額

　関連法人株式等に係る配当等の額から控除すべき負債の利子の額は、その配当等の額の４％相当額となります（法令19①）。

⑵　特例計算による金額

　下記①の金額が②の金額以下であるときは、関連法人株式等について益金不算入制度の適用を受けるその適用事業年度において受ける配当等の額の益金不算入額から控除される負債の利子の額は、上記⑴の原則計算の金額にかかわらず、次の算式により計算した金額とされます（法令19②）。

①　その適用事業年度に係る支払利子等の額の合計額の10％相当額

②　その適用事業年度において受ける関連法人株式等に係る配当等の額の合計額の４％相当額

$$
\begin{array}{l}
控除する負 \\
債利子額
\end{array}
=
\begin{array}{l}
その適用事業年度に係 \\
る支払利子等の額の合 \\
計額の 10\%相当額
\end{array}
\times
\dfrac{その配当等の額}{\begin{array}{c}適用事業年度において受ける関連法人株式等に係る \\ 配当等の額の合計額\end{array}}
$$

❼　外国子会社からの受取配当等の益金不算入

　内国法人が外国子会社から受ける配当等の95％相当額は、一定の申告手続を条件に、益金の額に算入しないことができます。ただし、内国法人が外国子会社から受ける配当等の額で、その配当等の全部又は一部が外国子会社の本店所在地国の所得計算上、損金の額に算入されたときには、益金不算入の対象になりません（法法23の２②）。

負債利子を控除するのは、受取配当等の金額が益金不算入であるのに、その借入金の利子が損金の額に算入されると、不合理な結果となるためです。

負債の利子額の簡便法は、令和4年4月1日以後開始する事業年度から適用されます（令和2改正法附則１五ロ）。

本制度は二重課税排除と制度簡素化により、外国子会社の留保金を日本に還流させ、経済の活性化を図るものです。

第21 有価証券

税法上の有価証券の範囲は、金融商品取引法に列挙された公社債券、株券、投資信託受益証券などのほか、合同会社等の社員持分なども該当します（法法2、法令11）。

1 有価証券の区分と期末評価

税法上、有価証券は、売買目的有価証券、満期保有目的等有価証券又はその他の有価証券に区分し、事業年度終了時に有する有価証券は、時価（市場の終値）、原価法又は償却原価法により評価します（法法61の3）。

区分	内　　容		期末評価
売買目的有価証券	① 専担者売買有価証券 　　トレーディング目的で取得したもので、特定の取引勘定を設け、かつ、その独立専門部署により運用がされているもの ② 取得日に短期売買目的で取得したものと帳簿書類等で明示し区分したもの ③ 信託財産となる金銭を支出した日に短期売買目的で取得するものと帳簿書類に記載したもの		時　価
満期保有目的等有価証券	満期保有目的有価証券	償還期限のある有価証券のうち、その償還期限まで保有する目的で取得し、取得日にその旨を帳簿書類に記載したもの	原価法、債券は償却原価法
満期保有目的等有価証券	企業支配株式等	特殊関係株主等が有する株式又は出資でその保有割合が20％以上のもの	原価法
その他の有価証券	上記以外の有価証券		原価法、債券は償却原価法

2 有価証券の譲渡損益

有価証券を譲渡した場合にも商品や固定資産と同様、その譲渡対価の額から原価を控除した金額を、益金又は損金に算入します（法法61の2）。

譲渡損益　＝　譲渡対価の額　－　譲渡原価の額

(1) 譲渡損益の計上時期

有価証券の譲渡損益は、原則として、その譲渡に係る契約をした日（約定日）の属する事業年度の所得の金額の計算上、益金の額又は損金の額に算入します（法法61の2①）。

ただし、有価証券の区分に応じ、その譲渡損益の額（事業年度終了の日において未引渡しとなっている有価証券に係る譲渡損益の額を除きます。）をその有価証券の引渡しのあった日に計上している場合には、その処理が

認められます（法基通2-1-23）。

⑵　有価証券の一単位当たりの帳簿価額

　有価証券の譲渡に係る原価の額を計算する場合におけるその1単位当たりの帳簿価額は、売買目的有価証券、満期保有目的等有価証券及びその他有価証券の区分ごとに、かつ、その銘柄を同じくするものごとに、**移動平均法又は総平均法**により算出します（法法61の2、法令119の2）。

法定評価方法は、移動平均法です。

３　有価証券の区分変更によるみなし譲渡

　有価証券は、利益調整を防止する観点から区分変更が限定されており、次表の変更事由が生じたときに、その有価証券を時価又は帳簿価額で譲渡し、また取得したものとみなして、法人の各事業年度の所得計算を行います（法法61の2㉑、法令119の11）。

　満期保有目的等有価証券が企業支配株式に該当しないこととなったもの及びその他有価証券が企業支配株式に該当することとなった場合には、帳簿価額により譲渡したとみなされ、実質的な譲渡損益の計上の繰延べが行われます（法令119の11①）。

変更前の区分	変更事由	変更後の区分	譲渡等の価額
売買目的有価証券	企業支配株式に該当することとなったこと	満期保有目的等有価証券	時　価
	短期売買業務の全部を廃止したこと	満期保有目的等有価証券又はその他有価証券	時　価
満期保有目的等有価証券のうち企業支配株式等	企業支配株式に該当しないこととなったこと	売買目的有価証券又はその他有価証券	帳簿価額
その他有価証券	企業支配株式に該当することとなったこと	満期保有目的等有価証券	帳簿価額
	新たに開始する短期売買業務にその他有価証券を使用することとなったこと	売買目的有価証券	時　価

４　有価証券の評価損益

　原則として、資産の評価損益は、損金又は益金の額に算入しません（法法25、33）。しかし、売買目的有価証券は期末において時価評価（時価法）し、評価損益を益金又は損金の額に算入し、翌期首においては**洗替方式**により戻入れを行います（法法61の3）。

　また、売買目的以外の有価証券については、その期末帳簿価額をもって期末評価額（原価法）としますので、評価損益は発生しません。

会計処理方法には、洗替え方式と切放し方式の二とおりの方法がありますが、平成10年度の税制改正以後は洗替方式のみ認められます。

第22　交際費等

交際費は、通常、仕入先、得意先その他法人の取引関係者に対して行われる接待、贈答などを行う費用をいい、会計上は全額経費として取り扱われますが、法人税は、その支出を抑制して冗費の節約による自己資本の充実を図るという政策上の目的から、租税特別措置法で一定額までしか損金算入を認めていません。

1　交際費等の範囲

法人税法上の交際費等とは、交際費、接待費、機密費その他の費用で、法人がその得意先、仕入先その他事業に関係のある者等に対する接待、供応、慰安、贈答その他これらに類する行為のために支出するものをいいます（措法61の4④）。

具体的には、法人が交際費としているもののほか、福利厚生費、広告宣伝費、会議費、取材費、寄附金、値引、割戻し、広告宣伝費なども税法上の交際費等に該当するものと判定します。

費　目		相手方		目　的		区　分
交際費 接待費 機密費 その他の費用	➡	得意先、仕入先その他事業に関係のある者等	➡	接待、供応、慰安、贈答その他これらに類する行為のために支出する費用	➡ ➡	交際費等 交際費等から除かれる費用

(注)　1　「事業に関係のある者」とは、直接その事業に関係のある者だけでなく、間接にその法人と関係のある者やその法人の役員、使用人、株主等も含まれます（措通61の4(1)-22）。
　　　2　「**交際費を支出する**」とは、接待する等の行為があった時に支出の行為があったものとします。したがって、仮払金等の経理で損金に計上していなくても、交際費等の額に含めます（措通61の4(1)-24）。

税法上の交際費等となるもの・ならないもの

税法上の交際費等となるもの	①　飲食の接待費で、下段の⑤に該当しない費用 ②　会社の何周年記念等の宴会費、記念品代 ③　旅行、観劇等の招待費用 ④　マンション等建設等のために支出した地元対策費 ⑤　土木建築等の起工式、落成式等の費用 ⑥　見舞金、香典、お祝い等の費用 ⑦　ゴルフクラブ、ライオンズクラブ等の会費など
税法上の交際費等とならないもの	①　専ら従業員の慰安のための運動会、旅行等の福利厚生費 ②　カレンダー、手帳、扇子、うちわ、手ぬぐいを配るための広告宣伝費 ③　会議のための茶菓、弁当代や飲み物代 ④　新聞、雑誌、放送番組などの座談会その他取材費用 ⑤　1人当たり10,000円以下の飲食費で領収書等のあるもの 　（1人当たりが10,000円を超える場合（会議等に伴う飲食費を除きます。）は、その費用のすべてが交際費となります。）

法人税法上の「**交際費等**」とは、一般にいう「**交際費**」より広い概念です。

税務上の交際費等の要件とは、①「**支出の相手方**」が事業に関係のある者等であり、②「**支出の目的**」が事業関係者等との間の親睦の度を密にして取引関係の円滑な進行を図ることであるとともに、③「**行為の形態**」が接待、供応、慰安、贈答その他これらに類する行為であるとの三要件を示した事例（東京高判平15・9・9、萬有製薬事件）

2 交際費等の損金不算入額

交際費等の額は、原則として損金に算入できませんが、大法人を除き、交際費等の額のうち飲食のために支出する費用の額の50％相当額を超える部分は損金に算入できます。

なお、事業年度終了時の資本金の額が１億円以下である中小法人については、①接待飲食費の額の50％相当額を超える部分を損金不算入とする方法と、②交際費等の金額のうち定額控除額（800万円）を超える部分を損金不算入とする方法のいずれかを選択適用できます（措法61の４）。

（注）　中小法人であれば、接待飲食費が年間1,600万円を超える場合にはその50％を損金不算入とする①の方法が有利で、1,600万円未満の場合は、定額控除額（年800万円）を損金不算入とする②の方法が有利となります。

大法人とは資本金等の額が100億円を超える法人です。

１人当たり10,000円以下の飲食費で書類の保存要件を満たしているものは、交際費等に該当しません（措法61の４）。
この１人当たりの接待飲食費は、令和６年４月１日から10,000円に引き上げられます。

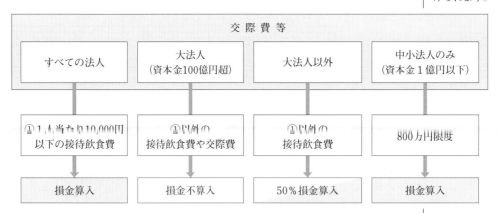

3 使途不明金

法人が交際費、機密費、接待費等の名義をもって支出した金銭で、その費途が明らかでないものについては、法人税の課税所得の計算上、損金の額に算入できません（法基通 9 - 7 -20）。

公務員等に対する賄賂等の不正行為等による費用は損金算入できません（法法55⑤）。

4 使途秘匿金課税

法人が支出した金銭の支出や資産の引渡しのうち、相手方の氏名等を帳簿書類に記載していないものを使途秘匿金といいます。

使途秘匿金については、通常の法人税のほかに、その支出額の40％の法人税が追加課税されます（措法62）。

ただし、次のものは使途秘匿金に含まれません。

① 相手方の氏名等を帳簿書類に記載していないことに相当の理由があるもの（措法62③）

② 資産の譲受けその他の取引の対価として支出されたものである（その取引の対価として相当である）ことが明らかなもの

使途秘匿金課税は、たとえ赤字の会社であっても、別計算で課税されます。

第23　会費・負担金

1　同業者団体等の会費等

(1)　入会金

　法人が同業者団体等に加入する際に支出する入会金は、それが出資（協同組合等の組織のもの）の性格を有するものである場合は有価証券とし、加入者としての地位を他に譲渡することができるものであれば資産に計上し、これらに該当しない場合は繰延資産（償却期間5年）となります（法基通8-1-11、8-2-3）。

(2)　通常会費

　同業団体等がその構成員のために行う広報活動、調査研究、研修指導、福利厚生その他同業団体としての通常の業務運営のために経常的に要する費用の分担額として支出する通常会費は、その支出をした日の属する事業年度の損金の額に算入します（法基通9-7-15の3）。

　また、災害見舞金に充てるために同業団体等へ拠出する分担金等はその性格から、支出時の損金の額に算入できます（法基通9-7-15の4）。

> 通常会費につき不相当に多額の剰余金が生じているときは、その剰余金の額が適正な額になるまでは前払費用として損金の額に算入できません（法基通9-7-15の3）。

支出の形態及び内容		取扱い
入会金	地位を他に譲渡可能で出資の性格があるもの	資産計上
	地位を他に譲渡不可能で出資の性格がないもの	繰延資産（5年）
通常会費		諸会費
特別会費	会館その他特別な施設の取得又は改良	繰延資産
	会員相互の共済	交際費等
	会員相互又は業界の関係先等との懇親等	
	政治献金その他の寄附	寄附金
災害見舞金		雑費等

2　ゴルフクラブの会費等

　法人が支出するゴルフクラブの入会金は、資産として計上します。ただし、記名式の法人会員で名義人たる特定の役員又は使用人が専ら法人の業務に関係なく利用するためこれらの者が負担すべきものであると認められるときは、その入会金に相当する金額は給与となります（法基通9-7-11）。

　入会後に負担する年会費やロッカー料などの経常費は入会金の処理に従って、それが資産に計上されている場合は交際費等とし、入会金が給与と

> ゴルフ練習場の入会金やレッスン費用は、個人の能力資質向上のためのもので、会社の費用として損金算入できないとした事例（東京高判平2・8・30）

されている場合は会員である役員又は使用人に対する給与となります。

　また、プレーに伴う費用は入会金の経理とは関係なく実質で判断し、業務の遂行に必要なものであれば交際費等とし、そうでない場合はプレーした役員又は使用人に対する給与として処理します（法基通9-7-13）。

ゴルフクラブの費用		取扱い
法人会員として入会した場合の入会金	記名式で特定の役員や使用人が負担すべきもの	給与
	記名式で上記以外のもの	資産計上
	無記名式	
個人会員として入会した場合の入会金	無記名式の法人会員制度がないので個人会員で入会しているが、資産計上し、業務遂行上必要と認められるもの	交際費等
	上記以外	給与
プレー費	業務遂行に必要である場合	交際費等
	上記以外の場合	給与
年会費、ロッカー料など	入会金が資産計上されているとき	交際費等
	入会金が給与とされているとき	給与

❸　ロータリークラブ、ライオンズクラブの会費等

　ロータリークラブやライオンズクラブの入会金又は経常会費は、その支出をした日を含む事業年度の交際費等となり、これ以外の負担金については、その支出の目的に応じて寄附金又は交際費等となります。

　ただし、会員たる特定の役員又は使用人の負担すべきものであると認められる場合には、その負担した金額に相当する金額は、その役員又は使用人に対する給与となります（法基通9-7-15の2）。

ロータリークラブ、ライオンズクラブの会費		取扱い
入会金又は経常会費		交際費等
その他の費用	特定の役員又は使用人が負担すべきもの	給　与
	上記以外のとき	寄附金又は交際費等

第24　貸倒引当金

税務上は、貸付金や売掛金などの金銭債権が回収不能になるなど貸倒れの状態（貸倒損失）には至っていないが、債務者の経済的状態の悪化などによりその金銭債権の一部が回収不能であると見込まれる場合には、期末金銭債権を個別に評価する債権（**個別評価金銭債権**）と一括して評価するその他の債権（**一括評価金銭債権**）に区分して、それぞれの繰入限度額を計算し、その合計額を貸倒引当金に繰り入れ、損金に算入します（法法52）。

1　適用法人

貸倒引当金は、次の法人の有する金銭債権等に限定されています（法法52①）。

①	中小法人等
②	銀行、保険会社その他これらに類する法人
③	売買があったものとされるリース資産の対価の額に係る一定の金融債権等を有する法人

2　損金算入繰入限度額の計算

(1)　一括評価金銭債権に係る繰入限度額

一括評価で貸倒引当金を設定する場合の繰入率には、貸倒実績繰入率と法定繰入率の二つがあり、売掛債権等に一定率を乗じて限度額を計算します（法法52②）。

① 貸倒実績繰入率による方法

　　繰入限度額＝一括評価金銭債権の期末簿価×前３年間の平均貸倒率

② 法定繰入率による方法

　　資本金が１億円以下の中小法人は、法定繰入率による繰入れが認められます（措法57の9）。

$$\text{繰　入} \atop \text{限度額} = \left(\text{一括評価金銭債} \atop \text{権の期末簿価} - \text{実質的に債権と} \atop \text{認められない額} \right) \times \text{法　定} \atop \text{繰入率}$$

法　定　繰　入　率				
卸売及び小売業（飲食店業・料理店業を含みます。）	製　造　業	金融及び保険業	割賦販売小売業・割賦購入あっせん業	そ　の　他
10/1,000	8/1,000	3/1,000	13/1,000	6/1,000

個別評価金銭債権には、売掛金、貸付金その他これらに類する金銭債権のほか、例えば、保証金や前渡金等について返還請求を行った場合におけるその返還請求権が含まれます。（法基通11-2-3）。

一括評価金銭債権とは、売掛金、貸付金や未収代金のほか、その受取手形などをいいます。

「中小法人等」とは、資本金等の額が１億円以下である法人や、公益法人等、協同組合等、人格のない社団等をいいます。

中小法人等は、実績繰入率と法定繰入率の選択適用ができます。

一括評価金銭債権の対象は、個別評価の対象とした金銭債権を除きます（法法52②）。

計算の基礎となる債権の額は、売掛金、貸付金、その他これらに準ずる金銭債権の帳簿価額ですが、その債権に債務者から受け入れた金額がある場合には、その帳簿価額から控除します。

(2)　個別評価金銭債権に係る繰入限度額

金銭債権の全部又は一部に回収の見込みがないと認められる場合の回収不能額を個別評価して算定する方法であり、その金銭債権に係る債務者ごとに繰入限度額を計算します。

具体的な繰入事由及び対象となる金銭債権は、次のものであり、繰入限度額は、これらの合計金額です（法法52①、法令96①）。

> 業種区分は日本標準産業分類（総務省）を基準として判定します（措通57の10-3）。

区分	繰入事由及び繰入限度額の計算
1号	〔長期棚上債権〕 次の理由により弁済を猶予され、又は賦払により弁済される場合 　①　会社更生法等の規定による更生計画認可の決定 　②　民事再生法の規定による再生計画認可の決定 　③　会社法の規定による特別清算に係る協定の認可の決定 　④　法令の規定による整理手続によらない関係者の協議 〔繰入限度額〕 　　その事実が生じた事業年度終了の日の翌日から 5 年経過後に弁済される金額 繰入限度額＝個別評価金銭債権の額 － 5 年以内に弁済される金額 － 取立て又は弁済の見込みがある金額
2号	〔実質基準〕 金銭債権に係る債務者が、次に該当する場合 　①　債務超過の状態が相当期間継続しその営む事業に好転の見通しがないこと 　②　災害、経済事情の急変等により多大な損害が生じたことなどの事由が発生 〔繰入限度額〕 　　その金銭債権の一部の金額につきその取立て等の見込みがないと認められる金額 繰入限度額＝個別評価金銭債権の額 － 担保権の実行その他による取立て等の見込みがある金額
3号	〔形式基準〕 金銭債権に係る債務者につき、次の事由が生じている場合 ①　会社更生法等の規定による更生手続開始の申立て ②　民事再生法の規定による再生手続開始の申立て ③　破産法の規定による破産手続開始の申立て ④　会社法の規定による特別清算開始の申立て ⑤　手形交換所等による取引停止処分 〔繰入限度額〕 　　更生手続開始の申立て等の事由が生じている金銭債権の額の50％相当額 繰入限度額＝（個別評価金銭債権の額 － 実質的に債権とみられない部分の金額 － 取立て又は弁済の見込みがある金額）×50％

3　翌期の洗替え等

　損金算入した貸倒引当金の金額は、その損金算入をした事業年度の翌事業年度の益金に算入します（法法52⑩）。

第25 貸倒損失

1　貸倒損失の計上が認められる金銭債権と損金算入時期

　法人の貸付金や売掛金などの金銭債権が次に掲げる事実が生じたことにより、その金銭債権が回収不能になった場合のその損失の額は、その事実の発生した日の属する事業年度の損金に算入されます（法法22）。

①	法律上の貸倒れ	金銭債権の全部又は一部を法的手続により切り捨てた場合
②	事実上の貸倒れ	債権の全額が回収不能となった場合
③	形式上の貸倒れ	一定期間取引停止後弁済がない場合

2　貸倒損失の税務処理

　金銭債権が実際に回収不能なのかどうかの事実認定はかなり難しい面がありますので、法人税では通達において債権の種類や貸倒損失の事実の対応ごとに区分し、金銭債権が法律的に消滅した場合は損金に算入でき、また、法律的には消滅していないが経済的に事実上又は形式上貸倒れとなり無価値になったときは、損金経理を条件に損金に算入できます。

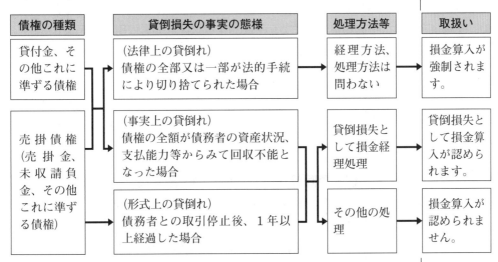

（注）　「貸倒損失の事実認定基準」については、40ページ参照。

不良債権に係る貸倒損失の損金算入時期について争われた事例（最判平16・12・24、日本興業銀行事件）

不良債権に係る貸倒損失の損金算入時期について争われた事例（最判平16・12・24、日本興業銀行事件）

第26　繰越欠損金と繰戻し

　税務上、損失の繰越しには一定の制限があります（法法57）。

　損失が発生した場合は、その前後の事業年度又は一定の期間で計算することとされています。

　なお、青色申告法人の欠損金及び災害損失の繰越期間は10年間ですが、中小法人等以外の法人が控除できる欠損金額については、欠損金額控除前の所得金額の50％相当額が限度とされています（法法57、附則27②）。

1　欠損金の繰越控除

⑴　青色申告法人の欠損金及び災害欠損金の繰越控除期間

　確定申告書を提出した法人の各事業年度開始の日前10年以内に開始した事業年度で青色申告書を提出した事業年度に生じた欠損金額は、その事業年度の所得金額の計算上損金の額に算入（繰越控除）されます（法法57）。

　ただし、この適用を受けるには、欠損事業年度から連続して確定申告書を提出するとともに、欠損金額の生じた事業年度の帳簿書類の保存が要件とされています（法法57⑩）。

　なお、青色申告書を提出しなかった事業年度の損失は、災害等の損失に限り、10年間の災害損失金の繰越しが認められています（法法58①）。

⑵　欠損金の繰越控除限度額

　青色申告書を提出した事業年度に生じた欠損金の繰越控除限度額は、中小法人等を除き、繰越控除をする事業年度の繰越控除前の所得の金額の50％相当額とされます（法法57）。

　なお、繰越限度額は、平成29年度は55％、平成30年度以降は50％に引き下げられ、繰越期間は平成30年度から10年間になります。

区分	平成28年度	平成29年度	平成30年度以降
大法人	60％	55％	50％
中小法人等	100％	100％	100％
繰越期間	9年		10年

2　会社更生法等による債務免除等があった場合の欠損金額

　会社更生法等の規定による更生手続開始の決定があった場合において、適用年度前の各事業年度において生じた欠損金額に相当する金額のうち、その法人が債務の免除を受けた場合、法人の役員等から金銭その他の資産の贈与を受けた場合又は会社更生法等による評価益の額があるときは、これらの合計額に達するまでの金額を、その適用年度の所得の金額の計算上、損金に算入できます（法法59①）。

中小法人等とは、①普通法人のうち資本金が１億円以下であるもの又は資本を有しないもの及び②公益法人等又は協同組合等及び人格のない社団等をいいます。

買収した欠損等法人を利用する租税回避を防止するため、特定株主等に支配された欠損等法人の欠損金の繰越しは制限されています（法法57の2）。

繰越欠損金が２以上の事業年度にあるときは、最も古い事業年度のものから順次損金算入をします。

　また、民事再生法の規定による再生手続開始の決定があったこと、その他これに準ずる事実が生じた場合において、一定の債権につき債務の免除を受けたとき又は贈与を受けたとき、あるいは資産の評価損益の計上をしたときにも法人税を課税しないこととするために、債務免除益等に達するまでの金額を損金の額に算入できます（法法59②）。

❸　欠損金の繰戻しによる還付

　青色申告法人は、各事業年度において欠損金が生じた場合には、その欠損金をその欠損の生じた事業年度開始の日前1年以内に開始したいずれかの事業年度に繰り戻して、その事業年度の法人税の還付を求めることができます（法法80）。

$$\text{還付所得事業年度の法人税額} \times \frac{\text{欠損事業年度の欠損金額}}{\text{還付所得事業年度の所得金額}} = \text{還付請求できる金額}$$

⑴　繰戻し還付の条件

　次の三つの条件を満たしていることが必要です。

① 還付してもらう年度から当期（赤字の出た年度）まで、連続して青色申告をしていること

② 還付年度に所得があり、法人税を納付済みであること

③ 当期（赤字年度）の確定申告書の提出期限までに、還付請求書を提出すること

⑵　還付できる法人の制限

　欠損金の繰戻しによる還付は、次の法人や特別の事情がある場合を除き、適用が停止されています（措法66の12）。

① 中小法人等

② 解散、事業の全部譲渡、会社更生法等による更生手続の開始、営業の全部の相当期間の休止又は重要部分の譲渡、民事再生法による再生手続開始命令など、欠損金の繰越控除の適用の機会がなくなるとき

青色欠損金の繰戻し還付は、青色申告書を提出する法人に限られ、かつ、還付所得事業年度から欠損事業年度までの各事業年度について、連続して青色申告書を提出していなければなりません（法法80③）。

災害損失欠損金の繰戻し還付は、資本金が1億円超の法人も認められます。

欠損金額が生じた場合に、繰越控除をするか繰戻しによる還付を請求するかは法人の任意であり、その一部について繰戻しによる還付を請求し、残額について繰越控除することもできます。

第27　評価損益

　税法は、企業間の課税の公平安定を目的とし、同時に、原価主義に立つ企業経理の継続的適用を前提としていますので、特別の場合のほかは、会社がかってに資産の評価換えをして帳簿価額の増減をしても、税務上は、その増減がなかったものとして取り扱うことにしています。

1　評価益の益金不算入

　会社更生手続、民事再生手続等のための評価換えとか、会社の組織を持分会社から株式会社に変更したようなときの評価換え、あるいは保険会社の株式評価換えというような特別な場合を除いては、たとえ会社が資産の簿価を増額しても、その増加部分は課税対象の所得とはなりませんし、また、その資産の簿価も増額がなかったものとされます（法法25①）。

2　評価損の損金不算入

　会社が資産の評価換えをして帳簿価額を減額しても、減額分は損金として認められません。

　ただし、棚卸資産、有価証券、固定資産、繰延資産にそれぞれ次表のような災害による物損等の事実が生じた場合、更生手続や整理、再生手続の開始等により評価換えをする必要が生じた場合には、確定した決算で損金経理により帳簿価額を減額していることを条件として、その資産の帳簿価額と時価との差額までは損金の額に算入することができます（法法33）。

法人の有する資産の時価に変動があっても、法人が実際にその評価換えをして帳簿価額を変更しない限り、税務官庁が法人の有する資産の評価損益をその所得計算に算入することはできないとした事例（鹿児島地判昭49・9・30）

総資産のマイナスは圧縮されてきており、評価損は認められないとした事例（福岡高判平19・4・10）

区分	減額できるとき
棚卸資産	①　災害により著しく損傷したとき ②　著しく陳腐化したとき（季節商品の売れ残りや旧式で販売できなくなった場合） ③　破損、型崩れ、棚ざらし、品質低下などで通常の販売価格で売れないとき
有価証券	①　上場有価証券で、その価額が簿価のほぼ50％以下になって当分回復する見込みがないとき ②　非上場有価証券や企業支配株式で、発行会社の資産状態が非常に悪化したため、価額が著しく低下したこと（整理、破産の状態になったり、1株当たりの純資産価額が取得時のほぼ50％以上下回った場合）
固定資産	①　災害で著しく損傷したこと ②　1年以上遊休状態にあること ③　本来の用途に使用できないため転用されたこと ④　所在場所の状況が著しく変化したこと 　なお、過度の使用又は修理の不十分等、償却不足の取戻し、旧式化による場合の評価損は認められません。
繰延資産	繰延資産の支出の対象となった固定資産に上記固定資産と同様の事実が生じたこと

第28　圧縮記帳

　圧縮記帳の対象となる国庫補助金等、工事負担金等の受入れによる受贈益、火災保険金、又は交換、収用、換地処分等による譲渡利益はいずれも益金であり、原則的には、法人税が課税されるべきものですが、このような場合に、ただちに課税することは目的資産や代替資産の取得を困難にさせるという障害を生じ、補助金等を受けた目的が達成されなくなるおそれがあるなど、租税政策及び産業政策から適当でない場合があります。

　このため税務上は、圧縮記帳という方法で譲渡益相当額又は補助金額だけを減額、つまり、圧縮して記帳することによって、圧縮分だけ損金算入して益金と相殺させることにより、直接的な課税が生じないようにしています。

　圧縮記帳を行った資産に係るその後の譲渡原価又は減価償却の計算の基礎となる取得価額は、実際の取得価額ではなく、実際の取得価額から圧縮額を控除した圧縮記帳後の金額とされます。

実際の取得価額を基礎とする場合に比べて、圧縮記帳による損金算入額に対応する部分の金額だけ譲渡原価、減価償却費が少なくなります。したがって、圧縮記帳の制度は、課税の免除ではなく、課税の延期と同様といえます。

1　法人税上の圧縮記帳

　圧縮記帳ができるものとしては、法人税法及び租税特別措置法で、次のものなどが認められています。

法人税法上の圧縮記帳	国庫補助金等で取得した固定資産等（法法42〜44）
	工事負担金で取得した固定資産等（法法45）
	保険金等で取得した固定資産等（法法47〜49）
	交換により取得した資産（法法50）
租税特別措置法上の圧縮記帳	収用等に伴い取得した資産（措法64、64の2）
	特定の資産の買換え等により取得した資産（措法65の7〜65の9）
	特定の交換分合により取得した土地等（措法65の10）

2　圧縮記帳の経理方法

　圧縮記帳による損金算入は、確定した決算において一定の経理をすることを要件としており、単に申告書上で損金の額に算入する方法は認められません。

　この一定の経理方法には、①**損金経理により帳簿価額を直接減額する方法**、②**確定決算により積立金勘定に繰り入れる方法**、③**剰余金処分により積立金として積み立てる方法**の三つの方法があります（法基通10-1-1）。

第29 国際課税

　自国の国民や法人の所得課税の方法には、その源泉が国内にあるか国外にあるかを問わず、海外で得た所得（国外源泉所得）も含めてすべてを課税の対象とする全世界所得課税主義と、課税権を属地的にとらえて、国外に源泉のある所得を課税の対象から除外する領土内所得課税主義（国外所得免除方式）があります。

　わが国を含め多くの国は全世界所得課税主義を採用しているので、自国と相手国による国際的な二重課税を何らかの方法で排除しています。一方で、海外子会社などを利用した租税回避に対しては防止策が創設されています。

> 外国法人に課税するのは、例えば、自国の外国法人に課税しないとすると、自国内のみで事業活動して税金を負担している法人や個人は競争上不利になってしまいます。

第30 外国法人の課税

1 総合主義から帰属主義への移行

　日本法人は日本で稼得した所得に加え外国の支店の所得を合算した全世界所得が課税対象となりますが、外国法人は恒久的施設があるときはそれに帰属しない国内源泉所得をも課税所得に含めるという総合主義を原則とし、租税条約では帰属主義を採用してきました。しかし、平成28年４月からは、外国法人に対する課税原則を改め、恒久的施設に帰属する利得についてのみ内国法人等と同様に総合課税するという帰属主義に統一されました。

> OECDにおいて恒久的施設帰属所得を算定するアプローチが導入されたため、我が国もこれに準じ帰属主義に改められました。

2 外国法人に対する課税

　外国法人は国内源泉所得を有するときに法人税を納める義務があり、恒久的施設の有無によって課税の方法は異なります（法法９①、141）。

　日本国内に恒久的施設を有する外国法人は、その日本支店などが本店等から分離・独立した会社であると擬制して、その恒久的施設に帰属する国内源泉所得の益金の額から損金の額を控除した金額を恒久的施設帰属所得として課税します（法法142①）。外国法人の恒久的施設と本店との間で行なわれた資産の移転、役務の提供などは、移転価格税制と同様に、内部取引価格を独立企業間価格に引き直して恒久的施設帰属所得を計算します。

　日本国内に恒久的施設を有しない外国法人は、国内資産の運用・保有・譲渡、人的役務提供、不動産貸付による所得及びその他の国内源泉所得について法人税が総合課税され、利子や配当等などについては源泉徴収のみで課税関係は終了します。

> 恒久的施設（PE）とは、外国法人の国内にある支店、工場、倉庫その他事業を行う一定の場所のことをいいます。
>
> 帰属主義への移行により、外国法人の恒久的施設についても、外国税額控除が適用できます。

第31　移転価格税制

　国内の法人に海外に関連会社等（国外関連者）がある場合に、その海外の関連会社との取引価格は、その関連会社の中で主要な立場にある企業が、ある程度自由にこれを決めることができます。

　例えば、国内の親会社が仕入れた製品を海外の子会社に独立企業間価格より低い価格で輸出した場合、親会社の所得は通常より減少する一方で海外の子会社の所得は増加し、所得が国内から海外に移転します。その結果、親会社の所在するわが国の税収は減少します。

　移転価格税制は、このような外国の関連企業との取引による所得の海外移転を防止するため、国内の企業の所得計算に際して、その取引が独立企業間価格で行われたものとして課税を行う制度です（措法66の４）。

1　国外関連者

　法人と特殊の関係にある次のような外国法人が、国外関連者となります。
① 一方の法人が他方の法人の株式等の50％以上を直接又は間接に保有する関係にある者（持株基準による親子関係）
② 二以上の法人が同一の者によって、それぞれ発行済株式等の50％以上の株式等を直接又は間接に保有される関係（持株基準による兄弟関係）
③ 一方の法人が他方の法人の人事・技術・資金・取引など事業の方針を実質的に決定できる関係（実質的支配基準）にある者など
④ 内国法人と外国法人との間が、持株関係又は実質支配関係のいずれかで連鎖している関係にある者

2　独立企業間価格

　独立企業間価格とは、国外関連者との取引が、その取引と同様の状況の下で非関連者間において行われた場合に成立すると認められる価格をいいます。

　独立企業間価格の算定方法は、棚卸資産の売買取引とそれ以外の取引とに区分して定められていますが、棚卸資産の売買については、独立価格比準法（第三者間の同種の取引を用いる方法）、再販売価格基準法（買手が第三者に販売した価格から通常の利潤を控除した金額による方法）、原価基準法（売手の取得原価に通常の利潤を加算した金額とする方法）、利益分割法、取引単位営業利益法及びDCF法などが規定されており、個々の事案の状況に応じて、最も適切な方法により算定した金額を採用します。

実際の対価の額と独立企業間価格との差額（国外転移所得金額）は、損金に算入されません。

移転価格税制の適用対象となるのは法人だけであり、個人には適用されません。

利益分割法には、比較利益分割法、寄与度利益分割法、残余利益分割法があります。

移転価格税制における独立企業間価格の算定方法について判断した事例（東京高判平20・10・30、アドビ事件）
BEPSについては、23ページ参照。

OECDのBEPS（税源浸食と利益移転）プロジェクトの勧告を踏まえ、多国籍グループ法人は、親会社の情報に関する「最終親会社等届出事項」、国別の活動状況に関する情報を記載した「国別報告事項（CbCレポート）」及びグループの活動の全体像に関する「情報事業概況報告事項（マスターファイル）」を国税当局に提供しなければなりません、また、多国籍グループ法人や国外関連取引を行った法人は独立企業間価格を算定するための詳細な情報を記載した「ローカルファイル」を作成し保管することが義務付けられました（措法第66条の４）。

３ 事前確認

法人が採用を予定している最も合理的な独立企業間価格の算定方法等を税務当局が審査して認められれば移転価格課税をされない事前確認という制度が設けられています。

４ 相互協議

法人が国外関連者と行った取引につき移転価格税制が適用された場合、その国外関連者は所在地国において実際の取引価格をもとに課税を受けているから国際的な二重課税が生じます。このような二重課税を排除するため、法人は租税条約に基づき二国間の権限ある当局が適正な取引価格につき協議するよう申し立てることができます。これを相互協議といいます。

第32 外国税額控除

日本企業は、世界中で稼得したすべての所得に対して課税されます（全世界所得課税）。また、各国は自国内での経済活動で得た利益に課税をしていますので、日本企業は外国でも納税をしています。そうすると、同一の納税者に日本と外国から二重に課税されることになります。

そこで、全世界所得課税制度を採用している国は、二重課税を排除するため外国税額を控除する制度を設けています。

１ 外国税額控除制度

内国法人の外国支店等で生じた所得について、わが国と外国の双方で課税されるときは、国外（源泉地国）で納めた税金を居住地国で納めるべき税金から差し引くことが認められます。ただし、わが国の税率を超える高率な外国税額や通常行われない取引に係る外国法人税などは控除できません（法法69、法令142の２）。

多国籍企業グループ法人とは、直前会計年度の連結総収入金額1,000億円以上の法人をいい、国外関連取引を行った法人とは、国外関連取引の合計金額が50億円以上又は無形資産取引の合計金額が３億円以上の法人をいいます。

国税局の事前相談窓口を通じて確認後に所轄税務署長の確認通知書が交付されます。

二重課税が排除されなければ、企業や個人の活動場所の選択についての中立性が失われ、ひいては国際的な資本移動や人的交流にも悪影響を与えることになります。

2　外国子会社配当益金不算入制度

外国子会社配当益金不算入制度は、国際的な二重課税を排除するため親会社が外国子会社から受け取る配当の額の95％相当額を益金不算入（配当の額の５％相当額は、その配当に係る費用として益金に算入）とするものです。対象となる外国子会社は、内国法人の持株割合が25％（租税条約により異なる割合が定められている場合は、その割合）以上で、保有期間が６月以上の外国法人に限られます（法法23の２）。

ただし、その配当が外国子会社では損金となる場合には、両国とも課税対象とならない状況が生じるため、その配当は本制度の適用対象外となり全額日本の親法人で課税されます。

本制度は、日本企業が海外子会社利益を日本に戻すための税制上の障害を取り除き、効率的かつ合理的な企業グループ経営を行うための事業環境を整えることにあります。本件制度の創設により間接税額控除は廃止されました。

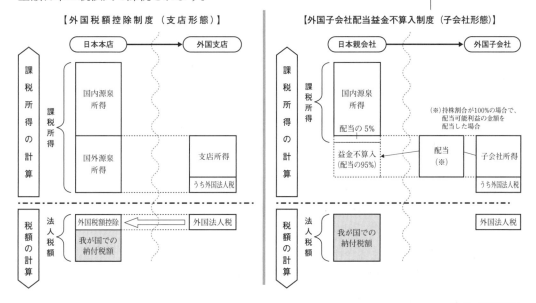

（出典：財務省HP）

3　みなし外国税額控除制度

みなし外国税額控除とは、わが国と租税条約を締結している発展途上国等への投資促進の目的で設けられている制度です。具体的には、租税条約で開発途上国の租税優遇措置により外国に納付する税額が減免されている場合、減免された税額をその国に納付したものとみなして外国税額控除が認められます。

みなし外国税額控除は、課税の公平性や中立性の観点から、問題があるため、暫時廃止する方向で租税条約交渉が行われています。

第33 外国子会社合算税制（タックス・ヘイブン対策税制）

内国法人等が、税率の低い国に名目上の子会社（特定外国子会社等）をつくって課税逃れをしないように、特定外国子会社等の所得を日本の親会社（内国法人）の所得とみなして課税する制度で、タックス・ヘイブン対策税制とも呼ばれています（措法66の6）。

1 益金算入対象所得

内国法人に関係する特定外国子会社等の適用対象金額のうち課税対象金額相当額は、その内国法人の収益の額とみなして、その特定外国子会社等の各事業年度終了の日の翌日から2か月を経過する日を含むその内国法人の各事業年度の益金の額に算入します。

2 合算対象となる外国法人

合算対象となるのは、外国関係会社のうちペーパーカンパニー等や経済活動基準の判定に該当する特定外国関連会社などです。

外国関係会社とは、内国法人等や連鎖関係にある外国法人の保有割合が50％超の外国法人、株式保有がなくても財産処分の全部の決定権があるなど実質的に支配している外国法人をいいます。

外国関係会社のうち、①事務所等の実体がなく、かつ、事業の管理支配等を自ら行っていないペーパーカンパニー、②経済実体があっても事実上のキャッシュ・ボックスである会社や③租税情報交換等に非協力的であるとして財務大臣が指定するブラックリスト国あるいはブラックリスト会社に該当する会社（特定外国関連会社）、又は経済活動基準（事業基準、実体基準や管理支配基準など）のいずれかを満たさない会社（対象外国関係会社）などが合算の対象になります。

なお、現地で実体のある会社、持株会社、不動産保有や資源開発等プロジェクトに係る一定の外国関係会社は合算課税の対象とはなりません。

3 合算対象となる場合

外国関係会社のうち、ペーパーカンパニー等の特定外国関連会社の租税負担割合が27％未満であるとき、経済活動基準の全部又はいずれかを満たさない対象外国関係会社の租税負担割合が20％未満であるときは、外国子会社等の所得に相当する金額について、内国法人等の所得とみなし、会社単位又は受動的所得の部分を合算して課税します。

タックス・ヘイブン（tax haven）とは、租税回避地という意味で、一般的に無税又は税負担割合が極めて低い国又は地域を指します。

本制度は個人（居住者）にも適用されます（措法40の4）。

タックス・ヘイブン対策税制と国際租税条約の関係について判断した事例（最高判平21・10・29、グラクソ事件）

材料加工取引（加工委託）において、タックス・ヘイブン税制の適用除外要件に該当しないとされた事例（東京高判平23・8・30）

経済活動基準の判定は納税者が証明しなければなりません（措法66の6④）。

キャッシュボックスとは、タックス・ヘイブンの利用を目的とした、従業員もなく事業活動もしない受動的所得（利子・配当や使用料などの所得）の占める割合が30％超の会社をいいます。

第34　国外支配株主等に係る課税の特例（過少資本税制）

　わが国に進出した外資企業が海外の親会社等から所要資金を調達する場合に、出資に代えて借入れを多くすれば、その借入れに係る利子は経費として損金算入できるため、我が国での税負担を少なくすることができます。

　過少資本税制は、内国法人等が国外支配株主等（海外関連会社）から原則として自己資本持分の3倍を超えるような過大な借入れを行うことによる内国法人等の租税回避を防止するため、一定の割合を超える支払利子の損金算入を認めないという制度です（措法66の5）。

本制度により計算された金額が、その事業年度に係る過大支払利子税制により計算された金額を下回る場合には、本制度は適用されません（措法66の5）。

第35　過大支払利子税制

　過大支払利子税制は、企業の所得の計算上、支払利子が損金に算入されることを利用して、関連者間の借入れを恣意的に設定し、関連者全体の費用収益には影響させずに、所得金額に比して過大な支払利子を損金に計上することで税負担を圧縮しようとする租税回避行為を防止するための税制です（措法66の5の2）。

　その法人との間に直接・間接の持分割合50％以上の関係にある者及び実質支配・被支配関係にある者並びにこれらの者による債務保証を受けた第三者などの関連者に対する純支払利子等の額が、調整所得金額の20％を超える場合には、その超える部分の金額は、損金の額に算入されません。

　なお、損金の額に算入されなかった金額は、翌事業年度以後、7年間繰り越して一定の限度額まで損金の額に算入できます（措法66の5の3）。

この特例は国内法人が対象で、外国法人（在日の支店等）には適用されません。

第36　内国法人の国際最低課税額の課税

　総収入金額が7億5000万ユーロ以上の特定多国籍企業グループに属する内国法人の実際に負担している税率（実効税率）が国際最低税率である15％を下回る場合には上乗せして法人税及び法人地方税が課税されます。

上乗せ課税のうち法人税は90.7％、地方法人税は9.3％とされています。

第 IV 編

相 続 税 ・ 贈 与 税

　この編では、財産の相続や贈与があった場合
に課税される「相続税・贈与税」とは、どの
ような税金かについて学びます。
　具体的には、どのような財産の相続又は贈与
がいくらあった場合に、どのような形で相続
税又は贈与税が課税されるかを説明していま
す。

第1　相続税とは

　相続税は、被相続人（亡くなった人）が遺した財産を取得した相続人に課税される税金です。財産から借入金などの債務を差し引いた正味の遺産が、相続税の基礎控除額を超えると相続税が課税されます（相法16）。

　具体的には、法定相続人が何人いるかによって基礎控除額が決まり、相続税額は正味の遺産額から基礎控除額を差し引いた後の課税遺産総額を法定相続分どおりに分けたものとして各法定相続人別に税額を計算します。

> 財産から負債を控除した正味の遺産額が、基礎控除額以下のときは、相続税の申告をする必要はありません。

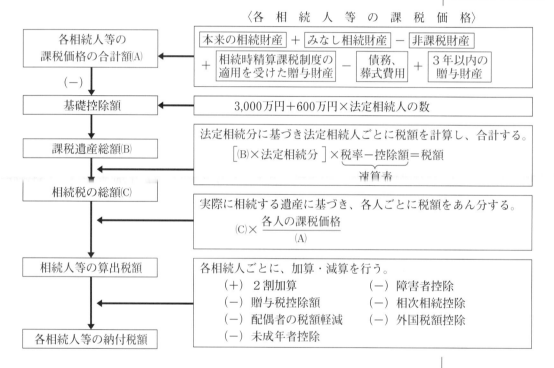

〈各相続人等の課税価格〉

1　相続税の課税原因

⑴　相続による財産の取得

　相続は、人の死亡や失踪宣告によって開始し、相続人は、相続開始の時から被相続人の一身に専属したものを除き、被相続人の財産に属した一切の権利義務を承継します（民法896）。

⑵　遺贈又は死因贈与による財産の取得

　遺贈とは、遺言による財産の無償譲渡のことです。遺贈には、次表の2類型があります（民法964）。

　遺贈は、遺言者の死亡による財産の移転という点において、相続と同一の経済的効果がありますので、相続税の対象としています。また、死因贈与は、贈与者の死亡により効力を生ずる贈与で、当事者の事前の契約によ

> 所得税還付請求権訴訟係属中に死亡した被相続人の還付金は相続財産であるとした事例（最判平22・10・15、上野事件）

り成立するものですから、本来、遺贈（単独行為）とは異なりますが、死因処分であることから、民法上では、遺贈の規定に従うこととなっており（民法554）、そのため相続税法では遺贈に含めて相続税の対象としています（相法1の3）。

包括遺贈	財産の全部又は一部を包括的に遺贈するもので、相続分と同じく割合をもって示される遺贈です。被相続人の権利義務を包括的に承継することから、包括受遺者は相続人と同一の権利義務を有します（民法990）。
特定遺贈	特定の物や権利、あるいは一定額の金銭を与えるというような、割合で示されていない遺贈をいいます。特定の財産を対象とすることから、受遺者は相続人と同一の権利義務を与えられていません（民法986）。

⑶　遺贈による取得とみなすもの

　民法第958条の3による特別縁故者に対する相続財産の分与及び民法第1050条特別寄与者が受ける特別寄与料は被相続人からの遺贈とみなします。

❷　民法による法定相続人と法定相続分

　相続とは、死亡した人の財産が相続人に包括的に承継されることをいいますが、民法上、遺産を相続できる人（法定相続人）とその順位、相続できる割合（法定相続分）は、次のように定められています（民法900）。

順位	配偶者	子　　（*）	直系尊属	兄弟姉妹
第一順位	1／2	1／2	—	—
第二順位	2／3	いない場合	1／3	—
第三順位	3／4	いない場合	いない場合	1／4

（*）嫡出子と非嫡出子の法定相続分は同等とされています（民法900四）。

❸　遺産分割の方法

　被相続人の遺産を分割するには、次の三つの方法があります。

①　遺言によるもの

　被相続人が遺言を残していれば、その遺言どおりに遺産の分割が行われます。ただし、相続人の「**遺留分**」を侵すことはできません。

②　協議分割によるもの

　遺産の分割は相続人の話し合いで自由に決めることができます。この協議分割では、法定相続分どおりでなくても差し支えありません。

③　家庭裁判所の調停や審判によるもの

　相続人の間で話し合いがまとまらない場合、家庭裁判所の調停や審判の手続を請求することになります。

子、直系尊属、兄弟姉妹が2人以上いるときは、各人の相続分は均等です。

なお、子が既に死亡しているときは、その子の直系卑属(孫等)が代襲相続します。また、兄弟姉妹がすでに死亡しているときは、その兄弟姉妹の子のみが代襲相続し、その子が死亡している場合、孫の代襲相続は認められていません（民法901）。

遺留分とは、遺産の一定割合の取得を相続人に保証するもので、被相続人の兄弟姉妹以外の相続人にのみ認められます。その割合は、直系尊属のみが相続人の場合は、被相続人の財産の3分の1、それ以外の場合は、2分の1です（民法1028）。

第2　相続税の納税義務者

相続税の納税義務者は、次の区分により、納税義務の範囲が異なります。

1　居住無制限納税義務者

次に掲げる人は、国内・国外財産を問わず、相続税が課税されます（相法1の3一）。

⑴　財産を取得した時において国内に住所を有する一時居住でない人

⑵　財産を取得した時において国内に住所を有する一時居住である人で、被相続人が一時居住被相続人又は非居住被相続人でない人

2　非居住無制限納税義務者

次に掲げる人は、その財産を取得した時において国内に住所を有しないが、国内・国外財産を問わず、相続税が課税されます（相法1の3二）。

⑴　日本国籍を有する人で、相続の開始前10年以内のいずれかの時において国内に住所を有していた人。

⑵　日本国籍を有する人で、相続の開始前10年以内のいずれかの時において国内に住所を有していたことがない人（被相続人が一時居住被相続人又は非居住被相続人であるときを除きます。）

⑶　日本国籍を有しない人（被相続人が一時居住被相続人又は非居住被相続人であるときを除きます。）

3　制限納税義務者

次に掲げる人は、国内財産に限り相続税が課税されます（相法1の3）。

⑴　財産を取得した時に国内に住所を有していた人（居住制限納税義務者）

⑵　財産を取得した時に国内に住所を有しない人（非居住制限納税義務者）

法人に相続税が課税される場合

次に掲げる場合には、法人にも相続税が課税されます。

⑴　公益法人に対する遺贈により、その遺贈者の親族などの相続税の負担が不当に減少する結果となるとき（相法66）

⑵　一般社団法人の理事が被相続人であるときの一般社団法人（相法66の2）

相続人は日本国籍も国内に住所もない場合でも、被相続人が過去10年以内に国内に住所がある場合は、国外財産についても相続税が課税されます。

被相続人＼相続人	国内に住所あり	短期滞在外国人	日本国籍あり 10年以内に住所あり	日本国籍あり 10年以内に住所なし	日本国籍なし
国内に住所あり	居住無制限納税義務者 国内・国外財産ともに課税		非居住無制限納税義務者 国内・国外財産ともに課税		
在留資格者		※1		※2　国内財産のみ課税	
国内に住所なし　10年以内に住所あり					
一時的居住者		※1			
10年以内に住所なし				※2　国内財産のみ課税	

（注1）図の（網掛け）及び（斜線）部分は、国内・国外財産ともに課税。（白）部分は国内財産のみに課税。

（注2）※1は、居住制限納税義務者、※2は、非居住制限納税義務者です。

第3　課税財産と非課税財産

1　相続税が課税される財産

(1)　本来の相続財産

　　相続の開始により、相続人は被相続人の一身に専属したものを除き、被相続人に属した一切の権利及び義務を承継します（民896）。また、遺贈があった場合には、その目的となった財産は、原則として遺言者の死亡の時から受遺者に帰属します（民985①）。

　　相続税は、これらの相続又は遺贈によって取得した財産に対して課税するものであり（相法1の3）、現金、預金、有価証券、宝石、土地、家屋はもちろんのこと、貸付金、特許権、営業権のように金銭で評価できる経済価値のあるすべてのものが含まれます（相基通11の2-1）。

財産を取得した人が相続人（相続の放棄をした人及び相続権を失った人を除きます。）であるときは、**相続によって取得した**ものとみなされ、また相続人以外の人が取得したときは**遺贈によって取得した**ものとみなされます（相法3）。

(2)　みなし相続財産

　　相続税法では、その擬制により、次に掲げる財産をみなし相続財産として相続税の課税財産に含めています。

　　これらの財産は、民法上、相続又は遺贈により取得した財産（本来の相続財産）を構成しないものや構成するかどうか疑義のあるものですが、その経済的実質がこれと同視すべきものであるため、課税の公平を図る見地から相続又は遺贈により取得したものとみなして課税するものです（相法3）。

相続開始後に生じた誤納金還付金が相続人の一時所得ではなく、相続財産に含まれるとされた事例（福岡高判平20・11・27）

保険金	被相続人の死亡によって取得した生命保険や損害保険の保険金で、その保険料の全部又は一部を被相続人が負担していたもの
生命保険契約に関する権利	被相続人が保険料を負担した生命保険などで、相続開始の日までに、保険事故が発生していないもの
退職手当金	被相続人の死亡によって受け取った退職手当金や功労金などの給与のうち、死亡後3年以内に支給額が確定したもの
定期金に関する権利	被相続人が掛金や保険料の全部又は一部を負担した定期金給付契約で、相続開始の日までに給付が開始されていないもの
相続財産法人からの財産分与	相続人が不存在の場合に特別縁故者が遺産の財産分与を受けた場合は、分与時における財産の時価で遺贈により取得したものとみなされます。
特別寄与料	相続人以外の被相続人の親族が、被相続人の療養看護等を行った場合に、相続人から金銭（特別寄与料）を受領したもの
その他	遺言により著しく低い価額で財産の譲渡を受けたり、対価を支払わずに債務の免除を受けたような場合の利益

2　相続税の非課税財産

　　相続税が課税される財産は、原則として相続又は遺贈によって取得したすべての財産ですが、これらのうちには、財産本来の性質や国民感情又は社会政策的配慮などから、相続税課の対象外としているものがあります。これを、相続税の非課税財産といいます（相法12、措法70）。

国民感情等	墓所、墓地、墓石、おたまや、庭内神し、神棚、神体、神具、仏だん、仏具など
公益性の立場	公益事業を行う者が相続又は遺贈により取得した財産で、公益事業に供されるもの
社会政策的配慮	地方公共団体が心身障害者に実施している共済制度に基づく給付金の受給権
	保険金などのうち一定額 （非課税限度額は、法定相続人の数×500万円）
	退職手当金、功労金などのうち一定額 （非課税限度額は、法定相続人の数×500万円）
	申告期限までに国、地方公共団体や特定の公益法人に寄附した財産又は一定の要件を満たす公益信託の信託財産とするために支出した金銭

⑴　相続税の対象となる死亡保険金

　被相続人の死亡によって取得した生命保険金や損害保険金で、その保険料の全部又は一部を被相続人が負担していたものは、相続税の課税対象となります。

　この死亡保険金の受取人が相続人（相続を放棄した人や相続権を失った人は含まれません。）である場合、すべての相続人が受け取った保険金の合計額が、次の算式によって計算した非課税限度額を超えるときに、その超える部分が相続税の課税対象になります（相法12）。

> 相続人以外の人が取得した死亡保険金には、非課税の適用はありません。

　　500万円　×　法定相続人の数　＝　非課税限度額

各相続人に課税される金額は、次の算式により計算した金額となります。

$$\text{その相続人が受け取った生命保険金の金額} - \text{非課税限度額} \times \frac{\text{その相続人が受け取った生命保険金の金額}}{\text{すべての相続人が受け取った生命保険金の合計額}} = \text{その相続人に課税される生命保険金の金額}$$

⑵　相続税の対象となる死亡退職金

　被相続人の死亡によって、被相続人に支給されるべきであった退職手当金、功労金その他これらに準ずる給与などの退職手当金等で、被相続人の**死亡後3年以内に支給が確定したもの**は、相続財産とみなされて相続税の課税対象となります。ただし、受け取った死亡退職金の合計額が次の算式によって計算した非課税限度額を超えるときに、その超える部分が相続税の課税対象になります（相法12）。

> 死亡後3年以内に支給が確定したものとは、次のものをいいます。
> 1　死亡退職で支給される金額が被相続人の死亡後3年以内に確定したもの
> 2　生前に退職していて、支給される金額が被相続人の死亡後3年以内に確定したもの

　　500万円　×　法定相続人の数　＝　非課税限度額

　相続人が受け取った退職手当金等のうち、各相続人一人ひとりに課税される退職手当金等の金額は、次の算式により計算した金額となります。

$$
\begin{array}{c}
\text{その相続人が} \\
\text{受 け 取 っ た} \\
\text{退職手当金等} \\
\text{の金額}
\end{array}
-
\text{非課税限度額}
\times
\frac{
\begin{array}{c}
\text{その相続人が受け取った} \\
\text{退職手当金等の金額}
\end{array}
}{
\begin{array}{c}
\text{すべての相続人が受け取った} \\
\text{退職手当金等の合計額}
\end{array}
}
=
\begin{array}{c}
\text{その相続人に課税され} \\
\text{る退職手当金等の金額}
\end{array}
$$

⑶　弔慰金を受け取った場合

　　被相続人の雇用主などから弔慰金などの名目で受け取った金銭などのうち、実質上、退職手当金等に該当すると認められる部分は、相続税の課税対象になります（相基通3-20）。

　　一般に雇用主等から支給される弔慰金等には、退職手当金等の性格を有するものも少なくありませんが、これを具体的に区分することは困難なため、実務上は、次に掲げる金額を弔慰金等に相当する金額とし、その金額を超える部分に相当する金額を、退職手当金等として相続税の課税対象としています（相基通3-20）。

①　被相続人の死亡が業務上の死亡であるとき

　　被相続人の死亡当時の**普通給与**の3年分に相当する額

②　被相続人の死亡が業務上の死亡でないとき

　　被相続人の死亡当時の**普通給与**の半年分に相当する額

⑷　申告期限までに国等に寄附した場合

　　相続又は遺贈により財産を取得した者が、その取得した財産を、相続税の申告書の提出期限までに、①国、地方公共団体又は特定の公益法人に贈与した場合、②特定公益信託の信託財産とするために、その取得した財産のうち金銭を支出した場合又は③認定特定非営利活動法人に贈与した場合には、その贈与者又はその親族その他これらの者と特別の関係がある者の相続税又は贈与税の負担が不当に減少する結果となると認められる場合を除き、その支出した金銭又はその贈与した財産については、相続税は課税されません（措法70）。

> 被相続人の死亡によって受ける弔慰金や花輪代、葬祭料などについては、通常、相続税の課税対象になることはありません。

> **普通給与**とは、俸給、給料、賃金、扶養手当、勤務地手当、特殊勤務地手当などの合計額をいいます（相基通3-20）。

> 新たに公益法人を設立するための贈与については、本件特例の適用はありません（措通70-1-3）。

第4 相続税の課税価格

1 相続税の課税価格の計算

相続税の課税価格は、財産を取得した人が無制限納税義務者の場合には、その相続又は遺贈によって取得した財産の価額の合計額、制限納税義務者の場合には、その相続又は遺贈によって取得した財産のうち、本法施行地内にあるものの価額の合計額とされています（相法11の2、21の14）。

具体的には、相続又は遺贈により取得した財産とみなす相続財産から、非課税財産や債務控除額を控除し、その被相続人からの相続開始前3年以内に受けた贈与財産の価額などを加算した金額となります。

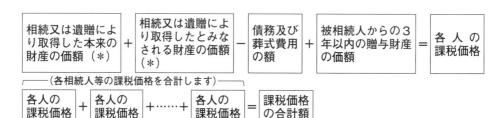

（*）非課税財産は除かれます。

2 債務控除及び葬式費用の控除

相続税を計算するときは、被相続人が残した借入金などの債務や葬式費用を遺産額から差し引くことができます（相法13、14）。

ただし、相続人や包括受遺者であっても、制限納税義務者は、控除できる債務の範囲が制限されているほか、葬式費用についても控除対象となりません。

(1) 債務控除

相続税の課税価格の計算上、相続人又は包括受遺者が負担した次に掲げる債務の金額は、取得財産の価額から債務控除の対象となる債務として控除できます（相法13①、14①）。

① 相続人又は包括受遺者が承継した債務であること
② 相続開始の際、現に存するものであること
③ 債務が確実と認められるものであること

(2) 葬式費用

葬式費用は、本来、遺族の負担すべきものですが、相続税の課税価格の計算上、相続人又は包括受遺者が負担した葬式費用は控除することができます（相法13①二、相基通13-4、13-5）。

土地譲渡契約途中に売主が死亡したときの相続財産は売買残代金債権であるとした事例（最判昭61・12・5）

買主が死亡したときの相続財産は土地の引渡請求権であり、その評価は売買価額によるとした事例（最判昭61・12・5）

原則として、保証債務は債務控除の対象となりません。ただし、主たる債務者が弁済不能で、求償不能の場合に限り、債務控除の対象となります（相法13、14、相基通14-3）

被相続人の死亡後支払った医療費は債務控除できますが、準確定申告では医療費控除はできません。実際に支払った相続人の申告において控除します。

被相続人が生前に購入した墓碑の未払代金は、債務控除の対象とはなりません（相基通13-6）。

イ　**葬式費用として控除できるのは、次のものです。**

①　葬式若しくは葬送に際し、又はこれらの前において、埋葬、火葬、納骨、又は遺がい若しくは遺骨の回送その他に要した費用（仮葬式と本葬式とを行うものにあっては、その両方の費用）

②　葬式に際し、施与した金品で、被相続人の職業、財産その他の事情に照らして相当程度と認められるものに要した費用（いわゆる「お布施」）

③　①及び②に掲げるもののほか、葬式の前後に生じた出費で通常葬式に伴うものと認められるもの

④　死体の捜索又は死体若しくは遺骨の運搬に要した費用

ロ　**次の費用は葬式費用として、控除できません。**

①　香典返戻費用

②　墓碑及び墓地の買入費並びに墓地の借入料

③　法会に要する費用（死者の追善供養のため営まれるもの）

　　例：初七日、四十九日、一周忌、三周忌

④　医学上又は裁判上の特別の処置に要した費用

3　相続開始前３年以内に受けた贈与財産

相続や遺贈によって財産をもらった人が、その相続開始前７年以内にその被相続人から贈与により財産を取得したことがある場合は、その贈与により取得した財産の価額を相続税の課税価格に加算します。

なお、このうち相続前３年以内の贈与により取得した財産以外の財産（即ち、延長4年間に受けた財産）については、その財産の合計額から100万円を控除した残額を加算することになります（相法19）。

個人からの贈与財産については、贈与税が課税されますが、相続開始直前における贈与は、財産の分散を図り、相続税の累進税率の適用を回避することによる税負担の軽減を図るものが多いことから、これを防止するために設けられた制度です。

なお、相続開始前７年以内に被相続人からその配偶者が贈与により取得した居住用不動産又は金銭で、贈与税の配偶者控除を受けている又は受けようとする財産があるときは、その配偶者控除額に相当する金額は、相続税の課税価格に加算されません。

4　配偶者居住権

配偶者居住権は、取得した相続財産の分割行為である遺産分割等により定められ、具体的相続分を構成することから、相続により取得した財産として相続税の課税対象となり、その価額は、存続年数を基に地上権等に準じた方法で評価します（相法23の２、相基通23の２-６）。

令和５年12月31日相続開始までは、３年以内に贈与により取得した財産の価額を相続財産に加算しますが、令和６年１月１日以降相続開始分については、加算期間が７年に延長されます。

平成30年の民法改正において、配偶者の居住及び老後生活の安定に資するため、配偶者の生存中は居住建物に無償で居住できる権利（配偶者居住権）が創設されました（民法1028）。

第5 相続税の基礎控除と税額計算

1 基礎控除

　被相続人から相続、遺贈や相続時精算課税に係る贈与によって財産を取得した各人の課税価格の合計額が、遺産に係る基礎控除を超える場合は、その財産を取得した人は、相続税の申告が必要です（相法15①）。

　遺産に係る基礎控除＝3,000万円＋（600万円×法定相続人の数）

【基礎控除額の早見表】

法定相続人	基礎控除額
配偶者のみ	3,600万円
配偶者と子1人	4,200万円
配偶者と子2人	4,800万円
配偶者と子3人	5,400万円

【相続税の負担額】

課税価格の合計額	相続税額	
	配偶者と子2人の場合	子2人の場合
1億円	315万円	770千円
2億円	1,350万円	3,340千円
3億円	2,860万円	6,920千円
5億円	6,555万円	15,210千円
10億円	17,810万円	39,500千円
20億円	43,440万円	93,290千円

2 相続税法上の法定相続人

　相続税の総額を算定するまでの過程においては、法定相続人が法定相続分により財産を取得したものとして課税価格を計算し、その課税価格に相続税の税率をかけて相続税の総額を算出します（相法15、16）。

　相続税法上の法定相続人は、次の点で民法上の相続人と異なります。

⑴　相続の放棄があった場合

　　相続の放棄があった場合には、その放棄がなかったものとします。

⑵　養子の数の制限

　イ　被相続人に実子がいるときは、1人

　ロ　被相続人に実子がいないときは、2人

　ただし、次に掲げる養子は実子とみなされ、上記の制限の対象にはなりません。

①　民法上の特別養子縁組により養子となった人（相法15③一）

②　配偶者の実子で被相続人の養子となった人（相法15③一）

③　被相続人とその配偶者との婚姻前にその被相続人の配偶者の特別養子縁組による養子となった人で、その婚姻後にその被相続人の養子となった人（相令3の2）

④　実子若しくは養子又は直系尊属が相続開始以前に死亡し、又は相続権を失ったため相続人となったその人の直系卑属（代襲相続）（相法15③二）

相続人となるべき胎児が相続税の申告書を提出する日までに出生していない場合には、その胎児は法定相続人の数には算入しません（相基通15-3）。

【相続人の数の民法と相続税の比較：（第1順位の相続人の場合）】

相続関係者の区分					民法上の相続人	相続税法上の法定相続人
相続権を失った者					×	×
相続を放棄した者					×	○
その他の者	配　　偶　　者				○	○
	子	実　　　子			○	○
		養子	特別養子、連れ子		○	○
			その他の養子	1人又は2人	○	○
				その他	○	×

3　相続税の総額の計算方法

(1)　相続税の総額の計算方法

　相続等により財産を取得した者の相続税の総額は、各相続人等の課税価格の合計額から基礎控除を差し引き、その残額を法定相続人の法定相続分に応じて取得したものと仮定した場合の各取得金額に、相続税の税率を乗じて計算します（相法16）。

【相続税の速算表】

各人の法定相続分　A	税率　B	控除額　C
1,000万円以下	10％	－
3,000万円以下	15％	50万円
5,000万円以下	20％	200万円
1億円以下	30％	700万円
2億円以下	40％	1,700万円
3億円以下	45％	2,700万円
6億円以下	50％	4,200万円
6億円超	55％	7,200万円

税額の求め方
＝A×B－C

(2)　各相続人等の算出税額

　相続等により財産を取得した各相続人の税額は、相続税の総額に各相続人の課税価格がその財産を取得したすべての者に係る課税価格の合計額のうちに占める割合を乗じて算出した金額となります（相法17）。

$$相続税の総額 \times \frac{各相続人等の課税価格}{課税価格の合計額} = 各相続人等の相続税額$$

■相続税の計算

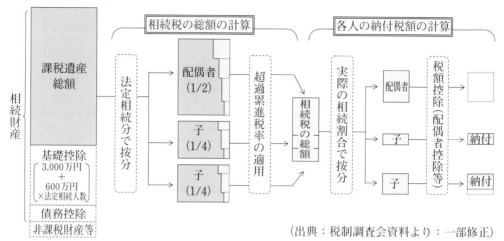

（出典：税制調査会資料より：一部修正）

4 相続税額の２割加算

　相続等により財産を取得した人が、一親等の血族（その代襲相続人を含みます。）及び配偶者以外の人であるときは、その人の相続税額に２割相当額が加算されます（相法18）。

　なお、一親等の血族には、被相続人の直系卑属がその被相続人の養子となっている人（いわゆる孫養子）を含みませんので、その養子には、相続税額の２割加算が適用されます。

被相続人の直系卑属が相続開始以前に死亡し又は相続権を失ったため、その養子が代襲して相続人となっている場合は、加算されません（相法18）。

5 相続税の配偶者の税額の軽減

　被相続人の配偶者が遺産分割や遺贈により実際に取得した遺産額が、次の金額のどちらか多い金額までは配偶者に相続税は課税されません（相法19の２①〜④、相令４の２）。

① 　１億6,000万円

② 　配偶者の法定相続分相当額

　配偶者に対する相続税額の軽減規定は、申告書に、この軽減規定の適用を受ける旨及びその軽減税額等の計算に関する明細を記載するとともに、次の書類を添付する必要があります（相法19の２③）。

① 　戸籍の謄本（相続の開始の日から10日を経過した日以後に作成されたものに限ります。）

② 　遺言書の写し、財産の分割の協議に関する書類の写し

　この配偶者の税額軽減は、相続税の申告期限までに配偶者に分割されていない財産は適用対象になりませんが、申告期限から３年以内に分割したときは、更正の請求により税額軽減が受けられます。

　また、相続税の申告期限から３年を経過する日までに分割できないやむ

仮装又は隠ぺいされていた財産は配偶者の税額軽減の対象となりません。また、配偶者が仮装又は隠ぺいした財産を配偶者以外の相続人等が取得した場合も同様です（相法19の２⑤⑥）。

を得ない事情があり、税務署長の承認を受けた場合で、その事情がなくなった日の翌日から4か月以内に分割されたときも、更正の請求により税額軽減が受けられます。

❻　その他の税額控除

相続又は遺贈により財産を取得した人が、未成年者や障害者であるときなど、一定の場合には、次の税額控除があります。

種　類	内　容
贈与税額控除 （相法19）	遺産を取得した人が、相続開始前3年以内に、被相続人から財産の贈与を受けている場合、その財産（贈与税の配偶者控除の適用を受けたものを除きます）は、相続財産に加算されるとともに、その財産について課税された贈与税額は、相続税額から控除されます。
未成年者控除 （相法19の3）	法定相続人のうち、相続開始時に満18歳未満の人 10万円×（18歳－相続時の年齢）
障害者控除 （相法19の4）	法定相続人のうち、心身に障害のある満85歳未満の人 10万円（特別障害者20万円）×（85歳－相続時の年齢）
相次相続控除 （相法20）	10年以内に2回以上の相続が行われたときは、負担軽減のため、一定割合で税額が軽減されます。 1次相続から2次相続までの期間が1年未満で全額、1年以上2年未満で9割の軽減となり、以下1年きざみで軽減割合が1割ずつ少なくなります。
外国税額控除 （相法20の2）	外国にある遺産については、外国で課せられた相続税を控除します。

未成年者控除額又は障害者控除額が、その者の相続税額を超えているため、控除しきれないときは、その者の扶養義務者の相続税額から控除できます（相法19の3、19の4）。

特別障害者とは、身体障害者手帳に身体上の障害の程度が1級又は2級であると記載されている者などをいいます（相基通19の4-2）。

第6　相続税の申告と納税

1　相続税の申告書の提出期限

　相続等により財産を取得したすべての人にかかる純遺産額（課税価格の合計額）が「遺産にかかる基礎控除額」を超え、かつ、納付税額が算出（配偶者の税額軽減を適用しないで計算）されるときには、相続開始のあったことを知った日の翌日から10か月以内に、申告書を提出しなければなりません（相法27①）。

2　相続税の申告書の提出先

　被相続人の死亡時の住所地が日本国内にある場合は、被相続人の死亡時における住所地を所轄する税務署長に提出します（相法27、相法附3）。

　なお、被相続人の死亡時の住所地が日本国内にない場合は、財産を取得した者の住所地を所轄する税務署長（相法62①）、また、相続又は遺贈により財産を取得した者の住所地が日本国内にない場合は、その者が定めた納税地又は国税庁長官が指定した納税地を所轄する税務署長に提出します（相法62②）。

3　相続税の納付

　相続税は、法定納期限（相続税の申告書の提出期限）までに金銭で納付します（相法33）。なお、延納又は物納の制度もあります（相法38～44）。

（注）　**連帯納付義務：**
　　同一の被相続人から相続又は遺贈（相続時精算課税制度の適用を受ける財産に係る贈与を含みます。）により財産を取得した者が2人以上いるときは、これらの者は、その相続又は遺贈により取得した財産に係る相続税について、その相続又は遺贈により受けた利益の価額に相当する金額を限度として、互いに連帯納付の責任を負います。
　　ただし、次に該当する場合には、連帯納付義務が解除されます（相法34①）。
①　申告期限等から5年を経過した場合
②　納税義務者が延納又は納税猶予の適用を受けた場合

4　遺産が未分割の場合の計算

　遺産の全部又は一部の分割が行われていない場合には、民法の規定（民法900～903）による相続分に従って財産を取得したものとして、相続税の課税価格を計算して申告します。その後、分割に基づき計算した税額と既に申告した税額とが異なるときは、実際に分割した財産の額に基づいて修正申告又は更正の請求をすることができます（相法55）。

　なお、分割後に配偶者の税額軽減や小規模宅地等の課税価格の特例などの適用を受けるときは、次の手続を行います。

相続税の申告書の提出期間内に出国するときは、その出国の日までに提出します（相法27）。

例えば、1月6日に死亡した場合にはその年の11月6日が申告期限になります。なお、この期限が土曜日、日曜日、祝日などに当たるときは、これらの日の翌日が申告期限となります。
「相続の開始があった日の意義」については、相基通27-4を参照。

延納、物納を希望するときは、申告書の提出期限までに税務署長宛に申請書などを提出して承認又は許可を受ける必要があります（相法39、42）。

未分割での申告においては、相続税の特例である小規模宅地等の課税価格の特例や配偶者の税額軽減の特例などは適用できません。

(1)　**３年以内に遺産分割できるとき**

　相続税の申告書に「申告期限後３年以内の分割見込書」を添付して提出しておけば、分割が行われた日から４か月を経過する日までに「更正の請求」を行うことができます。

(2)　**３年を超えるとき**

　相続等に関する裁判中であるなどの事情がある場合は、申告期限後３年を経過する日の翌日から２か月を経過する日までに「遺産が未分割であることについてやむを得ない事由がある旨の承認申請書」を提出し、所轄税務署長の承認を受けた場合には、その判決の確定日など一定の日の翌日から４か月以内に限って、更正の請求を行うことができます。

第7　事業承継税制

中小企業や農業経営者などの安定的な経営継続を支援するため、事業承継税制が設けられています。

1　非上場会社の事業承継税制（一般事業承継税制）

中小企業の後継者である受贈者・相続人が、経営承継円滑化法の認定を受けている非上場会社の株式等を先代経営者から贈与又は相続により取得した場合には、①発行株式数の３分の２まで、②後継者１名、③承継後５年間は平均８割の雇用維持などの要件を満たしていれば、贈与税は全額、相続税は80％が納税猶予され、先代経営者又は事業承継相続人が死亡したときに、その猶予税額が免除されます（措法70の７）。

2　非上場会社の事業承継税制（特例事業承継税制）

平成30年から10年間に限り、上記１の非上場会社に係る一般事業承継税制とは別に、後継者である受贈者・相続人等が、経営承継円滑化法の認定を受けている非上場会社の株式等を贈与又は相続等により取得した場合は、①対象株式数の上限を撤廃し、猶予割合を100％に拡大、②代表者である後継者（最大３人）への承継も対象、③雇用維持要件を満たせなかった場合でも納税猶予を継続可能にする特例が創設されています。

なお、贈与税・相続税の納税猶予税額は、後継者の死亡等により免除されます（措法70の７の４）。

3　個人事業者の事業承継税制

平成31年から10年間に限り、経営継承円滑化法の認定を受けた相続人又は18歳以上の受贈者が、青色申告の承認を受けていた個人事業者から、相続等又は贈与により事業用の土地、建物及び減価償却資産（特定事業用資産）を取得し、事業を継続していく場合は、その取得した特定事業用資産の課税価格に対応する相続税又は贈与税の全額が納税猶予されます。

なお、認定相続人又は受贈者が死亡の時まで、特定事業用資産を保有し事業を継続したときは、納税猶予税額は免除されます(措法70の６の８)。

4　農地等の相続税及び贈与税の納税猶予及び免除の特例

⑴　農地等の贈与税の納税猶予及び免除

農業を営んでいる人が、農地の全部を農業を引き継ぐ推定相続人の１人に贈与した場合には、その贈与を受けた農地等について受贈者が農業を営んでいる限り、その納税が猶予されます。

「経営承継円滑化法」とは、税制・金融・遺留分に関する民法特例において中小企業者等の事業承継を支援するための前提となる措置を規定する「中小企業における経営の承継の円滑化に関する法律」の略称です。税制に関しては、この規定を受けて、左欄１～３の特例が設けられています。

贈与者及び受贈者とも贈与日まで３年以上農業経営を営んでいた人で、

納税猶予された贈与税額は、受贈者又は贈与者のいずれかが死亡した場合には、その納税が免除されます。ただし、贈与者が死亡したときは相続税の課税対象となります（措法70の４）。

受贈者は18歳以上でなければ適用できません（措令40の６）。

⑵　農地等の相続税の納税猶予及び免除

農業を営んでいた被相続人から、相続等によって農地を取得した相続人がその後も引き続き農業を営んでいく場合には、その取得した農地等の価額のうち農業投資価格による価額を超える部分に対応する相続税額が猶予され、その相続人が死亡したときに免除されます（措法70の６）。

5 　山林についての相続税の納税猶予

特定森林経営計画が定められている区域内にある山林を所有している被相続人から、相続又は遺贈により山林を取得した相続人が事業を継続するときは、特例山林に対応する相続税額は、その林業経営相続人の死亡の時まで納税を猶予し、その猶予税額は免除されます(措法70の６の６)。

6 　医療法人の持分に係る相続税及び贈与税の納税猶予等の特例

相続人が持分の定めのある医療法人の持分を相続又は遺贈により取得し、その医療法人が相続税の申告期限において厚生労働大臣の移行認定を受けた医療法人であるときは、その認定医療法人の持分に対応する相続税額を持分なし医療法人への移行計画の期間満了まで納税を猶予し、移行期間内に相続人が持分の全てを放棄した場合には納税が免除されます（措法70の７の12）。

また、出資者が医療法人の持分を放棄したことにより、経済的利益として他の出資者に贈与税が課される場合には、移行計画の期間満了までその贈与税の納税を猶予し、移行期間内にその他の出資者が持分のすべてを放棄した場合には、猶予税額が免除されます（措法70の７の９）。

第8　贈与税とは

1　贈与税の納税義務者

　贈与税は、贈与によって個人から財産をもらったとき、そのもらった人（個人）にかかる税金です（相法1の4）。

2　贈与税の課税財産

　贈与とは、当事者の一方が自己の財産を無償で相手方に与える意思を表示し、相手方がこれを受諾することによって効力を生ずる契約です（民法549）。

　贈与税は、贈与によってもらったすべての財産に課税され、この財産には、現金、預貯金、有価証券、土地、家屋、貸付金、営業権など金銭に見積もることができるもののほか、贈与と同様の経済的利益を伴う次のものについても課税されます。

①	信託契約により委託者以外の人が受益者となった場合
②	他人が保険料を支払っていた生命保険金を受け取った場合
③	掛金を支払っていない人が定期金の受取人である場合
④	著しく低い価額で財産を譲り受けた場合
⑤	債務を免除してもらった場合
⑥	同族会社の株式の価額が財産の無償提供により増加した場合

3　非課税財産

　財産をもらった場合でも、財産の性質や公益性に対する配慮などの理由により非課税とされている財産のうち主なものは、次のとおりです（相法21の3）。

①	扶養義務者からもらった生活費や教育費のための財産
②	公益事業用財産
③	心身障害者共済制度に基づく給付金の受給権
④	社交上の香典や贈答品
⑤	特定障害者の信託受益権のうち6,000万円までの金額

4　贈与税の計算

　贈与税の計算は、まず、贈与によってもらった財産の価額を合計して課税価格を計算し、次に、その課税価格から配偶者控除及び基礎控除を差し引いた額に贈与税の税率をかけて税額を算出します。最後に、算出した税額から外国税額控除を差し引いて納付税額を求めます。

贈与税の納税義務者は相続税の納税義務者（168ページ参照）と同様、住所の有無などにより課税対象となる財産の範囲が異なります。
海外財産の贈与と住所の認定について争われた事例（最判平23・2・18、武富士事件）

「ある時払の催促なし」という親子間の借金や将来返せるようになったら返すという「出世払」の借金などで実質的に贈与と認められるものも課税されます

相続税評価額による親族間の土地譲渡にはみなし贈与が課税されないとした事例（東京地判平19・8・23）

生活費や教育費の範囲については、平成25年12月国税庁の「扶養義務者（父母や祖父母）から「生活費」又は「教育費」の贈与を受けた場合の贈与税に関するQ＆A」を参照。

公正証書を作成している場合の贈与時期は、書面作成時ではなく、贈与登記の履行時であるとした事例（名古屋高判平10・12・25）

(1) 課税価格

課税価格は、1月1日から12月31日までの1年間に贈与によってもらった財産の価額の合計額となります（相法21の2）。

(2) 基礎控除額

基礎控除額は**110万円**です。したがって、贈与によってもらった財産の価額の合計額が110万円以下であれば、贈与税は課税されません（措法70の2の2）。

(3) 贈与税の税率

【贈与税の速算表】

一般贈与財産（一般税率）			特例贈与財産（特例税率）	
基礎控除後の課税価格	税率	控除額	税率	控除額
200万円以下	10％	―	10％	―
300万円以下	15％	10万円	15％	10万円
400万円以下	20％	25万円	15％	10万円
600万円以下	30％	65万円	20％	30万円
1,000万円以下	40％	125万円	30％	90万円
1,500万円以下	45％	175万円	40％	190万円
3,000万円以下	50％	250万円	45％	265万円
4,500万円以下	55％	400万円	50％	415万円
4,500万円超	55％	400万円	55％	640万円

【贈与税の負担額】

贈与額	贈与税額	
	一般贈与	特例贈与
300万円	190千円	190千円
500万円	530千円	485千円
700万円	1,120千円	880千円
1000万円	2,310千円	1,770千円
1500万円	4,505千円	3,660千円
2000万円	6,950千円	5,855千円

【贈与税額の求め方】

（贈与を受けた財産の合計額－基礎控除額）×税率－税額控除額＝税額

イ 一般贈与財産（一般税率）

兄弟間の贈与、夫婦間の贈与、親から未成年者の子への贈与など、「特例贈与財産用」に該当しない場合は、一般税率で贈与税額を計算します。

（500万円－110万円）×20％－25万円＝53万円

ロ 特例贈与財産用（特例税率）

1月1日現在で18歳以上の人が、父母や祖父母などの直系尊属か

人格のない社団などが納税者となる場合は、贈与した人の異なるごとに税額を算出しますので、贈与した人の贈与財産の価額がそれぞれ110万円以下であれば、贈与税は課税されません。

「一般贈与財産」と「特例贈与財産」に区分し、「一般税率」と「特例税率」による超過累進税率となっています。「特例贈与財産」の特例税率は、贈与を受けた年の1月1日現在で20歳以上（令和4年4月1日からは、18歳以上）の直系尊属（祖父母や父母など）から受けた贈与に適用されます（措法70の2の4）。

養子縁組を同年中に行い直系卑属となったとき、その前後で2回以上の贈与を受けた場合は、直系卑属となった時の前後によって贈与税の適用税率が異なります。

特例贈与の特例税率の適用は、課税価格が300万円を超えるときは、直系卑属関係を証する戸籍謄本などの添付が必要です。ただし、過去の申告で提出しているときはその年分を申告書に記載します（措規23の5の5）。

ら贈与を受けたときは、特例税率で贈与税額を計算します。

（500万円－110万円）×15％－10万円＝48.5万円

ハ　一般贈与財産と特例贈与財産の両方がある場合

次の①及び②に掲げる金額の合計額（①＋②）となります。

$$① = （合計贈与価額 - 基礎控除額）× 特例税率 × \frac{特例贈与財産価額}{合計贈与価額}$$

$$② = （合計贈与価額 - 基礎控除額）× 一般税率 × \frac{一般贈与財産価額}{合計贈与価額}$$

100万円の一般贈与財産と400万円の特例贈与財産の贈与を受けた場合は、

（100万円　＋　400万円）－110万円　＝390万円

① 一般贈与財産に対応する税額

（390万円×20％－25万円）×　100／500　＝106,000円

② 特定贈与財産に対応する税額

（390万円×15％－10万円）×　400／500　＝388,000円

税額は、上記①と②の合計金額494,000円となります。

①		②		
106,000円	＋	388,000円	＝	494,000円

5　贈与税申告書の提出期限と提出先

贈与税申告書の提出期限は、贈与のあった年の翌年2月1日から3月15日までです（相法28）。

原則として、住所地が日本国内にある場合（居住無制限納税義務者）は、贈与を受けた人の住所地を管轄する税務署長宛に提出します。

第9　贈与税の配偶者控除

婚姻期間が20年以上の配偶者から、一定の居住用不動産又は居住用不動産を取得するための、次に掲げる財産の贈与を受けた場合には、基礎控除110万円のほかに**2,000万円**が控除されます（相法21の6①）。

① 日本国内にある専ら居住の用に供する土地若しくは土地の上に存する権利又は家屋（居住用不動産）で、贈与を受けた年の翌年3月15日までに受贈者の居住の用に供し、かつ、その後も引き続き居住の用に供する見込みであるもの

② 居住用不動産を取得するための金銭で、その金銭の贈与を受けた年の翌年3月15日までに居住用不動産の取得に充て、かつ、その取得した居住用不動産を3月15日までに受贈者の居住の用に供し、かつ、その後も引き続き居住の用に供する見込みであるもの

特例の適用を受けるには戸籍の謄本、附表の写し、居住用不動産を取得したことを証明する書類などの提出が必要です。

第10　教育資金の一括贈与に係る贈与税の非課税

　30歳未満の受贈者（子・孫等）の教育資金に充てるためにその直系尊属が金銭等を拠出し、銀行や証券会社に信託をした場合には、受贈者1人につき1,500万円（学校以外の者に支払われる金銭については、500万円）まで贈与税は課税されません。

　なお、受贈者が30歳に達した日に未使用の残高があるときは、そのときに贈与があったものとして、その残高に一般税率で贈与税が課税されます（措法70の2の2）。

　教育資金とは、学校等に直接支払われる入学金、授業料、学用品の購入費、修学旅行費及び学校給食費などのほか定期代や渡航費などの交通費をいいます。また、塾やスポーツ活動等の費用や交通費も対象になります。

第11　住宅取得等資金の贈与を受けた場合の特例

　住宅の新築・取得を促進し、景気回復に資する観点から、一定の住宅の取得又は増改築に充てる資金を贈与により取得した場合には、次のような特別控除が認められます。

1　住宅取得等資金の贈与を受けた場合の相続時精算課税の特例

　父母又は祖父母から住宅取得等資金の贈与を受けた18歳以上の子又は孫が、贈与を受けた年の翌年3月15日までにその住宅取得等資金で自己の居住用家屋の新築若しくは取得又は増改築等したときは、住宅取得等資金の贈与者である親が60歳未満であっても、相続時精算課税を選択することができます（措法70の3）。

2　直系尊属から住宅取得等資金の贈与を受けた場合の贈与税の非課税

　18歳以上の子が、その直系尊属（父母、祖父母、養父母等）から自己の居住する住宅の取得等資金の贈与を受け、翌年3月15日までに一定の新築等をして居住の用に供したときは、省エネルギー又は耐震住宅など良質な住宅用家屋の場合は1,000万円、それ以外の住宅用家屋は500万円までは贈与税が課税されません。

　なお、受贈者は、贈与を受けた年の合計所得金額が2,000万円以下の人に限定されています（措法70の2）。

受贈者の前年の合計所得金額が1,000万円を超える場合には適用できません。また、23歳以上の受贈者の趣味等の習い事の費用は対象外です。

贈与者の死亡に係る相続税の課税価額の合計額が5億円を超えるときは、受贈者が23歳未満であっても、未使用の残高は相続税の課税対象になります。

1及び2について、平成23年分以後は、住宅の新築に先行して土地を取得する資金が追加されています（平23.6改法附78①）。

2の直系尊属から住宅取得等資金贈与を受けた場合の非課税制度は、暦年課税・相続時精算課税にあわせて適用できます。
なお、贈与者が死亡した場合には、相続税の課税価格に加算する必要はありません。

第12　結婚・子育て資金の一括贈与に係る贈与税の非課税

　平成27年4月1日から令和7年3月31日までの措置として、18歳以上50歳未満の受贈者（子・孫等）の結婚・子育て資金の支払に充てるためにその直系尊属が金銭等を拠出し、銀行や証券会社に信託をした場合には、受贈者1人につき1,000万円（結婚に際して支出する費用については300万円が限度）まで贈与税は課税されません。

　なお、受贈者が50歳に達した日に未使用の残高があるときは、そのときに贈与があったものとして、その残高に一般税率で贈与税が課税されます（措法70の2の3）。

受贈者の前年の合計所得金額が1,000万円を超える場合には適用できません。

第13　相続時精算課税制度

　贈与税の課税制度には、「暦年課税」と「相続時精算課税」の二つがあり、一定の要件に該当する場合には、相続時精算課税を選択することができます。

　この制度は、贈与時に特別控除額（2,500万円）を超えるときは、贈与財産に対する贈与税を納め、その贈与者が亡くなった時に、その贈与財産の贈与時の価額と相続財産の価額とを合計した金額を基に計算した相続税額から、既に納めたその贈与税相当額を控除することにより、贈与税・相続税を通じた納税を行うというものです（相法21の9～21の18）。

1　適用対象者

　贈与者は60歳以上の親、受贈者は贈与者の推定相続人である**18歳以上の推定相続人及び孫**とされています（相法21の9①、措法70の2の5）。

2　税額の計算
⑴　贈与税額の計算

　相続時精算課税の適用を受ける贈与財産については、その選択をした年以後、相続時精算課税に係る贈与者以外の人からの贈与財産と区分して、その贈与者（親）から1年間に贈与を受けた財産の価額の合計額から基礎控除110万円を控除して贈与税額を計算します。

　この制度の贈与時の特別控除額は、累積で2,500万円を限度として複数年にわたって適用できます。なお、基礎控除及び非課税枠を超える部分については20％の税率で課税されます（相法21の12、21の13）。

相続時精算課税の適用を受けるときは、「相続時精算課税選択届出書」を贈与を受けた財産に係る贈与税の申告期間内に、その贈与税の申告書に添付して納税地の所轄税務署長に提出します（相法21の9②）。

年齢の判定は、贈与の年の1月1日で判定しますが、推定相続人の判定は贈与の日において行います（相法20の9、相基通21の9-1）。

令和5年12月31日相続開始分までは基礎控除110万円を控除することはできません。

(2) 相続税額の計算

　相続時精算課税を選択した人に係る相続税額は、相続時精算課税に係る贈与者が亡くなった時に、それまでに贈与を受けた相続時精算課税の適用を受ける贈与財産の価額と相続や遺贈により取得した財産の価額とを合計した金額を基に計算した相続税額から、既に納めた相続時精算課税に係る贈与税相当額を控除して算出します（相法21の14）。

　その際、相続税額から控除しきれない相続時精算課税に係る贈与税相当額については、相続税の申告をすることにより還付を受けることができます。

相続財産と合算する贈与財産の価額は、贈与時の価額とされています（相法21の15）。

■《事例》で確認する「相続時精算課税」のしくみ（令和５年分まで）

　相続税精算課税を適用し、１年目 1,500 万円、２年目 1,800 万円の贈与財産を受贈したときは、１年目は特別控除額（2,500万円限度）内であるため課税されませんが、２年目は1,000万円を超える800万円に20％の税率で贈与税が課税されます。

　なお、相続開始時には相続時精算課税に係る贈与税相当額は控除でき、控除しきれない金額がある場合には還付されます。

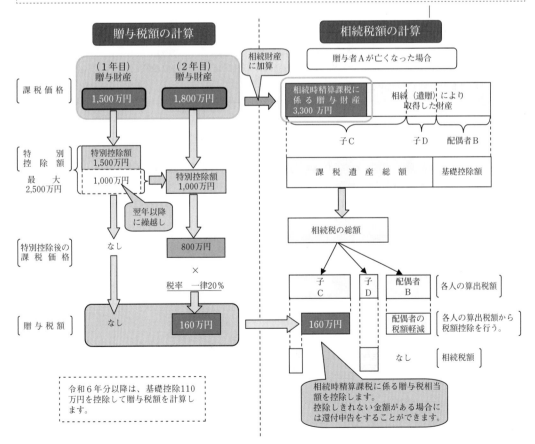

（出典：令和５年分「贈与税の申告のしかた」国税庁資料）

第14　土地の評価

　土地は、原則として宅地、田、畑、山林などの地目ごとに評価します。土地の評価方法には、路線価方式と倍率方式があります。

1　路線価方式

　市街地にある宅地を評価する場合は、路線価方式によって行います。この方式は、国税局長が公表する路線価、つまり、評価する宅地に面する道路に付けられた一定の価額をもとにその宅地の位置、道路との関係や形状によりそれぞれ調整して、宅地の評価額を計算します（評基通13）。

1㎡当たりの価格×面積×不整形地等の調整率＝評価額

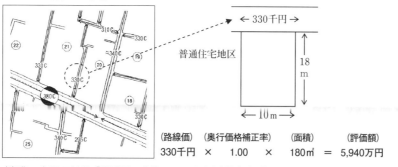

（出典：令和5年分「相続税の申告のしかた」国税庁資料）

2　倍率方式

　路線価が定められていない地域の宅地の評価は、宅地の固定資産税評価額に、一定の倍率を乗じて評価する倍率方式によって行います。この方式は、市町村が定める宅地の固定資産税評価額に国税局長が一定の地域ごとに定める倍率を乗じて計算します（評基通11）。

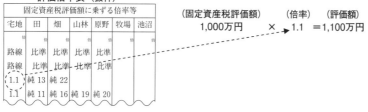

（出典：令和5年分「相続税の申告のしかた」国税庁資料）

路線価格や倍率は国税庁のホームページで確認できます。

商業地や住宅地などの地区区分のほか、画地条件により
・奥行価格補正率
・側方路線影響加算
・二方路線影響加算
・三方路線影響加算
・四方路線影響加算
・不整形地補正率
・間口狭小補正率
・奥行長大補正率
・無道路地の減額
・がけ地補正率
などを組み合わせて評価します。

1,000㎡（三大都市圏では500㎡）以上の地積規模の大きな宅地は、規模格差補正率を適用して評価します。配偶者居住権（配偶者が一定期間使用できる権利）の設定された土地・建物は配偶者居住権と負担付所有権として評価します。

建設途中の大型商業施設の敷地の評価について貸家建付地として評価減を認めた事例（大阪高判平19・3・29）

3　借地権

　借地権の価額は、その目的となっている宅地の価額に一定の割合を乗じて計算した価額によって評価します。この場合の一定の割合のことを借地権割合といい、地域別に定められています（評基通27）。

4　家屋の評価方法

　家屋は、原則として倍率方式を採っており、その倍率は1.0倍です。したがって、その評価額は、固定資産税評価額と同じです。

令和6年1月1日以後の居住用分譲マンションの評価は、区分所有補正率を適用します。

種類			評価方法
土地	宅地等	宅地（自用地）	①　市街地にあるもの…「路線価方式」（その宅地の面する路線に付された路線価を基として形状、奥行などを加味して算定） ②　その他のところのもの…「固定資産税評価額倍率方式」（固定資産税評価額×一定倍率により算定）
		借地権	自用地価額×借地権割合
		定期借地権	自用地価額× 借地権設定時における定期借地権割合 ×定期借地権の逓減率
		貸宅地	自用地価額－借地権価額（又は定期借地権価額^(注)） なお、定期借地権の目的となっている貸宅地の価額は、次の算式によることもできます。 自用地価額×（1－残存期間に応ずる逓減割合） 　残存期間　　　　　　　　　　逓減割合 　　　　　　　　　5年以下　　　　5％ 　5年超　～　10年以下　　10％ 　10年超　～　15年以下　　15％ 　15年超　　　　　　　　　　20％ （注）一般定期借地権の場合は、原則、定期借地権に相当する価額
		貸家建付地	自用地価額×（1－借地権割合×借家権割合×賃貸割合）
	農地	市街地農地	原則として宅地比準方式 （＝宅地であるとして評価した価額－宅地造成費）
		市街地周辺農地	宅地比準方式による価額×80％
		純農地、中間農地	固定資産税評価額倍率方式
家屋		自用家屋	固定資産税評価額
		貸家	自用家屋の価額×（1－借家権割合×賃貸割合） （借家権割合は通常30％）
居住用分譲マンション		建物の区分所有権及び敷地利用権	従来の評価方法で算出した評価額に、区分所有補正率を乗じて算定 　従来の評価方法によって評価した区分所有権の評価額　×　区分所有補正率 　　↑ 　区分所有登記された居住用建物部分の評価額 　　　　　＋その敷地利用権部分の評価額

5　**小規模宅地等の相続税の課税価格の特例**

　相続又は遺贈によって取得した宅地が被相続人や被相続人と生計を一にしていた親族の事業用や居住用の宅地であった場合には、一定面積までの部分は通常の方法で評価した価額からそれぞれの区分に応じた80%又は50%の割合に相当する金額を減額します（措法69の4）。

相続開始前3年以内に事業の用に供された宅地等は、特定事業用宅地等に該当しません。

【用途別の減額割合・特例適用限度面積】

相続開始の直前における宅地等の利用区分			要　　件	限度面積	減額される割合
被相続人等の居住の用に供されていた宅地等		①	特定居住用宅地等に該当する宅地等	330㎡	80%
被相続人等の事業の用に供されていた宅地等	貸付事業以外の事業用の宅地等	②	特定事業用宅地等に該当する宅地等	400㎡	80%
	貸付事業用の宅地等	③	特定同族会社事業用宅地等に該当する宅地等	400㎡	80%
		④	貸付事業用宅地等に該当する宅地等	200㎡	50%

(注)特例の適用を選択する宅地等が、次の1又は2のいずれに該当するかに応じて、限度面積を判定します。
1　特定居住用宅地等（①）又は特定事業用宅地等（②又は③）を選択する場合
　　　①≦330㎡であること。また、（②＋③）≦400㎡であること。
2　貸付事業用宅地等（④）及びそれ以外の宅地等（①、②又は③）を選択する場合
　　　①×200/330　＋　（②＋③）×200/400＋④≦200㎡であること。

第15 株式の評価

相続税及び贈与税の課税においては、相続財産を評価する必要がありますが、株式及び出資の価額は、上場株式、気配相場等のある株式、取引相場のない株式の区分別に、それぞれに応じて、次のとおり評価します。

1 上場株式

上場株式の評価は、原則として、その株式の上場されている金融商品取引所の公表する課税時期の終値、その月の終値の平均額、その前月の終値の平均額、その前々月の終値の平均額のうち最も低い価額によって評価します。

2 取引相場のない株式

取引相場のない会社の株式の評価は、その株主が同族株主等に該当するのかしないのか、その会社は大会社なのか、中、小会社なのか、特定評価会社に該当するのかどうかによって、その評価方法が異なります。

取引相場のない株式の評価方法には、類似業種比準方式、純資産価額方式、類似業種比準方式と純資産価額方式の併用方式、配当還元方式があります。

(1) **類似業種比準方式**

類似業種比準方式とは、評価会社と事業内容の類似する上場会社（類似業種）の平均株価並びに１株当たりの配当金額、年利益金額及び純資産価額の３つの要素に比準して計算する方法です。

(2) **純資産価額方式**

純資産価額方式とは、評価会社の課税時期における資産（相続税評価額）から負債（相続税評価額）及び評価差額に対する法人税額等相当額を控除して評価額を求める方法です。

(3) **配当還元方式**

配当還元方式とは、過去２年間の配当金額を10％の利率で還元して、元本である株式の価額を求める方法です。

原則的な評価方法には類似業種比準価額方式と純資産価額方式及びその併用方式が、また、特例的な評価方法には配当還元方式があります。

企業組合の出資持分の評価方法について争われた事例（名古屋高判平16・2・19）

株式の区分				評　価　方　法	
上場株式				金融商品取引所の①課税時期の終値、②課税時期の月平均額、③前月平均額、④前々月平均額の最も低い価額（負担付贈与と売買取得の時は、課税時期の最終価格）	
気配相場のある株式	登録銘柄・店頭管理銘柄			①課税時期の取引価格、②課税時期の月平均額、③前月平均額、④前々月平均額の最も低い価額（負担付贈与と売買取得の時は、課税時期の最終価格）	
	公開途上にある株式			公募又は売出しが行われる場合：公開価格により評価	
				公募又は売出しが行われない場合：課税時期以前の取引価格等を勘案して評価	
取引相場のない株式	一般の評価方法（原則的評価方法）	大会社		原則として類似業種比準方式	純資産価額方式の株価が低い場合は選択できます。
		中会社	大	類似業種比準価額×0.9＋純資産価額（注）×0.1	
			中	類似業種比準価額×0.75＋純資産価額（注）×0.25	
			小	類似業種比準価額×0.6＋純資産価額（注）×0.4	
		小会社		純資産価額方式又は類似業種比準価額×0.5＋純資産価額（注）×0.5	
	特別の評価方法	比準要素数1の会社		純資産価額方式又は類似業種比準価額×0.25＋純資産価額（注）×0.75	
		株式等保有特定会社		純資産価額方式（注）又は　S₁＋S₂方式＊	
		土地保有特定会社		純資産価額方式（注）	
		比準要素数いずれも0の会社			
		開業後3年未満の会社等			
		開業前又は休業中の会社		純資産価額方式	
		清算中の会社		清算分配見込額を基に評価	
	特例的評価方法	同族株主以外		配当還元方式	

(注)　株式の取得者とその同族関係者の有する株式に係る議決権の合計数(議決権割合)が50％以下であるときは、1株当たりの純資産価額は、その80％で評価します。

＊「S₁＋S₂方式」とは、純資産価額方式に代えて選択できる簡易評価方式のことで、株式は株式だけで評価（S₂）し、その他の財産はその他の財産だけで評価（S₁）して、その両者を合計して評価する方式のことです（評基通189-3）。

第Ⅴ編

消　費　税

　この編では、消費に対して課税される「消費税」とは、どのような税金かについて学びます。具体的には、消費税はどのような取引に対して、どのような形で課税されるのか。消費税の課税の仕組や税額の計算の仕方は、どのようになっているかを説明しています。

第1 消費税とは

1 消費税のしくみ

消費税は、消費に対して幅広く課税される税金です。国内で行われるほとんどすべての取引が、課税の対象となります（消法4）。

消費税を納税する者は、物やサービスを提供する事業者ですが、実際の負担者はこれらを購入等した消費者です。消費税は、法律上の納税義務者と税を実際に負担する者とが一致しないという意味で、いわゆる**間接税**に分類されます。

消費税は、一部の事業者に申告と納税の負担が片寄らないよう、また生産・流通の各段階で二重三重に税が課されることのないよう、**売上げに係る消費税から仕入等に係る消費税を控除**する仕組になっています。

$$
\text{納付すべき税額} = \begin{array}{c}\text{課税期間中の}\\\text{課税売上に係る}\\\text{消費税額}\end{array} - \begin{array}{c}\text{課税期間中の}\\\text{課税仕入に係る}\\\text{消費税額}\end{array}
$$

消費税の負担と納付の流れ

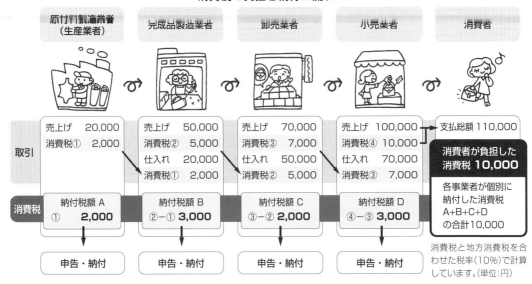

(出典：「消費税のあらまし」令和6年6月国税庁資料一部修正)

2 消費税の税率

消費税及び地方消費税の税率は、これまで8％（消費税6.3％、地方消費税1.7％）でしたが、令和元年10月1日（適用開始日）以降は、標準税率10％（消費税7.8％、地方消費税2.2％）になっています。なお、低所得者に配慮する観点から、この税率の引上げと同時に、消費税の軽減税率制度が導入され、一定の飲食料品や新聞については、従来どおり8％の税率とされています。

法律上の納税義務者と税を実際に負担する者とが一致する税を、**直接税**といいます。
直接税には、所得税、法人税、相続税などがあります。

納税義務者の納めるべき税を、他の者（担保者）が負担することを**税の転嫁**といいます。
消費税と混同しやすいものに、売上高に税率を乗じて、税額を算出する**売上税**があります。

軽減税率制度については、**第16**（207ページ）を参照。

第2　消費税の納税義務者等

1　納税義務者

消費税の納税義務者は、次のとおりです（消法5）。

(1)　国内取引

消費税の納税義務者は、国内において物を販売したり、サービスを提供した**事業者**です。

(2)　輸入取引

輸入取引については、**輸入品を保税地域から引き取る者**が納税義務者になります。この場合の納税義務者は、事業者とは限りません。消費者である個人が直接輸入したときは、その消費者である個人が納税義務者となります。

> 委託による物品の販売につき、納税義務者に該当するかの判定を、法的実質によるべきであるとした事例（大阪地判平25・6・18）

2　諸外国の消費税

消費税は、1967年にデンマークが導入し、その後、欧州各国に普及しました（第1世代）。さらに、やや遅れてイタリア・韓国が導入しました（第2世代）。わが国は、ニュージーランド・カナダとともに導入し、消費税の第3世代と呼ばれています。税率は、ハンガリーの27％が最高で、次がスウェーデン、デンマーク、ノルウェーの25％で、わが国は税率引上げ後もカナダに次いで低い税率の国となっています。

> 諸外国との消費税率の比較には、食料品等に軽課する複数税率の存在の有無を考慮する必要があります。

第3　消費税の計算のしかた

事業者が納付する標準税率が適用される消費税等の税額は、消費税（国税）と地方消費税（地方税）を合計したものです。**消費税率が7.8％**、**地方消費税率が2.2％**で、消費税等の税率は合計10％です。

■原則課税方式の場合

事業者が納付する消費税等の税額は、原則として、課税期間の課税売上に係る消費税額から課税仕入に係る消費税額を控除した後の税額です。これを算式で示すと、次のようになります（消法28～30）。

> 消費税の計算のしかたには、①原則課税方式と②簡易課税方式の二つの方式があります（204～205ページ参照）。

> 消費税の税額計算は、まず国税部分である7.8％相当分を算出します。地方消費税部分は、その22/78として算出します。

$$① \quad 消費税額 = 課税売上（税込）\times\frac{100}{110}\times\frac{7.8}{100} - 課税仕入（税込）\times\frac{7.8}{110}$$

（課税標準）　　　（仕入税額控除）

$$② \quad 地方消費税額 = 消費税額 \times \frac{22}{78}$$

$$③ \quad 納付する消費税等の税額 = ① + ②$$

第4　消費税の売上・仕入の考え方

　消費税の納税義務者は、**課税売上に係る消費税**から、**課税仕入に係る消費税を控除**して、**納める消費税額を計算**しますが、このときの売上や仕入の概念は、所得税や法人税とは大きく異なります。

⑴　**課税売上**

　課税売上とは、消費税が課税される取引に係る売上をいいます。消費税が課税される取引とは、資産の譲渡、貸付け及び役務の提供をいいます。所得税では課税されない代物弁済や、負担付贈与による資産の譲渡、現物出資、交換なども含まれます（消法4）。

⑵　**課税仕入**

　課税仕入とは、消費税が課税される取引に係る仕入や諸経費をいいます（消法2）。

　所得税や法人税でいう仕入や諸経費と違い、**消費税には費用収益対応の原則という考え方がありません**。したがって、例えば、減価償却資産は、全額その購入した年度の課税仕入となり、その後の年度の減価償却費は、課税仕入にはなりません。また、土地の購入や支払利息、保険料などの**非課税取引は、課税仕入になりません**。一方、免税事業者や消費者から仕入れた商品は、消費税が課税されていなくても課税仕入に含めて控除してもよいこととされています。

第5　仕入税額控除

1　帳簿方式

　消費税額は、課税売上に係る消費税額から、課税仕入や諸経費等に係る税額を控除して計算します。この控除を取引の前段階における税額の控除ということから前段階税額控除（わが国では、これを**仕入税額控除**）といいます。このように前段階に支払った消費税額の控除を行わないと税が累積し、最終消費者がその累積した消費税額を負担することになります。この税の累積を排除するために、仕入の段階で転嫁された税額を売上に関わる税額から控除して税の累積を排除することとされています。

　わが国では、仕入税額控除の方法としては、**帳簿方式**が採用され、**帳簿及び請求書等の保存**が義務付けられています（消法58）。したがって、仕入税額控除は、帳簿及び請求書等の保存がなければ控除できません。

　帳簿方式が導入されたのは、消費税の導入に伴って事業者に余計な負担や費用をかけるのは好ましくないし、インボイス導入により所得の把握が進むのではという思惑に対する政策上の配慮があったためと考えられてい

課税売上より課税仕入が多いと還付になります。その場合には、申告書に「消費税の還付申告に関する明細書」の添付が必要です（消規22③）

課税売上が5億円以下の事業者の課税売上割合が95％以上の場合は、前ページの算式のまま計算しますが、課税売上割合が95％未満の場合は、**第14の1又は2**の算式（204〜205ページ）で計算することになります。

消費税は国税、地方消費税は地方税ですが、両方併せて税務署に申告納付します。

免税事業者からの仕入について仕入税額控除が認められるのは、益税が生じるなどの指摘があります。

調査時の帳簿不提示と消費税仕入税額控除の可否とが争われた事例（最判平16・12・20）

ます。

2　インボイス方式

　請求書に消費税の登録番号と消費税額とを記載したものを一般に**インボイス**といい、インボイスに記載された税額をもとに仕入税額控除を行う方法をインボイス方式といいます。

　EU諸国では、仕入税額控除の方法として、インボイス方式が採用されており、免税事業者と区別するため、課税事業者に固有の番号を付与して、その記載も義務付けていますが、一定の様式はありません。

　わが国では、令和元年10月から消費税率10％への引上げと軽減税率制度が導入されていますが、令和5年10月からは複数税率（標準税率と軽減税率）制度に対応した仕入税額控除の方式として、インボイス方式（適格請求書保存方式）が導入されます。

　なお、「適格請求書等」には、これまでの「区分記載請求書等」の記載事項に加え、次に掲げる事項を記載することになります。

①　適格請求書等	・適格請求書発行事業者登録制度の登録番号 ・税抜価額又は税込価額を税率ごとに区分した合計額及び適用税率 ・消費税額　　　　　　　等
②　帳　　簿	・軽減対象資産の譲渡等に該当するものである旨

　「適格請求書等」を発行できる事業者は、所轄税務署長に申請して登録を受けた課税事業者（この事業者を「適格請求書発行事業者」といいます）に限られています。

　また、仕入税額控除の適用を受けるためには、帳簿のほか、仕入先から交付を受けた「適格請求書等」を保存する必要があります。

　なお、簡易課税を選択している事業者は、適格請求書等の保存は、仕入税額控除の要件ではありません。

インボイス制度は発行者の課税売上・取引先の課税仕入となることから、その相互けん制効果を狙った制度ということができます。

診療報酬に係る仕入税額相当額の国家賠償請求が棄却された事例（神戸地判平24・11・27）

令和5年10月から6年間は、適格請求書発行事業者以外の者からの課税仕入であっても、仕入税額相当額の一定割合（令和8年9月30日までは80％、その後、令和11年9月30日までは50％）を仕入税額とみなして控除できる経過措置が設けられています。

● 「適格請求書」の記載例

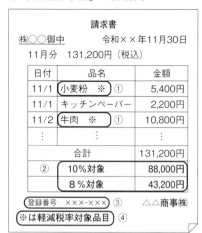

① 軽減税率対象品目には、「＊」「☆」などの記号や番号を記載
② 税率ごとに合計した課税資産の譲渡等の対価の額を記載
③ 適格請求書発行事業者登録制度の登録を受けた事業者登録番号を記載
④ 欄外に「＊」「☆」などの記号や番号が軽減税率対象品目であることを記載

3 納付税額の計算方法の特例

　経過措置として、令和5年10月から3年間は、課税売上が1千万円以下などの免税事業者が取引から排除されないよう、課税事業者になった場合、その納税額を売上税額（売上に係る消費税額）の2割に軽減、また6年間は、1万円未満の課税仕入についてインボイスの保存がなくても税額控除が認められます。

第6　消費税がかかる場合

　消費税は、すべての取引に対して課税するのが原則ですが、課税技術の問題や社会政策上の配慮などから、**取引を課税取引、非課税・免税取引、課税対象外取引**（不課税取引）**に区分**して課税のしかたを定めています。

事業者の取引	課税対象	国内取引	課税取引	事業者が事業として、対価を得て行う資産の譲渡、資産の貸付け及び役務の提供
			免税取引	輸出取引で一定の手続をすれば免除
			非課税取引	「消費」になじまないものや、政策上の観点から、課税しないもの
		輸入取引	課税取引	保税地域から引き取られる外国貨物
			非課税取引	保税地域から引き取られる外国貨物のうち、国内における非課税取引とのバランスを図る必要のあるもの
	課税対象外取引			国外取引・資産の譲渡等にあたらない取引等

　消費税の課税対象は、次の二つです（消法4）。
① 　**国内において、事業者が事業として、対価を得て**行う資産の譲渡、資産の貸付け及び役務の提供（以下、「**資産の譲渡等**」といいます）
② 　保税地域から引き取られる外国貨物（以下、「**輸入取引**」といいます）
　事業者とは、事業を行う個人及び法人をいい、公営交通など国・地方公共団体などが事業者として行う行為も事業者に含まれます（消法3、60）。
　また、事業として行うとは、反復、継続、独立して行うことをいいますので、役務の対価として給料を得る行為は、事業該当性の意味で課税の対象になりません。さらに、家庭で使用する生活用資産の売却など、事業として行うといえない行為も課税の対象になりません。対価を得てということから、単なる贈与や無償の取引、寄附金、補助金など一般に対価性のない取引は課税の対象には含まれません。

「事業者が事業として」は、取引の把握可能性から要請される要件とされています。

消費税法における事業の意義が争われた事例（名古屋高判平15・11・26）

弁護士会の相談センターから紹介を受けた弁護士が、同会に支払う負担金の課税取引の該当性が争われた事例（大阪高判平24・3・16）

第7 課税対象外取引

課税対象となるものの要件（①国内において、②事業者が事業として、③対価を得て行う、④資産の譲渡等）から見て、消費税にかかわりのない取引を、課税対象外取引（又は不課税取引）といい、次のようなものが該当します。

なお、法人が資産を役員に無償あるいは低額に譲渡した場合や、個人事業者の自家消費等（これらをみなし譲渡といいます）は、対価を得ていなくても課税対象外にならず、時価で譲渡されたものとして課税されます。

事業者が非業務用の資産を譲渡したときは、課税対象外になります。

課税対象外取引	課税対象外となる理由	備　考
① 給与・賃金	雇用契約に基づく労働の対価であり、「事業」として行う資産の譲渡等の対価に当たらない。	
② 保険金、損害賠償金など	資産の譲渡等の対価といえない。	損害賠償金のうち、資産の譲渡代金、使用料、賃貸料に相当するものは除く。
③ 補助金、奨励金、助成金など	一般的に対価として支払われるものではない。	
④ 寄附金、見舞金、祝い金など		実質的な資産の譲渡対価は除く。
⑤ 収用などの対価補償金以外の収益補償金など	補償金の収受により権利者の権利が消滅せず、又は当該権利を取得する者以外から支払われるもの。	対価補償金は課税対象
⑥ 利益の配当など	株主又は出資者たる地位に基づいて、出資に対する配当又は分配として受けるものであり、資産の譲渡等の対価に該当しない。	
⑦ 会費、組合費など	団体としての通常の業務運営のために経常的に要する費用を賄い、それによって団体の存立を図るものは、資産の譲渡等の対価に該当しない。	実質的に利用料金であるもの、出版物の購読料と認められるものは除く。
⑧ 借家保証金、権利金など	賃貸借契約の終了時に返還されるものは預り金であるから課税されない。	返還不要額は除く。
⑨ 賞金など	当該賞金等が役務の提供の反対給付であるか否かにより判定される。	プロ等に対するものは除く。
⑩ 入会金・会費・年会費など	運営費として、使途が明確にならないで徴収された会費等は、対価性がない。	ゴルフクラブ等の施設利用のための入会金等は除く。
⑪ 公共施設の負担金、共同行事に係る負担金など	役務の提供（便益）との間に明白な対価関係があるとは認められないもの。	

第8 非課税取引

消費税は、すべての取引のうち、課税対象外取引と免税取引以外は、課税対象となるのが原則ですが、土地の貸付・利子を対価とする金銭の貸付など「消費」になじまないものや、**社会政策上の観点**から課税しないものがあります。これらを非課税取引といい、次のようなものがあります（消法6）。

暗号資産（ビットコインなどの仮想通貨）の譲渡は非課税取引とされています。（消法6）なお、所得税は課税されます。

区　分	非課税取引	非課税となる理由
消費税の性格上課税対象とならないもの	① 土地の譲渡、貸付けなど	土地の価格は、物価の変動や需要と供給の関係等によって変動するものであり、土地は、その使用や転売によって価値が減少する消費財ではない。
	② 社債、株式等の譲渡など	資本の移転ないしは振替であり、物を消費する行為とは性格を異にする。
	③ 利子、保証料、保険料	金融取引は、物を消費する行為ではなく、国際的に付加価値税を課税しないという慣行がある。
	④ 郵便切手、印紙の譲渡など	現金と切手等の両替であり、郵便集配に係る役務の提供、課税資産と物品切手等との交換のときに課税取引となる。
	⑤ 商品券、プリペイドカードの譲渡など	商品券などを用いる取引では、商品券などを購入した時ではなく、後日、商品券などを使って商品の購入をしたり、サービスの提供を受けた時が課税の時期となる。
	⑥ 住民票、戸籍抄本等の行政手数料など	民間と競合せず、免許・登録等の手数料はその支払いが事実上強制されている。
	⑦ 国際郵便為替、外国為替など	消費税を課税しない、というのが国際ルールとして定着している。
政策上の観点から課税しないもの	① 社会保険医療など	医療は、国民の生命・健康の維持に直接関わるものである。
	② 一定の社会福祉事業など	老人・児童・身体障害者・生活困窮者等に対して行われる事業であり、税負担について国民の理解を得にくい。
	③ 一定の学校の授業料、入学検定料	学校教育制度は国の基幹制度であり、EU諸国の付加価値税においても課税していない。
	④ 老人福祉法等に基づく住宅サービスの提供	老人に対して行われる事業であり、税負担について国民の理解を得にくい。
	⑤ 医療に関する施設の開業者による助産	母子の生命・健康を守るうえで欠かせないものである。
	⑥ 埋葬料、火葬料など	国民の理解を得にくい。
	⑦ 一定の身体障害者物品の譲渡、貸付け、保税地域からの引取り	身体機能を補うために着装されるものや通常の生活を営む上で必要となるものである。
	⑧ 学校等への入学金、施設設備費など	学校教育制度は国の基幹制度であり、EU諸国の付加価値税においても課税していない。
	⑨ 一定の教科書の譲渡	
	⑩ 住宅の貸付け（特定のものを除きます）	生活に最低限必要、国民の理解を得にくい。

第9　免税取引（輸出免税）

　免税取引とは、輸出に係る資産の譲渡又は貸付けをいい、**課税取引に該当するので、仕入税額控除・課税売上割合の計算対象となりますが、税率をゼロで計算する**ため消費税はかかりません。また、国外への輸出は、国内でかかった消費税が、申告によって還付されます。免税取引には、次の①から⑥の取引があります（消法7）。

① 　輸出として行われる資産の譲渡又は貸付け

② 　外国貨物の譲渡又は貸付け

③ 　国際運送

④ 　国内・国外にわたる通信又は郵便

⑤ 　国際運送の用に供される船舶又は航空機の譲渡・貸付け又は修理

⑥ 　非居住者に対する鉱業権、工業所有権（ノウハウを含みます。）、著作権、営業権等の無体財産権の譲渡又は貸付け

　輸出相手国に課税権があるとする（輸出に係る資産の譲渡又は貸付けを免税取引とする）考え方を**仕向地主義**といい、消費にかかる税は消費地で課税すべきとして、わが国をはじめ多くの国の消費税（付加価値税）はこの考え方をとっています。これは、輸出取引に係る課税権を放棄する（消費税を免除する）ことで、その負担コストの違いをなくし、物品の**競争中立性を確保**するためです。

平成27年10月以降、国外事業者が国境を越えて行う電子書籍・音楽・広告等の電子商取引が課税対象となっています。

輸出国に課税権があるとする（輸入に係る資産の譲渡又は貸付けを免税取引とする）考え方を**源泉地主義**といいます。

第10　非課税取引と免税取引との違い

　非課税取引と免税取引は、どちらも課税されないという点では同じですが、**免税取引では仕入税額控除ができる**のに対して、**非課税取引では仕入れ税額控除ができない**ことで事業者の消費税の負担は大きく違ってきます。

⑴　**非課税取引では、仕入税額控除ができません。**

　例えば、事業者が土地を売ったとします。この売上については、土地の譲渡は非課税ですから、消費税はかかりません。しかし、土地以外の売上には課税されますから、消費税の申告をすることになります。このとき、納める消費税額の計算は、通常、売上に係る消費税から仕入やその他の経費に係る消費税を差し引いて、納める税額を計算します。ところが、売上が土地の譲渡のような非課税取引だと、この取引に係る経費の支払をしたときに負担した消費税を、どこからも控除することができません。つまり、払いっぱなしになります。

非課税取引の例：
売上（非課税）
　　　　1,000万円
仕入（非課税）
　　　　700万円
経費（課税）
　110万円（内消費税10万円）

⇒売上にも仕入にも消費税はかかりません。したがって、事業者は消費税を納税しません。経費の支払時に負担した消費税額10万円は、還付されません。

(2)　**免税取引では、仕入税額控除ができます。**

　免税取引は、ゼロ税率で課税される課税取引です。課税取引では、取引にかかった経費の支払時に負担した消費税額は、納める消費税の計算をするときに、すべて差し引くことができます。したがって、売上に係る消費税は免税で、仕入や経費の支払い時に負担した消費税額は控除できるので、差し引きした消費税額が還付されます。

第11　課税売上高が1,000万円以下は免税事業者

　免税事業者とは、①基準期間の課税売上高が1,000万円以下である事業者又は②特定期間（個人は、前年の１月～６月まで、法人は前事業年度開始日以後６か月間）の課税売上高等が1,000万円以下の事業者です。この事業者については、消費税の納税義務が免除されています。この事業者のことを**免税事業者**といいます（消法９の２①）。

　その事業者が課税事業者になるかどうかの判定基準は、①に該当する場合は、基準期間の課税売上高が1,000万円以下であるかどうかです。なお、基準期間とは、２年前の課税期間のことをいいます。そこで、①に該当する場合は、今年分の課税売上高が１億円以上あっても、免税事業者になります。反対に、２年前の課税売上高が1,000万円を超えていれば、今年分の課税売上高が500万円でも、課税事業者となります。

※課税期間と基準期間の違いは、204ページ参照。

第12　新規開業は免税事業者に当たるか？

　個人と法人で取扱いが異なります。その年において、新規に開業した個人には、基準期間の課税売上高がないので、開業後２年間は免税事業者になります。また、新設法人の場合は、基準期間がないので、設立後２年間は免税事業者になります（消法９）。

　しかし、資本金又は出資金の額が1,000万円以上の新設法人については、免税事業者の制度が、本来、中小事業者の事務処理や事務負担に対する配慮であることから、設立事業年度から納税義務が生じます（消法12の２）。

免税取引の例：
売上（課税）
　　　　　1,000万円
仕入（課税）
　770万円（内消費税70万円）
経費（課税）
　110万円（内消費税10万円）

⇒売上には消費税はかかりません。仕入税額控除の額は、70万円＋10万円＝80万円…80万円は、還付されます。

課税売上高が１千万円以下かどうかの判定をするときに、非課税取引に係る売上は加算しませんが、輸出免税に係る売上は加算して計算します。

免税事業者の基準期間における課税売上高の計算が争点となった事例（最判平17・2・1）

基準期間の課税売上高が１千万円以下であれば、免税事業者になります（消法12の２）。

５億円超の課税売上高を有する事業者が直接又は間接に支配する法人を設立した場合については、資本金が1,000万円未満であっても設立当初２年間、課税事業者とされています。

その課税期間の前年の１月１日（法人の場合は、原則、前事業年度開始の

第13　免税事業者でも課税事業者の選択が有利な場合

　免税事業者でも、課税事業者になった方が有利な場合があります。申告をすれば、消費税が還付される場合には、事業者の選択により、課税事業者になることができます（消法9）。

　例えば、次のような場合は、申告すると消費税が還付される場合があります。ただし、3年間は免税事業者になることができないなど、一定の規制があります。

① 　建物の建築や設備投資などをしたため多額の課税仕入が発生した場合
② 　輸出免税売上がある場合

　基準期間の課税売上高が1,000万円以下の免税事業者でも、その年度の前年度末（個人の場合は12月末）までに**消費税課税事業者選択届出書**を提出すれば、課税事業者になることができます。

第14　原則課税方式

　仕入税額控除の原則的な計算方法は、すべての課税仕入に係る消費税額を計算して、売上に対する消費税額から控除する方法です。これを、いわゆる実額計算による原則課税方式といいます（消法30）。

　原則課税方式では、例えば、調剤薬局などのように売上のなかに課税売上となる薬、非課税売上となる薬がある場合、**非課税売上に対応する薬の仕入部分の消費税額は、仕入税額控除ができません。**したがって、課税仕入は、課税売上に対応するものと非課税売上に対応するものに分けなければなりません。この場合の分ける方法には、次の二つの方法あります。

1　個別対応方式

　個別対応方式とは、課税仕入を、それぞれ課税売上に対応するものと、非課税売上に対応するものに、個別に分ける方法です。なかには、両方の売上に共通する課税仕入もありますから、合計三つに課税仕入を区分することになります。

　共通経費があるときは、共通経費のうち課税売上割合に見合う分と、課税売上に対応する課税仕入だけを合計して、仕入税額控除ができる税額とします。

　この場合の課税売上割合は、次の算式で計算します。

$$課税売上割合 = \frac{課税売上高}{課税売上高＋非課税売上高}$$

日）から6か月間（この判定期間を「**特定期間**」といいます）の課税売上高が1,000万円を超えた場合、その課税期間は課税事業者になります（消法9の2）。
ただし、特定期間の課税売上高が、1,000万円を超えていても、給与等の支払合計額が1,000万円以下であるときは、事業者の選択により免税事業者のままでいることもできます(消法9の2③)。

原則課税方式の計算のしかたは、195ページ参照。

売上に占める非課税売上の金額が少ないとき（**課税売上割合が95％以上のとき、いわゆる「95％ルール」）は、課税仕入に係る消費税額の全額を控除できます**（消法32）。その理由は、どのような事業にも受取利息などの非課税売上があるため、このようなわずかなものまで区分するのは複雑すぎるからです。

課税売上割合が95％未満となる場合には、**1**又は**2**の算式で仕入控除税額を求めます。

なお、個別対応方式によって仕入控除税額を求める場合には、次の算式で計算します。

$$\boxed{\begin{array}{c}\text{仕入控除}\\\text{税　額}\end{array}} = \boxed{\begin{array}{c}\text{課税売上のみに}\\\text{対応する消費税額}\end{array}} + \boxed{\begin{array}{c}\text{課税売上と非課税売上}\\\text{に共通する消費税額}\end{array}} \times \boxed{\begin{array}{c}\text{課税売上}\\\text{割　合}\end{array}}$$

② 一括比例配分方式

上記1の個別対応方式は、かなり面倒な作業を強いられます。そこで、事業者の選択によって、次の算式で仕入控除税額を計算してもよいこととされています。この方式を、一括比例配分方式といいます。

$$\boxed{\text{仕入控除税額}} = \boxed{\text{課税仕入に係る全部の消費税額}} \times \boxed{\text{課税売上割合}}$$

個別対応方式に比べると、簡単です。いつでも、この方式を選ぶことができますが、いったん選んだ場合は、2年間は変更できません。

第15　簡易課税方式

基準期間の課税売上高が5,000万円以下の事業者は、一般的な方法に代えて、**簡易課税方式**によって納税額を計算することができます（消法37）。

消費税の納付税額の計算には、課税仕入に係る消費税額を算出する必要がありますが、この計算はかなりの事務負担を要します。そこで、売上に対する仕入の率を一定割合に定めて、控除対象仕入税額の計算を簡易にしたのが、簡易課税制度です。

簡易課税制度は、事業者の行う事業の種類によって**みなし仕入率**が異なります。そのため、どの事業に該当するかの区分が大変重要になります。事業の区分は、第1種から第6種までに分類されています。なお、簡易課税制度は、実際の仕入税額とは異なるため、預かった税額の一部が事業者の手元に留まる、いわゆる**益税問題**（反対に損税の場合も、あり得ます）を制度の中に抱えていると言われています。

簡易課税を選択するには、簡易課税を適用したい年（度）の前年（度）末までに、**消費税簡易課税制度選択届出書**を所轄税務署長に提出しなければなりません。したがって、前もって翌年（度）の事業内容を十分検討して判断する必要があります。

なお、簡易課税の選択は、基準期間の課税売上高が5,000万円以下であることが要件です。この場合の基準期間とは2年前をいい、現在の課税売上高が、たとえ1億円であっても関係ありません。

95％ルールは、事業者の事務負担に配慮する観点から講じられる措置であるため、その課税期間の課税売上高が5億円以下の事業者に限定されています。

賃貸マンションの取得に係る課税仕入の用途区分が争われた事例（いずれも、最判令5・3・6）

歯科技工所が、消費税簡易課税制度の第3種（製造業）か、第5種（サービス業）のいずれに当たるかを争った事例（名古屋高判平18・2・9）

2種類以上の事業を営む場合：1種類の事業の課税売上が、全体の課税売上の75％以上であれば、全部の課税売上について、その75％以上の事業のみなし仕入率を使うことができます。

簡易課税は、いったん選ぶと2年間は変更できません。

【例】課税売上高が4,000万円の製造業者の場合

40,000,000円×3％（課税売上に対する割合＝下表参照）

＝1,200,000円…消費税額＋地方消費税額

　簡易課税を選択すれば、課税仕入高がわからなくても、課税売上高がわかれば、簡単に消費税額を計算することができます。

■簡易課税制度の「事業区分」と「みなし仕入率」等一覧

事業区分 （業　種）	みなし 仕入率	消費税額の課税売上に 対する割合
第1種事業(卸売業)	90%	(100−90)×0.1＝1％
第2種事業(小売業)	80%	(100−80)×0.1＝2％
第3種事業(製造業)	70%	(100−70)×0.1＝3％
第4種事業(金融保険業・その他の事業)	60%	(100−60)×0.1＝4％
第5種事業(サービス業)	50%	(100−50)×0.1＝5％
第6種事業(不動産業)	40%	(100−40)×0.1＝6％

簡易課税の事業者は、インボイスの保存がなくとも仕入税額控除が可能です。

第16 軽減税率制度

1 消費税の軽減税率の導入

　消費税及び地方消費税の税率は、令和元年９月30日までは８％（消費税6.3％、地方消費税1.7％）でしたが、同年10月１日（適用開始日）の消費税率10％（消費税7.8％、地方消費税2.2％）への引上げと同時に、消費税の逆進性に配慮する観点から消費税の軽減税率制度が導入され、一定の飲食料品や新聞については、これまでどおりの８％に据え置かれています。

適用開始日 税率区分	令和元年10月１日以後	
	標準税率	軽減税率
消費税	7.8%	6.24%
地方消費税	2.2% （消費税の22/78）	1.76% （消費税の22/78）
合　　計	10.0%	8.0%

2 軽減税率の対象となる品目

　軽減税率の対象品目は、①酒類・外食を除く飲食料品及び②週２回以上発行される新聞の定期購読料です。

駅スタンドなどでの一部売りは、標準税率になります。

◆軽減税率の対象となる飲食料品の範囲

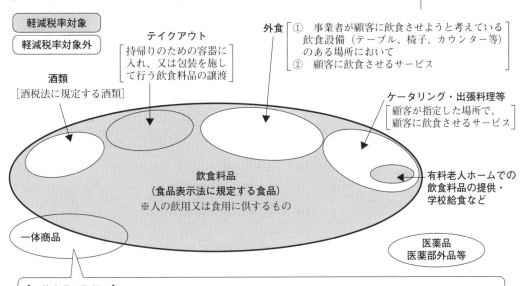

【一体商品の取扱い】
〇軽減税率の対象である食品が、例えば、おまけ付き菓子など他の商品と一体として販売される場合は、一体商品の販売価格（税抜き）が１万円以下のもので、その価額のうち食品に係る価額が2/3以上を占めている場合に限り、その全体が軽減税率の対象（一体商品全体の価格のみが提示されている場合に限る）

（出典：財務省及び中小企業庁資料より・一部修正）

第17　消費税の申告と納付

　消費税の課税事業者となる法人は、原則として、課税期間終了の日の翌日から2か月以内に、個人事業者は翌年の3月31日までに消費税の申告と納税を行う必要があります。

　消費税の申告と納付手続は、国内取引と輸入取引とで異なります。

1　国内取引の場合

⑴　確定申告

　消費税の課税事業者となるのは、法人にあってはその事業年度の課税期間の基準期間における課税売上高が、また、個人事業者にあってはその年の課税期間の基準期間における課税売上高が、それぞれ1,000万円を超える事業者です。

　課税事業者に該当する場合には、課税期間の末日の翌日から2か月以内（個人事業者は、翌年3月31日まで）に、所定の事項を記載した『消費税及び地方消費税の確定申告書』を所轄税務署長宛に提出するとともに、その申告に係る消費税額と地方消費税額を併せて納付します。

　なお、確定申告書には、課税期間中の資産の譲渡等の対価の額及び課税仕入れ等の税額等に関する明細書（付表）の添付が必要です。

（注）「法人税の確定申告書の提出期限の延長の特例」の適用を受ける法人が「消費税の確定申告書の提出期限を延長する旨の届出書」を提出した場合には、消費税申告書の提出期限が、法人税同様、1か月延長されることとされ、その法人の決算日から3か月後が消費税確定申告書の提出期限とされる特例が設けられ、令和3年3月31日以後終了する事業年度末日の属する課税期間から適用されることになりました。

　　　ただし、申告期限は延長されますが、納付期限は延長されないので、申告期限の延長された期間については利子税が課税されます。

⑵　中間申告

　消費税の中間申告は、直前の課税期間の確定消費税額に応じて、次のようになっています。

■「中間申告」の期限と消費税額

直前の課税期間の確定消費税額	48万円以下	48万円超〜400万円以下	400万円超〜4,800万円以下	4,800万円超〜
中間申告の回数	中間申告不要	年1回	年3回	年11回
中間納付・納付期限		各中間申告の対象となる課税期間の末日の翌日から2か月以内（注）		
中間納付税額		直前の課税期間の確定消費税額の1/2	直前の課税期間の確定消費税額の1/4	直前の課税期間の確定消費税額の1/2
1年の合計申告回数	年1回（確定申告1回）	年2回（確定申告1回）	年4回（確定申告1回）	年12回（確定申告1回）

（注）「4,800万円超」の場合の課税期間開始後の1か月分のみ、「課税期間開始日から2月を経過した日から2か月以内」とされています。
　　　（「令和4年6月「消費税のあらまし」国税庁資料より）

課税期間は、消費税の納付税額の計算期間のことで、原則、個人事業者は1月1日〜12月31日（暦年）、法人は事業年度です。基準期間は、納税義務の判定期間のことで、個人事業者は前々年、法人は前々事業年度です。その課税期間の基準期間の課税売上高が1,000万円を超えると消費税の納税義務者（課税事業者）になります。

個人事業者は暦年、法人は事業年度が「課税期間」ですが、届出により、課税期間を3月又は1月毎に区分した期間に短縮することができます。

「確定消費税額」とは、中間申告対象期間の末日までに確定した消費税の年税額のことです。ただし、地方消費税は含まれません。

2　輸入取引の場合

(1)　保税地域から引き取る外国貨物

保税地域から外国貨物を引き取ろうとする者（事業者だけでなく、消費者も含まれます。）は、保税地域から引き取る外国貨物（申告納税方式が適用される課税貨物）について、その保税地域を所轄する税関長に『輸入申告書』を提出するとともに、引き取ろうとする課税貨物に課税される消費税額及び地方消費税額（貨物割）を併せて納付します。

なお、税関長の承認を受ければ納期限を延長することができます。

(2)　クロスボーダーでの役務提供

電子書籍・音楽・広告の配信などの電気通信回線（インターネット等）を介して行われる役務の提供について、消費税法は**電気通信利用役務の提供**と位置付け、その役務の提供が消費税の課税対象となる国内取引に該当するか否か（内外判定基準）は、役務の提供を行う者の事務所等の所在地ではなく、**役務の提供を受ける者の住所等**とされています（消費税法2①八の三、4③三）。

消費税法は、国外事業者が行う電気通信利用役務の提供を、「**消費者向け**」（厳密には、事業者向け以外のもの）と「**事業者向け**」とに区分し、次の者を納税義務者としています。

①消費者向け

消費者向けにおいては、課税資産の譲渡等を行った国外事業者が、当該課税資産の譲渡等に係る申告・納税を行います。

令和7年4月以降に、国外事業者がデジタルプラットフォームを介して国内向けに行うデジタルサービスについて、プラットフォーム事業者に消費税の納税義務が課されることになっています。

```
        消費者向けの電気通信利用役務の提供
            （国外事業者申告納税方式）

  国外事業者が行う「電気通信利用役務の提供」のうち、「事業者向け電
気通信利用役務の提供」以外のものについて、国外事業者に申告納税義務
を課す方式
（対象取引例：電子書籍・音楽の配信）
```

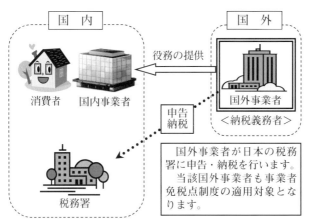

（出典）国税庁パンフレット「国境を越えた役務の提供に係る消費税の課税関係について」による（一部、加筆・修正）。

②事業者向け

　事業者向けについては、国外事業者から当該役務の提供（これを「特定課税仕入」といいます（法4①））を受けた事業者が申告・納税を行います。これを役務提供者から役務の提供を受けた者への納税義務の転換という意味で、**リバースチャージ制度**といいます（法2①八の四、5①、28②、45①一）

> **事業者向け電気通信利用役務の提供に係る課税方式**
> **（リバースチャージ方式）**
>
> 　国外事業者が行う「事業者向け電気通信利用役務の提供」について、当該役務の提供を受けた国内事業者に申告納税義務を課す方式（対象取引例：広告の配信）
> ※ 「事業者向け電気通信利用役務の提供」とは、役務の性質又は当該役務の提供に係る取引条件などから、当該役務の提供を受ける者が通常事業者に限られるもの

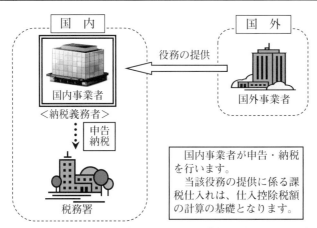

消費者向けにおいて国外事業者が申告・納税するのは、そのことを消費者に求めることの困難だが、事業者向けにおいてリバースチャージ制度を導入するのは、国外事業者より申告納税が期待でき、調査も容易であるからと考えられます。

（出典）国税庁パンフレット「国境を越えた役務の提供に係る消費税の課税関係について」による（一部、加筆・修正）。

【参考資料】

　この編では、わが国には、どのような税金があり、主要諸外国には、どのような税金があるかを学びます。

　具体的には、わが国と主要諸外国との租税制度の違いや、国税収入の構成比、国民の租税負担率を比較することによって、わが国にとってどのような税制がより適しているか、租税負担はどうあるべきかなどを学習します。

1．わが国の税金の種類と課税対象など

(1)　税金の種類・課税対象・納税手続など

税金の種類		課税対象	国税・地方税の別	納税手続	法定納期限等
①所得にかかる税金	所　得　税	個人の所得	国　税	申告納税……	申告　翌年2月16日から3月15日まで（確定申告） 納期　7月、11月（予定納税）　翌年2月16日から3月15日まで（確定申告）
				源泉徴収……	給与支払者等が支払の際天引徴収 納期　翌月10日まで（特例7月10日、1月10日）
	復興特別所得税	H25〜R19年分の所得税に加算	〃	所得税に同じ	所得税に同じ
	法　人　税	法人の所得	〃	申告納税……	事業年度終了後2か月以内（提出期限の延長3か月以内）
	地方法人税	〃	〃	法人税に同じ	法人税に同じ
	道府県民税 市町村民税	個人及び法人の所得等	道府県税 市町村税	申告納税・普通徴収・特別徴収	個人　普通徴収　6月、8月、10月、1月　特別徴収　6月〜5月翌月10日 法人…申告納税　法人税に準ずる
	道府県民税	利子割 配当割 株式等譲渡所得割	道府県税 〃 〃	特別徴収 〃 〃	納期　翌月10日 〃 〃
	森林環境税※ （令和6年度創設）	個人	国税	個人住民税に併せて徴収※	市町村民税の徴収に同じ
②事業にかかる税金	事　業　税	事業の所得等	道府県税	申告納税・普通徴収	個人　普通徴収　8月及び11月 法人　申告納税　法人税に準ずる
	地方法人特別税	〃	国税	申告納税……	法人事業税に準ずる
	特別法人事業税	〃	〃	〃　……	〃
	鉱　産　税	掘採した鉱物	市町村税	〃　……	毎月10日〜末日で条例で定める日
③資産の取得、証書作成などにかかる税金	相　続　税	相続により取得した財産	国　税	申告納税……	相続の開始があったことを知った日の翌日から10か月以内
	贈　与　税	贈与により取得した財産	〃	〃　……	翌年2月1日から3月15日まで
	不動産取得税	不動産の取得	道府県税	普通徴収……	条例で定める日
	登録免許税	登記・登録	国　税	印紙納付・現金納付	登記・登録のとき
	自動車重量税	自動車の重量	〃	車検時に印紙納付	自動車検査証の交付等又は車両番号の指定を受けるとき
	印　紙　税	証書、帳簿類	〃	印紙納付・現金納付	作成のつど

※森林環境税（均等割1,000円）は、個人住民税と併せて徴収し、翌月10日までに都道府県に払い込み、その翌月末までに国に払い込みされ森林環境譲与税の財源となる（森林環境税法5〜8）。

	税金の種類	課税対象	国税・地方税の別	納税手続	法定納期限等
④資産の所有にかかる税金	固定資産税	土地、家屋、償却資産	（原則）市町村税	普通徴収……	4月、7月、12月、2月
	都市計画税	土地、家屋	市町村税	〃 ……	〃
	水利地益税	〃	道府県税市町村税	〃 ……	条例で定める日
	特別土地保有税	一定面積以上の土地の取得・保有	市町村税	申告納税（当分の間課税停止中）	保有分 5月31日まで　取得分 2月末日又は8月31日まで
	自動車税（環境性能割・種別割）	自動車	道府県税	普通徴収……	5月
	軽自動車税（環境性能割・種別割）	軽自動車	市町村税	〃 ……	4月
	鉱区税	鉱区	道府県税	〃 ……	5月
⑤消費にかかる税金	消費税	物品やサービスの消費	国税	事業者が申告納税	個人 翌年3月31日まで（中間申告・納付年税額に応じて年1回、3回、11回）　法人 課税期間終了後2か月以内（中間申告・納付年税額に応じて年1回、3回、11回）
	地方消費税	〃	道府県税	〃	〃
	酒税	酒	国税	製造者などが納付	申告 酒類出月の翌月末日まで　納付 酒類出月の翌々月末日まで
	揮発油税地方揮発油税	揮発油	〃	〃	翌月末日まで
	航空機燃料税	航空機燃料	〃	運輸業者等が納付	翌月末日まで
	石油ガス税	自動車用石油ガス	〃	容器への充てん者が納付	申告 翌月末日まで　納付 翌々月末日まで
	石油石炭税	原油、石油製品、石炭、天然ガス等	〃	採取者、保税地域からの引取業者が納付	翌月末日まで（引取業者が引き取る時まで）
	たばこ税たばこ特別税	たばこ	〃	製造業者などが納付	翌月末日まで
	道府県たばこ税	〃	道府県税	〃	〃
	市町村たばこ税	〃	市町村税	〃	〃
	ゴルフ場利用税	ゴルフ場の利用	道府県税	施設の経営者が特別徴収	条例で定める日
	軽油引取税	軽油	道府県税	特別徴収（一部は申告納付）	翌月末日まで
	国際観光旅客税	国際船舶等による本邦からの出国	国税	国際運送事業を営む者による特別徴収	翌々月末日まで
	関税	輸入される貨物	国税	輸入者が納付	翌月末日まで

税金の種類		課税対象	国税・地方税の別	納税手続	法定納期限等
⑥その他（上記①〜⑤以外のもの）	と　ん　税	外国貿易船舶の入港とん数	国　税	入港の時	入港の時
	特別とん税		〃		
	電源開発促進税	一般電気事業者の販売電気	〃	申告納税	翌月末日まで
	狩　猟　税	狩猟者の登録	道府県税	証紙徴収	条例で定める日
	事　業　所　税	事務所・事業所の床面積、給与	市町村税	申告納税	個人　翌年３月15日まで 法人　事業年度終了から２か月以内
	入　湯　税	鉱泉浴場における入湯	〃	特別徴収	条例で定める日
	共　同　施　設　税	共同施設の利用	〃	特別徴収・普通徴収	〃
	宅　地　開　発　税	宅地	〃	〃	〃

(注) 国民健康保険税、法定外普通税、法定外目的税については、掲載していません。

（出典：財務省・総務省資料）

(2) 国税・地方税の課税客体に着目した分類

	国税	地方税		国税	地方税
所得課税	所得税 法人税 復興特別所得税 地方法人税 特別法人事業税 森林環境税 （令和6〜）	市町村民税 事業税 道府県民税 　利子割 　配当割 　株式等譲渡所得割	消費課税	消費税 酒税 たばこ税 たばこ特別税 揮発油税 地方揮発油税 石油ガス税 自動車重量税 航空機燃料税 石油石炭税 電源開発促進税 国際観光旅客税 関税 とん税 特別とん税	地方消費税 地方たばこ税 ゴルフ場利用税 軽油引取税 自動車税 （環境性能割・種別割） 軽自動車税 （環境性能割・種別割） 鉱区税 狩猟税 鉱産税 入湯税
資産課税等	相続税・贈与税 登録免許税 印紙税	不動産所得税 固定資産税 事業所税 都市計画税 水利地益税 共同施設税 宅地開発税 特別土地保有税 法定外普通税 法定外目的税 国民健康保険税			

⑶ 法定外税の実施状況

　都道府県及び市町村は、条例により法定外の地方税を定めることができます。令和6年4月1日現在の法定外税の実施状況は、次のとおりです。

❶ 法定外普通税

イ．都道府県法定外普通税

税　　　目	実　施　団　体
石油価格調整税	沖縄県
核燃料税	北海道、宮城県、新潟県、石川県、福井県、静岡県、島根県、愛媛県、佐賀県、鹿児島県
核燃料等取扱税	茨城県
核燃料物質等取扱税	青森県
再生可能エネルギー地域共生促進税	宮城県

ロ．市町村法定外普通税

税　　　目	実　施　団　体
別荘等所有税	静岡県熱海市
歴史と文化の環境税	福岡県太宰府市
使用済核燃料税	鹿児島県薩摩川内市、愛媛県伊方町、新潟県柏崎市、青森県むつ市（使用済燃料税）
狭小住戸集合住宅税	東京都豊島区
空港連絡橋利用税	大阪府泉佐野市
宮島訪問税	広島県廿日市（R5.10.1施行）
砂利採集税	神奈川県足柄上郡山北町
宿泊税	長崎市

❷ 法定外目的税

イ．都道府県法定外目的税

税　　　目	実　施　団　体
産業廃棄物税	青森県、岩手県、宮城県、秋田県、山形県、福島県、新潟県、三重県、愛知県、滋賀県、京都府、奈良県、山口県、福岡県、佐賀県、長崎県、熊本県、大分県、宮崎県、鹿児島県、沖縄県
産業廃棄物処理税	岡山県
産業廃棄物埋立税	広島県
産業廃棄物処分場税	鳥取県
産業廃棄物減量税	島根県
循環資源利用促進税	北海道
資源循環促進税	愛媛県
乗鞍環境保全税	岐阜県
宿泊税	東京都、大阪府、福岡県

ロ．市町村法定外目的税

税　　　目	実　施　団　体
遊漁税	山梨県富士河口湖町
環境未来税	北九州市
使用済核燃料税	佐賀県玄海町
環境協力税	沖縄県伊是名村・伊平屋村・渡嘉敷村
美ら島税	沖縄県座間味村
開発事業等緑化負担税	大阪府箕面市
宿泊税	京都市、福岡市、北九州市、金沢市、北海道倶知安町、長崎市、北海道ニセコ町（R6.11.1施行）

(4) 租税負担率及び税源配分

① 国民負担率及び租税負担率の推移（対国民所得比）

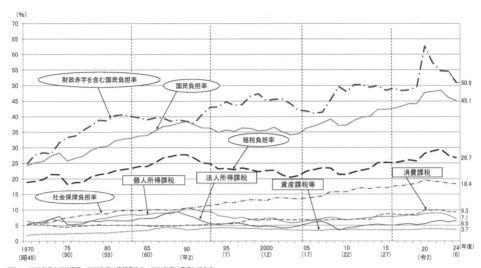

(注) 1．2022年度までは実績、2023年度は実績見込み、2024年度は見通しである。
　　　2．租税負担率は国税及び地方税の合計の数値である。また、所得課税には資産性所得に対する課税を含む。
　　　3．2009年度以降の社会保障負担の計数は、2008年度以前の実績値との整合性を図るための調整等を行っている。
　　　4．財政赤字を含む国民負担率のうち財政赤字の計数は、国及び地方の財政収支の赤字であり、一時的な特殊要因を除いた数値。具体的には、1998年度は国鉄長期債務の一般会計承継、2008年度は日本高速道路保有・債務返済機構債務の一般会計承継、2011年度は日本高速道路保有・債務返済機構の一般会計への国庫納付を除いている。
　　　5．国民所得については、内閣府「令和元年度国民経済計算年次推計（フロー編）」（令和3年12月24日公表）の計数を使用している。
　　　6．1994年度以降は08SNA、1980年度以降は93SNA、1979年度以前は68SNAに基づく計数である。ただし、租税負担に関する計数は租税収入ベースであり、SNAベースとは異なる。

(出典：財務省HP)

② 一般会計税収の推移

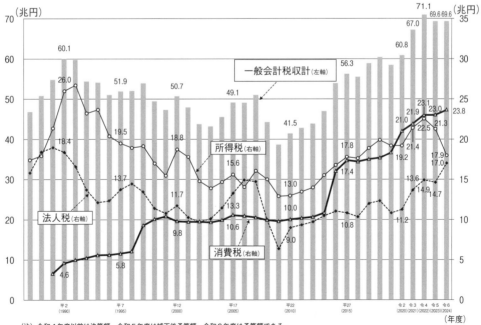

　　　(注) 令和4年度以前は決算額、令和5年度は補正後予算額、令和6年度は予算額である。

(出典：財務省HP)

③　令和6年度一般会計歳入（予算）　　　　　　　　　　　　　　（単位：億円）

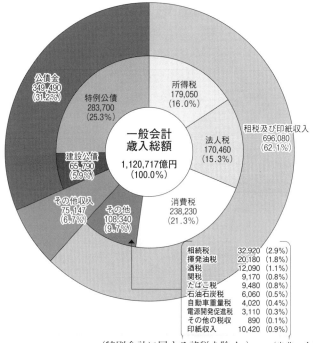

相続税	32,920 (2.9%)
揮発油税	20,180 (1.8%)
酒税	12,090 (1.1%)
関税	9,170 (0.8%)
たばこ税	9,480 (0.8%)
石油石炭税	6,060 (0.5%)
自動車重量税	4,020 (0.4%)
電源開発促進税	3,110 (0.3%)
その他の税収	890 (0.1%)
印紙収入	10,420 (0.9%)

（特別会計に属する諸税を除く。）　　　（出典：令和6年3月財務省資料）

④　令和6年度国税・地方税の税収内訳

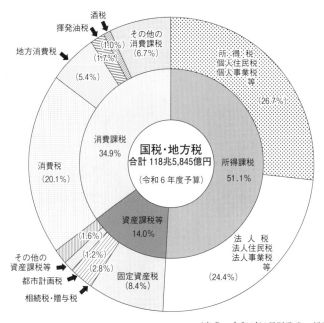

（出典：令和6年3月財務省・総務省資料に基づき作成）

⑤　所得・消費・資産等の税収構成比の推移（国税）

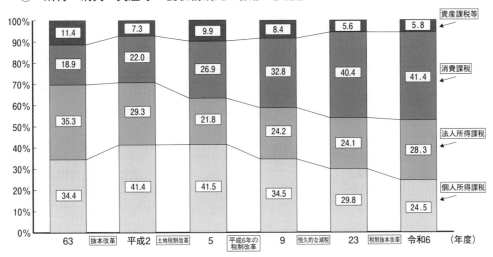

(注) 1．平成23年度までは決算額、令和6年度は予算額による。
　　 2．所得税には資産性所得に対する課税を含む。

⑥　所得・消費・資産等の税収構成比の推移（国税＋地方税）

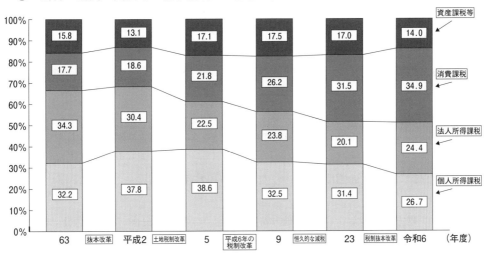

(注) 1．平成23年度までは決算額、令和6年度については、国税は予算額、地方税は見込額による。
　　 2．所得税には資産性所得に対する課税を含む。

（出典：財務省HP令和6年度作成）

⑦ 国・地方間の財源配分（令和４年度）

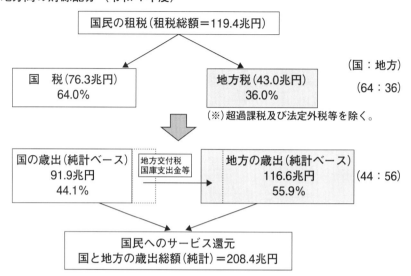

(注) 国税は地方法人特別税を含み、地方税は地方法人特別譲与税を含まない。　　　　　(出典：総務省資料)

（付１）地方歳入決算の内訳（令和４年度）

地方税	地方譲与税 地方特例交付金 地方交付税	国庫支出金	地方債	その他
440,522億円 (36.1%)	216,158億円 (17.7%)	266,657億円 (21.9%)	87,812億円 (7.2%)	208,303億円 (17.1%)

◄―――――――――――――― 地方歳入121兆9,452億円 ――――――――――――――►

(注) 国庫支出金には、国有提供施設等所在市町村助成交付金を含み、交通安全対策特別交付金は除く。

（付２）地方財政計画（通常収支分）の内訳（令和６年度当初）

地方税	地方譲与税 地方特例交付金 地方交付税	国庫支出金	地方債	その他
42.7兆円 (45.6%) ※1	22.5兆円 (24.0%) ※2	15.8兆円 (16.9%)	6.3兆円 (6.7%) (うち臨在債 0.5兆円※3)	6.3兆円 (6.7%)

◄―――――――――――――― 地方歳入93.6兆円 ――――――――――――――►

※１～３：一般財源総額65.6兆円（臨在債0.5兆円を含む。）

(出典：総務省資料)

⑸ 法人の階級別所得金額及び欠損法人割合等

① 組織別・資本金階級別法人数

区分	1,000万円以下	1,000万円超1億円以下	1億円超10億円以下	10億円超	合計	構成比
(組織別)	社	社	社	社	社	%
株式会社	2,319,545	352,560	13,487	5,786	2,691,378	92.4
合名会社	2,936	131	1	-	3,068	0.1
合資会社	11,863	425	2	-	12,290	0.4
合同会社	183,446	1,101	149	23	184,719	6.3
その他	19,260	1,470	281	1,787	22,798	0.8
合計	2,537,050	355,687	13,920	7,596	2,914,253	100.0
(構成比)	(87.I)	(12.2)	(0.5)	(0.3)	(100.0)	

(出典：国税庁「令和4年度分 会社標本調査報告」)

② 利益計上法人数・欠損法人数の推移

区分	法 人 数			欠損法人割合(A)／(B)
	利益計上法人	欠損法人(A)	合 計(B)	
	社	社	社	%
平成15年分	813,184	1,737,382	2,550,566	68.1
17	849,530	1,730,980	2,580,511	67.1
18	867,347	1,719,021	2,586,368	66.5
22	702,553	1,877,801	2,580,354	72.8
23	711,478	1,859,012	2,570,490	72.3
28	970,698	1,689,427	2,660,125	63.5
29	1,006,857	1,687,099	2,693,956	62.6
30	1,032,670	1,692,673	2,725,293	62.1
令和元年度分	1,054,080	1,691,357	2,745,437	61.6
2	1,050,782	1,739,778	2,790,560	62.3
3	1,090,917	1,757,601	2,848,518	61.7
4	1,132,431	1,777,413	2,909,847	61.1
内 連結法人				
平成15年分	38	168	206	81.6
17	156	266	422	63.0
18	234	306	540	56.7
22	289	601	890	67.5
23	388	698	1,086	64.3
28	1,042	603	1,645	36.7
29	1,150	576	1,726	33.4
30	1,144	607	1,751	34.7
令和元年度分	1,076	645	1,721	37.5
2	1,047	776	1,823	42.6
3	1,153	683	1,836	37.2
4	563	439	1,002	43.8

③　繰越欠損金の累年比較

区分	繰越欠損金	
	当期控除額	翌期繰越額
	億円	億円
平成15年分	104,109	788,837
17	130,072	707,594
18	98,211	713,159
22	107,190	792,839
23	97,069	760,436
29	83,627	689,888
30	84,461	633,634
令和元年度分	63,918	609,538
2	70,245	712,651
3	100,917	735,399
4	93,400	755,231

(出典：国税庁「令和4年度分 会社標本調査結果報告」)

④　資本金階級別法人税の課税状況（令和4年度）

（その1）

区　分	法人数	資本金	営業収入金額	申告所得金額		算出税額	課税留保金額	留保税額	法人税額の控除税額	
				利　益	欠　損				所得税額	外国税額
（資本金階級）	社	億円	億円	億円	億円	億円	億円	億円	億円	億円
100万円以下	593,477	3,950	537,487	24,417	△ 12,314	5,008	–	–	1,040	50
100万円超	85,957	1,594	69,766	2,302	△ 1,513	447	–	–	31	0
200万円 〃	1,148,702	40,940	1,246,188	35,992	△ 21,391	7,111	–	–	500	23
500万円 〃	705,163	66,538	2,035,272	67,777	△ 26,639	14,613	–	–	1,145	112
1,000万円 〃	143,079	24,567	761,117	29,623	△ 7,505	6,528	–	–	368	11
2,000万円 〃	150,262	52,777	1,751,882	68,631	△ 13,734	15,519	–	–	1,029	42
5,000万円 〃	54,391	44,823	1,805,577	81,480	△ 24,011	18,754	–	–	1,999	278
1億円以下計	2,881,031	235,189	8,207,290	310,221	△107,107	67,979	–	–	6,111	518
1億円超	10,121	28,252	1,024,182	59,133	△ 11,228	13,719	1,852	328	850	107
5億円 〃	1,484	11,263	258,668	15,801	△ 1,203	3,666	722	138	292	40
10億円 〃	2,908	64,613	851,840	45,838	△ 4,120	10,634	671	128	1,018	233
50億円 〃	727	47,046	396,630	26,144	△ 2,432	6,065	64	12	1,117	647
100億円 〃	1,011	473,825	1,688,658	136,090	△ 7,271	31,573	643	128	8,260	999
1億円超計	16,251	624,999	4,219,978	283,005	△ 26,254	65,656	3,952	735	1,537	2,026
連 結 法 人	1,002	50,762	633,435	31,612	△ 4,318	7,332	34	7	2,581	418
通 算 法 人	11,563	548,938	4,162,114	175,520	△ 28,418	40,719	86	16	27,334	5,234
合　　計	2,914,253	1,459,888	17,222,818	800,359	△ 166,097	181,686	4,072	758	47,564	8,196

（注）1．法人数の合計は、連結法人数によらず、連結親法人数及び連結子法人数を集計した。
　　　2．「所得税額」欄及び「外国税額」欄は、法人税申告書別表一（一）の「控除税額の計算」欄の「所得税の額」及び「外国税額」を示す。

※上記④の表(その1)〜(その3)は、国税庁『平成4年度分 会社標本調査結果(統計表)』の第1表　総括表 (その1)〜(その3)を抜粋した表である。

(出典：国税庁「令和4年度分 会社標本調査報告」)

（その２）

区　分	益　金　処　分						合　計
	支払配当	法人税額	地　方法人税額	その他の社外流出	社　内　留　保		
					正	負	
（資本金階級）	億円	億円	億円	億円	億円	億円	億円
100万円以下	1,773	4,658	489	3,281	26,719	△ 14,115	22,805
100万円超	41	420	43	202	2,497	△ 1,586	1,618
200万円 〃	1,236	6,700	690	3,288	40,712	△ 30,083	30,096
500万円 〃	5,852	13,450	1,416	5,846	66,395	△ 22,530	62,876
1,000万円 〃	2,857	5,981	631	2,314	25,739	△ 8,967	28,556
2,000万円 〃	8,396	14,188	1,505	5,532	57,171	△ 19,282	67,512
5,000万円 〃	17,185	16,888	1,830	7,941	69,398	△ 34,085	79,158
1億円以下計	37,341	62,286	6,604	28,404	288,633	△ 130,647	292,620
1億円超	19,096	12,854	1,383	4,292	33,549	△ 15,501	55,672
5億円 〃	4,206	3,419	372	1,259	10,162	△ 2,062	17,357
10億円 〃	17,890	9,370	1,037	4,336	30,576	△ 6,825	56,385
50億円 〃	10,597	4,624	530	4,410	19,259	△ 4,206	35,214
100億円 〃	78,693	23,372	3,013	17,200	125,958	△ 14,902	233,334
1億円超計	130,482	53,639	6,335	31,497	219,505	△ 43,496	397,962
連 結 法 人	27,083	4,246	662	4,870	22,653	△ 6,926	52,588
通 算 法 人	183,243	22,273	3,395	50,250	219,704	△ 66,469	412,397
合　　　計	378,148	142,443	16,996	115,020	750,495	247,540	1,155,566

（その３）

区　分	繰越欠損金		受　取　配　当			外国子会社から受ける配当等
	当期控除額	翌期繰越額	受取配当等の金額	控除負債利子	益金不算入額	益金不算入額
（資本金階級）	億円	億円	億円	億円	億円	億円
100万円以下	5,265	38,975	4,551	13	3,996	195
100万円超	651	5,376	146	1	125	0
200万円 〃	11,450	87,217	2,365	6	1,900	43
500万円 〃	14,913	118,306	5,047	12	4,082	759
1000万円 〃	4,402	32,934	1,565	5	1,122	476
2000万円 〃	8,384	66,295	4,506	10	3,379	644
5000万円 〃	10,546	115,607	9,482	12	8,091	2,473
1億円以下計	55,609	464,710	27,662	59	22,696	4,589
1億円超	1,586	32,198	4,210	3	3,031	1,779
5億円 〃	389	5,578	1,383	1	1,103	514
10億円 〃	1,997	18,739	4,640	4	3,805	5,491
50億円 〃	956	10,477	4,927	3	4,366	3,033
100億円 〃	4,908	43,843	31,765	36	24,586	23,092
1億円超計	9,837	110,835	46,926	47	36,890	33,910
連 結 法 人	3,371	25,271	13,984	41	13,305	1
通 算 法 人	24,582	154,415	124340	―	112,818	64,752
合　　　計	93,400	755,231	212,911	146	185,709	103,253

（出典：国税庁「令和４年度分 会社標本調査報告」）

(6) 所得税の課税状況等

① 所得税の所得金額階層別課税状況（令和4年分）

合計所得階級	合計所得				課税所得金額	算出税額 B	構成比	税負担率 B÷A	税額控除額	源泉徴収税額		申告納税額
	人員	構成比	金額 A	構成比						人員	金額	
	千人	%	億円	%	億円	億円	%	%	億円	千人	億円	億円
70万円以下	104.9	1.6	684	0.1	45	2	0.0	0.4	0	14.2	1	1
100万円〃	239.9	3.7	2,038	0.4	479	28	0.1	1.4	0	48.3	3	25
150万円〃	605.1	9.3	7,544	1.6	2,483	135	0.2	1.8	1	223.0	30	105
200万円〃	737.1	11.3	12,904	2.8	5,412	286	0.4	2.2	2	372.6	82	208
250万円〃	689.6	10.6	15,461	3.3	7,504	401	0.6	2.6	3	396.5	125	280
300万円〃	579.6	8.9	15,888	3.4	8,514	462	0.7	2.9	4	350.4	148	318
400万円〃	872.2	13.5	30,228	6.5	17,946	1,018	1.5	3.4	16	559.4	357	665
500万円〃	582.1	8.9	25,963	5.6	16,788	1,159	1.7	4.5	36	389.6	390	755
600万円〃	398.1	6.1	21,779	4.7	14,923	1,298	2.0	6.0	61	275.3	407	855
700万円〃	293.8	4.5	19,009	4.3	13,515	1,412	2.1	7.4	70	213.9	460	910
800万円〃	216.3	3.3	16,162	3.5	11,873	1,390	2.1	8.6	61	162.8	480	876
1,000万円〃	290.4	4.4	25,881	5.5	19,891	2,629	4.0	10.2	94	227.5	986	1,602
1,200万円〃	186.0	2.8	20,333	4.4	16,459	2,465	3.7	12.1	69	153.3	1,044	1,401
1,500万円〃	187.7	2.9	25,133	5.4	21,005	3,631	5.5	14.5	83	159.5	1,680	1,942
2,000万円〃	105.6	2.0	32,826	7.2	30,110	5,828	8.8	17.2	108	172.1	3,092	2,747
3,000万円〃	172.6	2.6	41,780	9.0	37,638	8,715	13.1	20.9	111	153.6	4,942	3,842
5,000万円〃	102.4	1.6	38,648	8.3	36,326	9,309	14.0	24.1	78	89.6	4,995	4,429
1億円〃	53.1	0.8	35,911	7.7	34,595	9,366	14.1	26.1	99	45.3	4,584	4,877
2億円〃	16.7	0.3	22,514	4.9	22,047	5,786	8.7	25.7	79	13.9	2,496	3,330
5億円〃	6.1	0.1	18,165	3.9	17,931	4,340	6.5	24.2	106	5.2	1,681	2,643
10億円〃	1.343	0.0	9,188	2.0	9,113	2,015	3.0	21.9	49	1.2	655	1,351
20億円〃	0.533	0.0	7,357	1.6	7,298	1,535	2.3	20.9	61	0.487	412	1,093
50億円〃	0.244	0.0	7,220	1.6	7,143	1,426	2.2	19.8	47	0.240	325	1,082
100億円〃	0.051	0.0	3,714	0.8	3,634	575	0.9	15.5	5	0.051	39	542
100億円超	0.025	0.0	6,176	1.3	6,020	1,063	1.6	17.2	22	0.024	115	948
計	6,532.6	100.0	463,519	100.0	367,712	66,285	100.0	14.3	1,276	4,029.1	29,540	36,839

(注) 金額は1億円未満切捨て　　　　　　　　　　　　（出典：国税庁「令和4年分 申告所得税標本調査」）

② 所得者区分別の所得金額の累年比較

区　　分	事業所得者	その他所得者					合　　計	
		不動産所得者	給与所得者	雑所得者	他の区分に該当しない所得者	計		伸び率
	億円	億円	億円	億円	億円	億円	億円	%
平成25年分	63,462	54,825	166,918	21,227	79,450	322,420	385,882	11.2
30	70,252	56,866	184,232	18,132	92,516	351,746	421,998	1.7
令和元	70,936	56,749	181,248	16,824	90,610	345,432	416,368	△1.3
2	75,960	57,465	187,594	20,426	84,351	349,836	425,796	2.3
3	86,122	57,271	194,558	24,718	100,174	376,721	462,842	8.7
4	77,511	57,331	200,397	22,886	105,395	386,009	463,519	0.1

③　所得階級別主たる所得別納税者数の構成割合

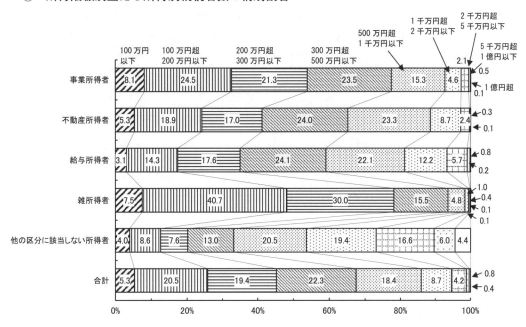

④　所得階級別の構成割合

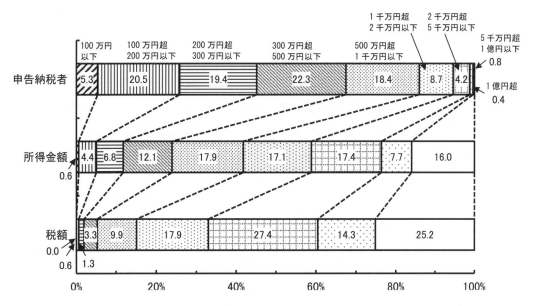

(7) 給与所得者の課税状況

① 1年を通じて勤務した者の給与階級別の給与所得者数、給与総額及び税額（令和4年分）

給与収入階級	給与所得者数		内 納税者		給与総額		内 納税者		税額	
	千人	構成比 %	千人	構成比 %	億円	構成比 %	億円	構成比 %	億円	構成比 %
100万円以下	3,985	7.8	682	1.6	32,058	1.4	5,253	0.2	124	0.1
100万円超 200万円以下	6,433	12.7	4,742	10.9	92,315	4.0	71,707	3.3	965	0.8
200万円超 300万円以下	7,179	14.1	6,789	15.6	181,638	7.8	171,988	7.9	2,987	2.5
300万円超 400万円以下	8,395	16.5	8,017	18.4	295,185	12.7	281,771	13.0	5,635	4.8
400万円超 500万円以下	7,789	15.3	7,272	16.7	348,546	15.0	325,143	15.0	7,499	6.4
500万円超 600万円以下	5,511	10.9	5,020	11.5	301,986	13.0	275,100	12.6	7,928	6.7
600万円超 700万円以下	3,504	6.9	3,217	7.4	226,669	9.8	208,181	9.6	6,872	5.8
700万円超 800万円以下	2,437	4.8	2,331	5.3	182,064	7.8	174,177	8.0	7,477	6.3
800万円以下 小計	45,234	89.1	38,071	87.3	1,660,460	71.5	1,513,319	69.6	39,486	33.5
800万円超 900万円以下	1,675	3.3	1,660	3.8	141,912	6.1	140,630	6.5	7,414	6.3
900万円超 1,000万円以下	1,116	2.2	1,114	2.6	105,688	4.5	105,420	4.8	6,697	5.7
1,000万円超 1,500万円以下	2,019	4.0	2,019	4.6	237,445	10.2	237,439	10.9	22,619	19.2
1,500万円超 2,000万円以下	431	0.8	431	1.0	74,354	3.2	74,354	3.4	12,215	10.4
2,000万円超 2,500万円以下	131	0.3	131	0.3	29,047	1.3	29,047	1.3	6,072	5.2
2,500万円超	170	0.3	170	0.4	74,562	3.2	74,562	3.4	23,238	19.7
800万円超 小計	5,543	10.9	5,524	12.7	663,008	28.5	611,453	30.4	78,256	66.5
合計	50,776	100.0	43,596	100.0	2,323,469	100.0	2,174,772	100.0	117,742	100.0

（出典：国税庁「令和4年分民間給与実態統計調査」）

（注）令和4年分調査から、新たな復元推計手法を適用して調査を実施。なお、平成26年分から令和3年分については、新たな復元推計手法に基づいて計算した調査結果である。

② 給与所得者数と給与総額

区 分	給与所得者数	伸び率	内 正規	伸び率	内 非正規	伸び率	給与総額	伸び率	内 正規	伸び率	内 非正規	伸び率
	千人	%	千人	%	千人	%	億円	%	億円	%	億円	%
平成26 計	44,785	—	29,558	—	10,704	—	1,884,869	—	1,445,634	—	181,931	—
30 計	47,649	0.5	31,752	0.0	11,425	2.0	2,092,454	1.8	1,608,783	1.6	203,435	3.6
令和元 計	49,994	4.9	33,275	4.8	11,931	4.4	2,191,500	4.7	1,691,113	5.1	808,842	2.7
2 計	50,401	0.8	33,516	0.7	11,938	0.1	2,192,843	0.1	1,682,153	▲ 0.5	209,865	0.5
3 計	51,375	1.9	35,090	4.7	12,665	6.1	2,289,906	4.4	1,809,467	7.6	246,976	17.7
4 男	29,266	▲ 1.9	22,310	▲ 1.3	4,085	▲ 3.4	1,648,677	0.5	1,302,371	▲ 3.2	110,450	▲ 0.5
4 女	21,510	▲ 0.1	11,596	▲ 1.6	8,353	▲ 1.0	674,791	3.8	471,795	1.8	138,886	3.2
4 計	50,776	▲ 1.2	33,906	▲ 3.4	12,438	▲ 1.8	2,323,469	1.5	1,774,166	▲ 2.0	249,336	1.0

(8) 源泉所得税の課税状況

① 課税状況

(単位：億円)

区分	源泉徴収税額							
	利子所得等	配当所得	特定口座内保管上場株式等の譲渡所得等	給与所得	退職所得	報酬・料金等	非居住者等所得	計
平成25年分	4,390	25,769	5,165	93,529	2,345	11,736	3,322	146,260
26	4,806	38,213	4,333	97,811	2,215	11,698	4,990	164,070
27	4,301	45,916	5,779	101,735	2,254	11,864	6,390	178,242
28	3,479	37,381	2,339	103,920	2,300	12,002	5,794	167,217
29	3,576	42,924	5,578	107,054	2,364	12,206	6,835	180,541
30	3,673	45,686	3,736	111,799	2,302	12,115	6,936	186,249
令和元	3,065	52,467	3,009	113,764	2,491	12,106	7,249	194,152
2	2,973	48,007	5,114	112,117	2,590	11,213	6,640	188,655
3	2,737	53,934	8,450	117,217	2,741	11,622	7,597	204,297
4	2,994	59,440	4,841	123,563	2,725	12,032	8,567	214,162

(注)：各年分の源泉所得税（復興特別所得税を含む。）について、その年の2月から翌年1月までに提出のあった徴収高計算書の税額及び税額署長が行った納税告知に係る税額を示したものである。

② 源泉徴収義務者数

(単位：件)

区分	源泉徴収義務者数					
	利子所得等	配当所得	特定口座内保管上場株式等の譲渡所得等	給与所得	報酬・料金等	非居住者等所得
平成25年分	40,220	131,453	10,870	3,542,779	2,819,056	30,980
26	39,930	134,847	10,569	3,542,898	2,824,758	29,984
27	39,862	138,064	10,904	3,540,122	2,837,798	32,684
28	37,419	141,883	12,203	3,542,840	2,846,978	34,262
29	35,595	144,898	12,039	3,536,049	2,848,950	35,125
30	35,152	147,036	11,671	3,531,813	2,846,904	35,778
令和元	34,415	148,034	11,508	3,542,897	2,841,746	35,269
2	33,792	147,745	11,404	3,544,263	2,837,511	33,231
3	33,122	149,779	11,198	3,559,981	2,860,606	32,700
4	32,570	149,473	10,775	3,569,139	2,874,500	35,261

(注)：翌年6月30日現在

③ 利子所得等の課税状況（令和4年分）

(単位：億円)

区　　分	課税分		非課税分等	
	支払金額	源泉徴収税額	障害者等非課税、財形貯蓄非課税分支払金額	その他非課税分等支払金額
公　　　　　　　　　　　　債	504	69	140	86,531
社　　　　　　　　　　　　債	2,661	405	36	14,083
預貯金 Depsit　銀　行　預　金	2,685	407	10	500
銀行以外の金融機関の預貯金利子	1,000	152	19	1,344
その他勤務先預金等の利子	677	161	3	2
合同運用信託の収益の分配	83	13	20	38
公社債投資信託の収益の分配等	612	85	0	41
特定公社債等の利子等（源泉徴収義務特例分）	1,436	220	678	4,106
小　　　　　　　　　　計	9,659	1,451	906	106,646
定期積金の給付補てん金等	941	141	―	21
匿名組合契約等に基づく利益の分配、生命保険等の差益	7,025	1,397	21	1,670
割引債の償還差益	17	3	―	
計	17,642	2,994	927	108,337

(注)　この表は、令和4年2月から令和5年1月までに利子等の支払者から提出された「利子等の所得税徴収高計算書」等に基づいて作成。

④ 配当所得の課税状況（令和4年分）

(単位：億円)

区　　分	課税分		非課税分等
	支払金額	源泉徴収税額	支払金額
余剰金又は利益の配当、余剰金の分配、基金利息の分配、特定投資法人の投資の配当等	286,469	53,020	147,068
投資信託（公社債投資信託及び公募公社債等運用投資信託を除く。）及び特定受益証券発行信託の収益の分配等	15,318	3,030	9,555
源泉徴収選択口座内配当等	22,367	3,390	―
計	324,153	59,440	156,623

(注)　この表は、令和4年2月から令和5年1月までに配当等の支払者から提出された「配当等の所得税徴収高計算書」及び「上場株式等の源泉徴収選択口座内調整所得金額及び源泉徴収選択口座内配当等・未成年者口座等において契約不履行等事由が生じた場合の所得税徴収高計算書」等に基づいて作成。

(出典：国税庁「令和4年度 統計年報書」)

(9)　消費税の課税状況等（地方消費税を除く。）

① 課税状況

区　　　分		個人事業者		法　　　人		合　　　計	
		件　数	税　額	件　数	税　額	件　数	税　額
		千件	億	千件	億	千件	億
平成25	納税申告計	1,124	3,727	1,833	90,097	2,958	93,825
	還付申告等	32	171	112	20,377	145	20,543
29	納税申告計	1,123	5,996	1,856	158,408	2,985	164,404
	還付申告等	37	350	142	40,838	179	41,188
30	納税申告計	1,117	5,995	1,872	158,906	2,989	164,902
	還付申告等	39	354	149	43,491	188	43,845
令和元	納税申告計	1,090	6,143	1,867	163,552	2,957	169,695
	還付申告等	41	370	154	45,717	195	46,807
2	納税申告計	1,072	6,286	1,855	185,433	2,927	191,719
	還付申告等	67	493	183	48,605	250	49,098
3	納税申告計	1,064	6,363	1,858	191,532	2,922	197,895
	還付申告等	85	524	199	58,604	284	59,128
4	納税申告計	1,013	6,359	1,850	194,602	2,863	209,961
	還付申告等	61	480	188	70,458	249	70,937

② 課税事業者等届出件数　　　　　　　　　　　　　　　　　　　　（単位：千件）

課税事業者届出書	課税事業者選択届出書	新設法人に該当する旨の届出書	合　　　計
3,302	148	12	3,462

調査対象：令和4年度末（令和5年3月31日現在）の届出件数を示している。

(注)　納税義務者で亡くなった旨の届出書又は課税事業者選択不適用届出書を提出した者は含まない。

③ 税関分の課税状況

区　　　分		納税申告件数	納税申告税額
		千件	億円
平成25年度	2013	12,683	33,405
29	2017	14,017	48,489
30	2018	14,871	52,237
令和元	2019	15,270	54,475
2	2020	15,783	54,646
3	2021	17,001	69,169
4	2022	18,594	90,705

調査対象：各年4月1日から翌年3月31日までの間の申告又は処理による課税事績である。

（出典：国税庁「令和4年度 統計年報書」）

⑽　相続税・贈与税の課税状況等

　①　相続税の課税価格階級別課税状況等（令和４年分）

課税価格階級区分	被相続人の数		課税価格		納　付　税　額		平均課税価格(a)	平均納付税額(b)	負担率(b)/(a)
	人　数	構成比	課税価格	構成比	税　額	構成比			
	人	%	億円	%	億円	%	万円	万円	%
5千万円以下	15,260	10.1	6,789	3.3	87	0.3	4,449	57	1.3
5千万円超	76,469	50.7	54,171	26.2	2,007	7.2	7,084	262	3.7
1億円 〃	39,001	25.9	53,310	25.8	4,695	16.8	13,669	1,204	8.8
2億円 〃	10,030	6.6	24,174	11.7	3,394	12.1	24,102	3,384	14.1
3億円 〃	5,937	3.9	22,430	10.8	4,230	15.1	37,780	7,125	18.9
5億円 〃	1,873	1.2	10,950	5.3	2,509	9.0	58,462	13,396	22.9
7億円 〃	1,104	0.7	9,122	4.4	2,365	8.4	82,627	21,422	25.9
10億円 〃	859	0.6	11,445	5.5	3,336	11.9	133,237	38,836	29.1
20億円 〃	189	0.1	4,548	2.2	1,514	5.4	240,635	80,106	33.3
30億円 〃	84	0.1	3,150	1.5	1,045	3.7	375,000	124,405	33.2
50億円 〃	21	0.0	1,218	0.6	407	1.5	581,024	222,222	37.6
70億円 〃	18	0.0	1,458	0.7	521	1.9	810,261	289,839	35.8
100億円 〃	13	0.0	4,054	2.0	1,820	6.5	3,118,176	1,400,131	44.9
合　　計	150,858	100.0	206,840	100.0	27,989	100.0	137,109	14,566	13.5

（出典：国税庁「統計年報書」（令和５年10月までの申告））

（参考）相続税の課税件数及び課税最低限の累年比較

年　次	死亡件数(A)	相続税課税件数(B)	相続税額	(B)/(A)	課　税　最　低　限
年	人	件	億円		〃
昭和50	702,275	14,593	1,973	2.1	2,000万円＋　400万円×法定相続人数
62	751,172	59,008	14,343	7.9	〃
63	793,014	36,468	15,628	4.6	4,000万円＋　800万円×法定相続人数
平成 4	856,643	54,449	34,098	6.4	4,800万円＋　950万円×法定相続人数
6	875,933	45,335	21,057	5.2	5,000万円＋1,000万円×法定相続人数
10	936,484	49,526	16,825	5.3	〃
20	1,142,407	48,016	12,516	4.2	〃
25	1,268,436	54,421	15,366	4.3	〃
27	1,290,444	103,043	18,116	8.0	3,000万円＋　600万円×法定相続人数
令和 2	1,372,755	120,372	20,915	8.8	〃
3	1,439,809	134,275	24,421	9.3	〃
4	1,568,961	150,858	27,989	9.6	〃

（出典：国税庁「令和４年度統計年報書」等）

② 相続財産種類別課税財産状況

区　　　分		昭　和　63　年		平　成　27　年		令　和　4　年	
		人　員	財産価額	人　員	財産価額	人　員	財産価額
		人	億円	人	億円	人	億円
土　　　　地	実	48,642	(69.3) 74,115	92,898	(38.0) 59,400	132,398	(32.3) 70,688
田		14,478	(5.8) 6,250	19,044	(2.0) 3,149	22,579	(1.1) 2,477
畑		16,328	(9.4) 10,065	23,495	(3.7) 5,914	28,397	(2.6) 5,750
宅　　　　地		47,485	(49.0) 52,399	91,000	(28.1) 43,958	129,712	(24.9) 54,529
山　　　林		11,010	(2.3) 2,482	17,859	(0.4) 755	22,856	(0.3) 676
その他の土地		9,289	(2.7) 2,918	22,598	(3.5) 5,624	31,847	(3.3) 7,256
家屋・構築物		44,557	(3.4) 3,587	88,010	(5.3) 8,343	125,994	(5.0) 11,092
事業（農業）用 財産	実	10,054	(0.6) 590	12,440	(0.4) 627	14,475	(0.3) 728
有　価　証　券	実	33,204	(11.4) 12,209	71,762	(14.9) 23,368	101,753	(16.3) 35,702
現金、預貯金等		48,978	(8.5) 9,113	102,639	(30.7) 47,996	150,452	(34.9) 76,304
家　庭　用　財　産		38,258	(0.2) 165	60,791	(0.1) 231	82,448	(0.2) 374
そ　の　他　財　産	実	40,082	(6.7) 7,212	86,239	(10.4) 16,398	130,885	(10.9) 23,775
合　　　　計	実	50,625	(100.0) 106,993	102,992	(100.0) 156,362	150,822	(100.0) 218,663
相続時精算課税 適用財産		—	—	5,444	1,864	7,324	2,604
債　　　　務		41,233	7,758	88,821	11,673	134,945	13,698
葬　式　費　用		49,391	1,133	100,739	2,111	147,657	2,382
合　　　　計	実	50,422	8,892	101,939	13,784	149,163	16,084
差引純資産価額		50,625	98,101	103,043	144,442	150,858	206,840

（出典：国税庁「令和4年度 統計年報書」）

③　贈与税の課税価格階級別課税状況等（令和4年分）

課税価格 階級区分	暦　年　課　税　分			相続税精算課税分			合　　　計		
	人　員	財産価額	納税額	人　員	財産価額	納税額	人　員	財産価額	納税額
	人	億円	億円	人	億円	億円	人	億円	億円
150万円以下	104,628	1,268	11	2,192	21	0	105,955	1,281	12
150万円超	46,114	863	35	1,544	28	0	47,471	888	36
200万円 〃	135,029	3,992	255	6,692	204	1	141,340	4,185	256
400万円 〃	69,043	3,581	372	9,510	516	2	78,388	4,089	373
700万円 〃	19,325	1,633	257	7,259	638	2	26,552	2,268	258
1,000万円 〃	13,796	1,864	350	9,728	1,400	4	23,515	3,264	351
2,000万円 〃	2,667	630	127	3,851	931	6	6,509	1,559	129
3,000万円 〃	983	372	143	1,167	447	27	2,177	828	160
5,000万円 〃	378	269	123	665	463	56	1,045	731	137
1億円 〃	319	559	280	425	690	114	753	1,268	228
3億円 〃	61	240	124	71	272	50	133	519	95
5億円 〃	60	427	223	72	494	95	132	923	177
10億円 〃	13	170	87	22	287	56	35	458	68
20億円 〃	5	127	69	6	144	29	11	272	77
30億円 〃	2	76	42	4	158	31	6	234	20
50億円 〃	7	484	225	3	178	35	10	662	159
計	392,430	16,559	2,731	43,211	6,873	509	434,032	23,431	2,540

(注)　1　暦年課税分と相続税精算課税分は、調査対象が異なるため、合計は一致しない。
　　　2　※ 150万円以下の階級で申告をしたが納税額のない人員は含まない。
　　（出典：国税庁「統計年報書」令和4年に贈与を受けた者で申告義務のある者の令和5年6月30日までの申告により作成）

④　贈与財産種類別課税状況等

区　　　分	暦　年　課　税　分		相続時精算課税分		合　　　計	
	人　員	財産価額	人　員	財産価額	人　員	財産価額
	人	億円	人	億円	人	億円
土　　　　　　　地　実	50,796	(13.3) 2,195	22,239	(28.9) 1,983	72,566	(17.8) 4,178
うち宅地	45,160	(12.7) 1,946	20,371	(24.8) 1,704	65,141	(15.5) 3,650
家屋・構築物	25,097	(3.5) 543	14,181	(5.8) 400	39,059	(4.0) 943
事業（農業）用財産　実	1,453	(0.2) 39	169	(0.2) 14	1,622	(0.2) 53
有　価　証　券　実	76,230	(25.7) 4,243	3,722	(39.6) 2,722	79,619	(29.7) 6,965
現金、預貯金等	237,686	(50.2) 8,321	15,259	(24.1) 1,658	252,572	(42.6) 9,979
家　庭　用　財　産	208	(0.0) 6	14	(0.0) 0	222	(6.0) 6
そ　の　他　財　産　実	33,629	(7.3) 1,213	1,569	(1.3) 95	35,181	(5.6) 307
合　　　計　実	392,430	(100.0) 16,560	43,211	(100.0) 6,873	434,032	(100.0) 23,432

　　（出典：国税庁「統計年報書」令和4年に贈与を受けた者で申告義務のある者の令和5年6月30日までの申告により作成）

⑾　外国人・非居住者の課税状況

①　法人税・源泉所得税

(単位：億円)

年分	法 人 税 （事 業 年 度 分）						源 泉 所 得 税		
	法人所得金額(全体)①	外国法人の所得金額②	割合②/①	法人税額(全体)③	外国法人の法人税額④	割合④/③	源泉徴収税額⑤	外国法人・非居住者⑥	割合⑥/⑤
平-17	456,650	6,361	1.39%	118,933	1,726	1.45%	153,109	3,209	2.37%
22	356,851	4,294	1.20%	92,383	1,241	1.34%	124,032	2,855	2.30%
27	610,409	7,014	1.15%	112,599	1,668	1.48%	178,243	6,390	3.58%
30	727,757	4,487	0.62%	126,610	877	0.69%	186,250	6,936	3.72%
令元	645,050	3,352	0.52%	114,378	609	0.53%	194,152	7,249	3.73%
2	696,558	3,626	0.52%	120,199	738	0.61%	188,655	6,640	3.52%
4	844,308	4,101	0.48%	147,760	799	0.54%	214,162	8,567	4.00%

(出典：国税庁「統計年報書」)

②　源泉所得税の内訳

(単位：億円)

区　　　　　　　　　　　　分	平成20年	平成25年	平成30年	令和2年	令和4年
公社債・預貯金の利子等	72	12	91	19	0
余剰金又は利益の配当、特定投資法人の投資口の配当等	1,756	1,646	4,674	4,401	5,802
匿名組合契約に基づく利益の分配	238	269	248	249	469
給与・賞与等	227	232	305	289	296
退職所得	27	48	82	109	152
役務の報酬	17	4	6	7	8
工業所有権その他の技術に関する権利等の使用料又はその譲渡による対価	478	395	366	362	366
著作権の使用料又はその譲渡による対価	148	144	484	529	692
貸付金の利子	247	170	175	162	191
不動産、採石権の貸付、租鉱権の設定又は航空機、船舶の貸付による所得	83	87	131	174	175
土地等の譲渡による対価	86	108	108	120	138
人的役務提供事業の対価	219	206	264	216	278
生命保険契約等に基づく年金	6	0	0	0	0
賞金	1	0	2	2	2
合　　　　　　　　　　　計	3,606	3,322	6,936	6,640	8,567

(出典：国税庁「統計年報書」)

2. 税制の国際比較

(1) 国民負担率の国際比較

① 国民負担率（対国民所得比）の内訳の国際比較

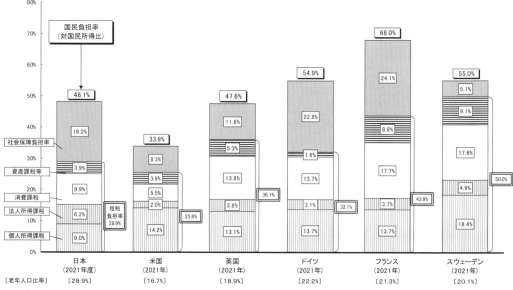

（注） 1. 日本は令和3年度（2021年度）実績、諸外国は、OECD "Revenue Statistics "及び同"National Accounts"による。
2. 租税負担率は国税及び地方税の合計の数値。また個人所得課税には資産性所得に対する課税を含む。
3. 老年人口比率について、日本は総務省「人口推計」、諸外国は国際連合"World Population Prospects 2022"による。

（出典：財務省HP）

② 直間比率（国税及び地方税）の国際比較

	日本	米国	英国	ドイツ	フランス
直間比率	65：35	77：23	58：42	55：45	55：44

（注） 1. 日本は令和元年度（2020年度）実績額。
2. 諸外国はOECD "Revenue Statistics 1965-2019" による2020年の計数。OECD "Revenue Statistics" の分類に従って作成しており、所得課税、給与労働力課税及び資産課税のうち流通課税を除いたものを直接税、それ以外の消費課税等を間接税等とし、両者の比率を直間比率として計算している。
（出典：財務省HP）

③ 租税負担率（国税＋地方税）の内訳の国際比較

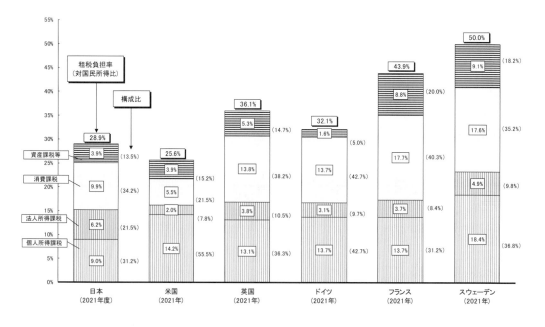

（注）1．日本は令和３年度（2021年度）実績、諸外国は、OECD "Revenue Statistics"及び同"National Accounts"による。
　　　2．租税負担率は国税及び地方税の合計の数値。また個人所得課税には資産性所得に対する課税を含む。

（出典：財務省HP）

④　国民負担率（対国民所得比）のOECD諸国との比較

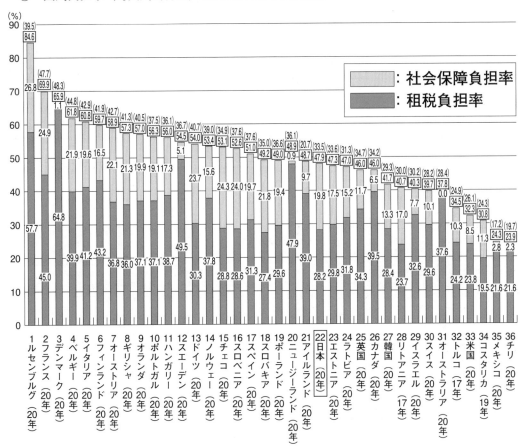

（出典）日本：内閣府「国民経済計算」等　諸外国：OECD "National Accounts"、"Revenue Statistics"
（注１）OECD加盟国38カ国中36カ国。日本、オーストラリア、アイルランド、トルコについては実績値。それ以外の国は推計による暫定値。コロンビア及びアイスランドについては、国民所得の計数が取得できないため掲載していない。
（注２）括弧内の数字は、対GDP比の国民負担率。
（注３）日本は年度、その他の国は暦年。

（出典：財務省HP）

⑤ 個人所得課税の国際比較（日・米・英・独・仏） （2023年1月現在）

区分 ＼ 国名	日本		米国	英国	ドイツ	フランス
	（昭和61年度）	（令和４年度）				
国税収入に占める 個人所得課税（国税）収入の割合	39.3%	28.9%	（連邦） 80.1%	38.8%	40.7%	39.7%
国民所得に占める 個人所得課税（国税）負担割合 [地方税を含めた場合]	6.3% [9.0%]	5.1% [8.5%]	10.2% [含む州・ 地方政府 12.8%]	12.4%	5.5% [13.6%]	14.1%
税率 最低税率（所得税）	10.5%	5%	10%	20%	0%	0%
税率 最高税率（所得税） [地方税等を含めた場合]	70% [88%]	45% [55%]	37% [51.8%]	45%	45% [47.5%]	45% [54.7%]
税率の刻み数 [地方税等の税率刻み数]	15 [14]	7 [1]	7 [9.4]	3	-	5 [1]

（注１）日本は、令和４年度（2022年度）の「個人所得課税収入の割合」及び「個人所得課税負担割合」は当初予算ベースである。なお、
　　　　日本の所得税の最高税率は、復興特別所得税（基準所得税額の2.1%）により、実質的に45.95%となる。
（注２）「個人所得課税（国税）収入の割合」及び「個人所得課税（国税）負担割合」は、個人所得に課される租税に係るものであり、所
　　　　得税の他、日本は復興特別所得税、ドイツは連帯付加税（算出税額の０～5.5%）、フランスは社会保障関連諸税（原則として計
　　　　9.7%）が含まれている。なお、ドイツは連邦税、州税及び共有税（所得税、法人税及び付加価値税）のうち連邦及び州に配分さ
　　　　れるものについての税収を国税収入として算出している。
（注３）「税率」・「税率の刻み数」における地方税等は、米国はニューヨーク市の場合の収税・市税、ドイツは連帯付加税を含んでいる。また、
　　　　税率の刻み数における米国の地方税等の税率の刻み数は、州税が９、市税が４である。なお、ドイツでは、税率表に従って税額が
　　　　決定されるため、税率ブラケットは存在しない。
（注４）フランスは、2012年１月から財政赤字が解消するまでの時限措置として、課税所得に一定の控除等を足し戻す等の調整を加えた額
　　　　が関値（単身者：25万ユーロ、夫婦：50万ユーロ）を超える場合、その超過分に対して、追加で３～４%の税が課される。
（出典）諸外国は2022年１月適用の税法に基づく。諸外国の個人所得課税収入の割合及び個人所得課税負担割合は、OECD "Revenue
　　　　Statistics 1965-2021" 及び同 "National Accounts" に基づく2020年の数値。なお、端数は四捨五入している。

（出典：財務省HP）

⑥ 主要国における配偶者の存在を考慮した税制上の仕組み等について （2023年1月現在）

	日本	米国	英国	ドイツ	フランス
配偶者の存在を考慮した税制上の仕組み	配偶者控除 [最大38万円]	夫婦単位課税（実質的な二分二乗方式）の選択	婚姻控除（注1） [最大1,260ポンド]	夫婦単位課税（二分二乗方式）の選択	世帯単位課税 （N分N乗方式） （注2）
課税単位	個人単位課税	個人単位課税と夫婦単位課税（実質的な二分二乗方式）の選択制	個人単位課税	個人単位課税と夫婦単位課税（二分二乗方式）の選択制	世帯単位課税 （N分N乗方式）
（参考）私有財産制度	夫婦別産制	州により異なる	夫婦別産制	夫婦別産制（注3）	法定共通制（注4）

（注１）英国では、配偶者の一方が自らの基礎控除（12,570ポンド：高所得者については控除額が逓減・消失）を全額使い切れなかった場合、
　　　　その残額（最大1,260ポンド）を他方（給与所得者の場合、給与所得が50,270ポンド以下で所得税の基本税率である20%が適用さ
　　　　れる者が対象）の基礎控除額に移転することができる。
（注２）フランスでは、家族除数（N）は単身者の場合１、夫婦者の場合２、夫婦子１人の場合2.5、夫婦子２人の場合３、以下被扶養児
　　　　童が１人増すごとに１を加算する。
（注３）ドイツでは、原則別産制。財産管理は独立に行うことができるが、財産全体の処分には他方の同意が必要。
（注４）フランスでは、財産に関する特段の契約なく婚姻するときは法定共通制（夫婦双方の共通財産と夫又は妻の特有財産が並存する）。

（出典：財務省HP）

⑦　給与所得者を対象とした概算控除の国際比較　　　　　　　　　　（2023年1月現在）

	日　　本	英国	ド　イ　ツ	フ　ラ　ン　ス	（参考）米国 (注3)
概算控除	給与所得控除（定率・上限あり） 　給与収入に応じ、4段階の控除率（40％～10％）を適用 　　最低保証額　55万円 　　上限　　　195万円	なし (注1)	被用者概算控除（定額）(注2) 1,230ユーロ （17.8万円）	必要経費概算控除（定率・上限あり）(注2) 給与収入（社会保険料控除後）の10％ 最低　　　472ユーロ 　　　　　（6.8万円） 上限　13,522ユーロ 　　　（196.1万円）	概算控除（定額）(注2) 13,850ドル （196.7万円） ※単身者の場合。

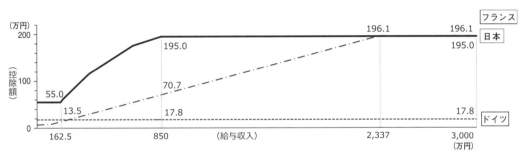

（注1）給与所得者のみを対象とした概算控除制度は設けられていない。一方で、職務上の旅費等について、実額控除が認められている。
（注2）概算控除制度と実額控除制度との選択制。
（注3）概算控除は、医療費控除や寄附金控除等の各種所得控除を含む性格のものであり、給与所得者に限らず適用。2025年までの時限措置として、人的控除も統合。
（注4）上記のグラフは、日本は給与所得控除額、ドイツは被用者概算控除額、フランスは必要経費概算控除額を記載している。
（注5）グラフ中の数値は、給与収入162.5万円、850万円、2,337万円、及び3,000万円の場合の各国の控除額である。
（備考）邦貨換算レートは、1ドル＝142円、1ユーロ＝145円（基準外国為替相場及び裁定外国為替相場：令和5年（2023年）1月中適用）。
　　　　なお、端数は四捨五入している。

（出典：財務省HP）

⑧　主要国の利子課税の概要　　　　　　　　　　　　　　　　　　（2023年1月現在）

		日本	米国	英国	ド　イ　ツ	フランス
課税方式		源泉分離課税 20.3％ 所得税：15％ 復興特別所得税：所得税額の2.1％ ＋ 地方税：5％	総合課税 10～37％ (注1) ＋ 州・地方政府税 ニューヨーク市の場合 7.1～14.8％	段階的課税（分離課税） 4段階 0、20、40、45％ (注2)	申告不要（分離課税） ※総合課税も選択可 26.4％ 所得税：25％ ＋ 連帯付加税：税額の5.5％	分離課税と総合課税の選択 （分離課税） 30％ 所得税：12.8％ ＋ 社会保障関連諸税：17.2％ 又は （総合課税） 17.2％～62.2％ 所得税：0～45％ ＋ 社会保障関連諸税：17.2％

（注1）単身者：20万ドル、夫婦合算：25万ドルを超える総所得がある場合、その超過分に対して、純投資所得（利子、配当、短期・長期キャピタルゲイン等）の範囲内で、追加の3.8％の税が課される。
（注2）給与所得等、利子所得、配当所得の順に所得を積み上げて、それぞれの所得ごとに適用税率が決定される。

（出典：財務省資料）

⑨　主要国の配当課税の概要　　　　　　　　　　　　　　　　　　（2023年1月現在）

	日本	米国	英国	ドイツ	フランス
課税方式	申告分離と総合課税の選択（注1） 〔申告分離〕20.3% 所得税：15% ＋ 復興特別所得税：所得税額の2.1% ＋ 個人住民税：5% 又は 〔総合課税〕 10〜55.9% ※源泉徴収（20.3%）のみで申告不要を選択することも可能。	申告分離課税 段階的課税（連邦税） 3段階 0、15、20%（注2） ＋ 総合課税 （州・地方政府税） ニューヨーク市の場合 7.1%〜14.8%	申告分離課税 段階的課税 3段階　（注3） 8.8、33.8、39.4%	申告不要 （源泉徴収） ※総合課税も選択可（注4） 26.4% 所得税：25% ＋ 連帯付加税：税額の5.5%	申告分離課税と総合課税の選択 〔申告分離課税〕30% 所得税：12.8% ＋ 社会保障関連諸税：17.2% 又は 〔総合課税〕 17.2%〜62.2% 所得税：0〜45% ＋ 社会保障関連諸税：17.2%
法人税との調整	配当所得税額控除方式 （総合課税選択の場合）	調整措置なし	配当所得一部控除方式 （配当所得を2,000ポンド控除）	調整措置なし	配当所得一部控除方式 （受取配当の60%を株主の課税所得に算入） ※総合課税選択の場合

（注1）上場株式等の配当（大口株主が支払いを受けるもの以外）についてのものである。
（注2）給与所得等、配当所得及び長期キャピタルゲインの順に所得を積み上げて、それぞれの所得ごとに適用税率が決定される。また、閾値（単身者20万ドル、夫婦合算：25万ドル）を超える総所得がある場合、その超過分に対して、純投資所得（利子、配当、短期・長期キャピタルゲイン等）の範囲内で、追加の3.8%の税が課される。
（注3）給与所得等、利子所得、配当所得の順に所得を積み上げて、それぞれの所得ごとに適用税率が決定される。
（注4）申告不要適用時よりも納税者にとって有利になる場合には、申告により総合課税の適用が可能。ただし、申告を行った結果、総合課税を選択した方が納税者にとってかえって不利になる場合には、税務当局において資本所得は申告されなかったものとして取り扱われ、26.375%の源泉徴収税のみが課税される（申告不要と同様の扱い）。

（出典：財務省HP）

⑩　主要国の株式譲渡益課税の概要　　　　　　　　　　　　　　　（2023年1月現在）

	日本	米国	英国	ドイツ	フランス
課税方式	申告分離課税 20.3% 所得税：15% ＋ 復興特別所得税：所得税額の2.1% ＋ 個人住民税：5% ※特定口座において源泉徴収（20.3%）を行う場合には申告不要を選択することも可能	申告分離課税 段階的課税（連邦税） 3段階 0、15、20%（注1） ＋ 総合課税 （州・地方政府税） ニューヨーク市の場合 7.1%〜14.8% ※12ヶ月以下保有の場合、総合課税 連邦税：10〜37% ＋ ニューヨーク市の場合 7.1%〜14.8%	申告分離課税 段階的課税 2段階 10、20%（注2）	申告不要 （源泉徴収） ※総合課税も選択可（注3） 26.4% 所得税：25% ＋ 連帯付加税：税額の5.5%	申告分離課税と総合課税の選択 〔申告分離課税〕30% 所得税：12.8% ＋ 社会保障関連諸税：17.2% 又は 〔総合課税〕 17.2%〜62.2% 所得税：0〜45% ＋ 社会保障関連諸税：17.2% ※総合課税の場合は2018年1月1日以前に取得した有価証券については、保有期間に応じた控除の適用後、他の所得と合算
	−	−	土地等の譲渡益と合わせて年間12,300ポンド（207万円）が非課税	利子・配当を含む資本所得については年間合計1,000ユーロ（15万円）が非課税	−

（注1）給与所得等、配当所得及び長期キャピタルゲインの順に所得を積み上げて、それぞれの所得ごとに適用税率が決定される。また、閾値（単身者20万ドル、夫婦合算：25万ドル）を超える総所得がある場合、その超過分に対して、純投資所得（利子、配当、短期・長期キャピタルゲイン等）の範囲内で、追加の3.8%の税が課される。
（注2）給与所得等、利子所得、配当所得、キャピタルゲインの順に所得を積み上げて、それぞれの所得ごとに適用税率が決定される。
（注3）申告不要適用時よりも納税者にとって有利になる場合には、申告により総合課税の適用が可能。ただし、申告を行った結果、総合課税を選択した方が納税者にとってかえって不利になる場合には、税務当局において資本所得は申告されなかったものとして取り扱われ、26.375%の源泉徴収税のみが課税される（申告不要と同様の扱い）。

（出典：財務省HP）

⑪　**主要国における公的年金税制**　　　　　　　　　　　　　　（2023年1月現在）

			日本	米国	英国	ドイツ	フランス
	制度類型		EET	TET	TET	EET	EET
拠出段階	事業所得者	本人負担分	全額控除	控除あり (1/2)	控除なし	全額控除	全額控除
	給与所得者	本人負担分	全額控除	控除なし	控除なし	全額控除	全額控除
		事業主負担分	損金算入	損金算入	損金算入	損金算入	損金算入
	運用段階		非課税	非課税	非課税	非課税	非課税
	給付段階		一部課税 (注2)	一部課税 (注3)	課税	一部課税 (注4)	一部課税 (注5)

（注1）TはTaxed（課税）、EはExempt（非課税）を表す。年金等の拠出・運用・給付のどの段階で課税が行われるかに応じた制度類型の表記方法。
（注2）給付段階において課税となる公的年金等については、その所得の計算上、公的年金等控除の適用がある。
（注3）給付額の一定部分が課税対象となる（給付額の50%とその他の所得の合計額が、25,000ドル超34,000ドル以下の場合は、㋐給付の50%、㋑25,000ドルを超える部分の50%、のうち少ない方の金額（※）が課税対象。当該合計額が34,000ドル超の場合は、㋒給付の85%、㋓「34,000ドルを超える部分の85%＋（※）で計算された額又は4,500ドルのうち少ない金額」、のうち少ない方の金額が課税対象（単独申告の場合））。

⑫　**個人納税者の区分と課税所得の範囲**

納税者の区分		課税所得の範囲
居住者	◦国内に住所を有する個人 ◦現在まで引き続き1年以上居所を有する個人	◦全ての所得（全世界所得）
	非永住者	◦日本国籍を有しておらず、かつ、過去10年以内において国内に住所又は居所を有していた期間の合計が5年以下である個人
非居住者	◦居住者以外の個人	◦国内源泉所得のみ

※非永住者の課税所得の範囲: ◦国外源泉所得以外の所得　◦国外源泉所得（国内払い・国内送金分に限る）

⑬　**法人納税者の区分と課税所得の範囲**

納税者の区分		課税所得の範囲
内国法人	国内に本店又は主たる事務所を有する法人	全ての所得（全世界所得） ※ただし、外国子会社配当益金不算入制度の適用を受ける配当については、その95%相当額を益金不算入
外国法人	内国法人以外の法人	国内源泉所得のみ

⑭　主要国における給与収入階級別の個人所得課税負担額の比較

(2023年1月現在)（単位：万円）

給与収入	区分	日本	米国	英国	ドイツ	フランス
500万円	単身	37.4	52.2	57.8	60.2	70.2
	夫婦のみ	30.2	21.7	53.5	12.4	47.7
	夫婦子1人	24.5	5.7	53.5	0.0	47.7
	夫婦子2人	15.8	5.1	53.5	0.0	47.7
700万円	単身	68.2	87.2	97.8	116.5	130.7
	夫婦のみ	57.3	51.9	93.5	54.8	80.3
	夫婦子1人	50.1	18.0	93.5	11.3	67.0
	夫婦子2人	39.2	15.0	93.5	0.0	66.7
1,000万円	単身	144.9	156.5	188.9	217.4	227.5
	夫婦のみ	133.8	104.3	188.9	128.9	143.5
	夫婦子1人	118.2	70.4	188.9	85.4	131.9
	夫婦子2人	100.9	62.5	188.9	41.9	115.4
3,000万円	単身	1,058.2	761.6	1,097.3	1,104.0	1,020.8
	夫婦のみ	1,058.2	590.3	1,097.3	940.9	802.6
	夫婦子1人	1,031.8	561.1	1,097.3	879.9	777.4
	夫婦子2人	1,001.6	553.1	1,097.3	818.9	749.1
4,000万円	単身	1,566.6	1,164.2	1,547.3	1,547.2	1,491.4
	夫婦のみ	1,566.6	888.3	1,547.3	1,387.3	1,244.7
	夫婦子1人	1,540.2	859.0	1,547.3	1,329.8	1,219.4
	夫婦子2人	1,510.0	851.1	1,547.3	1,272.3	1,191.1
5,000万円	単身	2,107.9	1,582.7	1,997.3	2,015.8	1,967.1
	夫婦のみ	2,107.9	1,189.8	1,997.3	1,830.4	1,686.7
	夫婦子1人	2,078.7	1,160.5	1,997.3	1,772.9	1,661.5
	夫婦子2人	2,045.3	1,152.4	1,997.3	1,715.3	1,633.2

(注1)　個人所得課税には、所得税（日本については復興特別所得税を含む。）及び個人住民税等（ドイツについては連帯付加税を含む。フランスについては社会保障関連諸税を含む。）が含まれる。

(注2)　比較のためのモデルケースとして夫婦子1人の場合は子が就学中の16歳、夫婦子2人の場合は第1子が就学中の19歳、第2子が就学中の16歳として計算している。

(注3)　日本の個人住民税は所得割のみである。米国の個人住民税の例としては、ニューヨーク州の個人所得税を採用している。

(注4)　本資料においては、統一的な国際比較を行う観点から、諸外国の税法に記載されている様々な所得控除や税額控除のうち、一定の家族構成や給与所得を前提として実際の税額計算において一般的に適用されているもののみを考慮して、個人所得課税負担額を計算している。そのため、米国の勤労税額控除、英国の勤労税額控除（全額給付措置）等の措置は計算に含めていない。一方で、ドイツの児童手当・児童控除は計算に含まれている（いずれか有利な方が適用）。

(備考)　邦貨換算レート：1ドル＝142円、1ポンド＝168円、1ユーロ＝145円（基準外国為替相場及び裁定外国為替相場：令和5年（2023年）1月中適用）。なお、端数は四捨五入している。

(出典：財務省資料)

⑮　法人税率の国際比較

(2023年1月現在)

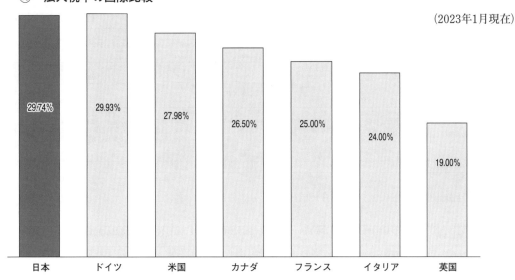

(注1) 法人所得に対する税率（国税・地方税）。地方税は、日本は標準税率、アメリカはカリフォルニア州、ドイツは全国平均、カナダはオンタリオ州。なお、法人所得に対する税負担の一部が損金算入される場合は、その調整後の税率を表示。
(注2) 日本においては、2015年度・2016年度において、成長志向の法人税改革を実施し、税率を段階的に引き下げ、37.00％（改革前）→32.11％（2015年度）、29.97％（2016・2017年度）→29.74％（2018年度〜）となっている。
(注3) 英国について、引上げ後の最高税率（25％）は、拡張利益25万ポンド超の企業に適用（現行は一律19％）。なお、拡張利益25万ポンド以下では計算式に基づき税率が逓減し、5万ポンド以下は19％に据え置き。拡張利益とは、課税対象となる利益に加えて他の会社（子会社等を除く）から受け取った適格な配当を含む額のことを指す。

(出典：各国政府資料等、財務省HP)

⑯　相続税負担率の比較（配偶者＋子2人）

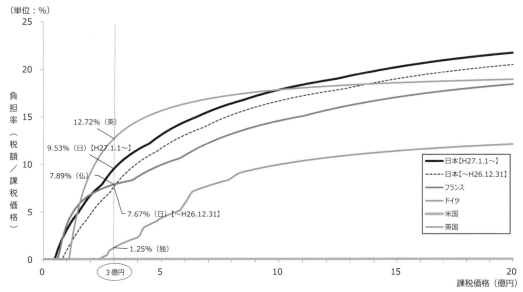

(注1) 配偶者が遺産の半分、子が残りの遺産を均等に取得した場合である。
(注2) 英国では、相続財産に家やその持ち分が含まれ、それを直系子孫が相続する場合には基礎控除額が17.5万ポンド加算される（相続財産総額が200万ポンドを超える場合、逓減・消失）

(出典：財務省HP)

(2) 付加価値税の国際比較

① 主要国の付加価値税制度の概要

(2023年1月現在)

区分		日本	EC指令	フランス	ドイツ	スウェーデン	英国
施行		1989年	1977年	1968年	1968年	1969年	1973年
納税義務者		資産の譲渡等を行う事業者及び輸入者	経済活動をいかなる場所であれ独立して行う者及び輸入者	有償により財貨の引渡又はサービスの提供を独立して行う者及び輸入者	営業又は職業活動を独立して行う者及び輸入者	経済活動をいかなる場所であれ独立して行う者及び輸入者	事業活動として財貨又はサービスの供給を行う者で登録を義務づけられている者及び輸入者
非課税		土地の譲渡・賃貸、住宅の賃貸、金融・保険、医療、教育、福祉等	土地の譲渡（建築用地を除く）・賃貸、中古建物の譲渡、建物の賃貸、金融・保険、医療、教育、郵便、福祉等	土地の譲渡（建物新築用地を除く）・賃貸、中古建物の譲渡、建物の賃貸、金融・保険、医療、教育、郵便、福祉等	土地の譲渡・賃貸、金融・保険、医療、教育、郵便、福祉等	土地の譲渡・賃貸、金融・保険、医療、教育、郵便、福祉等	土地の譲渡（建物新築用地を除く）・賃貸、中古建物の譲渡、建物の賃貸、金融・保険、医療、教育、郵便、福祉等
税率	標準課税	10%	15%以上	20%	19%	25%	20%
	ゼロ税率	なし	ゼロ税率及び5%未満の軽減税率は、否定する考え方を採っている	なし	太陽光パネル等	なし	食料品、水道水（家庭用）、新聞、雑誌、書籍、国内旅客輸送、衣料品、住居用建物の建築（土地を含む）、障害者用機器等
	輸出免税	輸出及び輸出類似取引	輸出及び輸出類似取引	輸出及び輸出類似取引	輸出及び輸出類似取引	輸出及び輸出類似取引	輸出及び輸出類似取引
	軽減税率	酒類・外食を除く飲食料品、定期購読契約が締結された週2回以上発行される新聞　8%	食料品、水道水、新聞、雑誌、書籍、医薬品、旅客輸送、宿泊施設の利用、外食サービス、スポーツ観戦、映画等　5%以上（2段階まで設定可能）	旅客輸送、宿泊施設の利用、外食サービス等　10%　書籍、食料品、水道水、スポーツ観戦、映画等　5.5%　新聞、雑誌、医薬品等　2.1%	食料品、水道水、新聞、雑誌、書籍、旅客運送、宿泊施設の利用、スポーツ観戦、映画等　7%	食料品、宿泊施設の利用、外食サービス等　12%　新聞、雑誌、書籍、旅客輸送、スポーツ観戦等　6%	家庭用燃料及び電力等　5%
	割増税率	なし	割増税率は否定する考え方を採っている	なし	なし	なし	なし
	課税期間	1年（個人事業者：暦年、法人：事業年度）ただし、選択により3か月又は1か月とすることができる	1月、2月、3月、6か月又は加盟国の任意により定める1年以内の期間	1月ただし課税売上高が一定額以下の場合は、1年を選択できる	1年	1か月又は1年ただし、申請により1か月又は3か月のより短期間を選択できる	3か月ただし課税売上高が一定額以下の場合は、1年を選択できる

② 主要国の付加価値税におけるインボイス制度

(2023年1月現在)

		英国	ドイツ	フランス	EC指令	《参考》日本【区分記載請求書等保存方式】	《参考》日本【適格請求書等保存方式】（R5.10.1〜）
仕入税額控除	入額控除	インボイス保存が要件　インボイス記載の税額を控除	インボイス保存が要件　インボイス記載の税額を控除	インボイス保存が要件　インボイス記載の税額を控除	インボイス保存が要件　インボイス記載の税額を控除	帳簿及び請求書等の保存が要件　仕入れ等に係る税込価額から一括して割り戻す形（税込価額×7.8/110（軽減対象の場合6.24/108））で計算した消費税額を控除	帳簿及び適格請求書等（インボイス）の保存が要件　①インボイスに記載のある消費税額等を積み上げて計算する「積上げ計算」　②適用税率毎の取引総額を割り戻して計算する「割戻し計算」　のいずれかを選択して計算した消費税額を控除
発行資格・義務者		登録事業者（付加価値税番号が付与される）※非登録事業者（免税事業者）は発行不可	事業者　※免税事業者もインボイスの発行はできるが、税額の記載不可	事業者　※免税事業者もインボイスの発行はできるが、税額の記載不可	事業者	請求書等の発行者に制限なし	登録事業者（登録番号が付与される）※非登録事業者（免税事業者）は発行不可
記載事項		①年月日②付加価値税番号③供給者の住所・氏名④発行番号（連続番号）⑤顧客の住所・氏名⑥財貨・サービスの内容⑦税抜対価⑧適用税率・税額等	①年月日②付加価値税番号③供給者の住所・氏名④発行番号（連続番号）⑤顧客の住所・氏名⑥財貨・サービスの内容⑦税抜対価⑧適用税率・税額等	①年月日②付加価値税番号③供給者の住所・氏名④発行番号（連続番号）⑤顧客の住所・氏名⑥財貨・サービスの内容⑦税抜対価⑧適用税率・税額等	①年月日②付加価値税番号③供給者の住所・氏名④発行番号（連続番号）⑤顧客の住所・氏名⑥財貨・サービスの内容⑦税抜対価⑧適用税率・税額等	【請求書等の記載事項】①年月日②書類の作成者の氏名又は名称③書類の交付を受ける当該事業者の氏名又は名称④資産又は役務の内容（軽減税率対象である場合その旨）⑤税率の異なるごとに区分して合計した税込対価※税額の記載は任意	【インボイスの記載事項】①年月日②書類の作成者の氏名又は名称及び登録番号③書類の交付を受ける当該事業者の氏名又は名称④資産又は役務の内容（軽減税率対象である場合その旨）⑤税率の異なるごとに区分して合計した対価（税抜き又は税込み）及び適用税率⑥税率の異なるごとに区分した消費税額等
免税事業者からの仕入れ		インボイスがないため、仕入税額控除できない。非登録事業者がインボイスを発行した場合にも、インボイス受領者が善意である場合を除き、原則税額控除不可（当該免税事業者には、記載税額の納付義務あり）	インボイスに税額の記載がないため、仕入税額控除できない。免税事業者が税額を記載した場合にも、インボイス受領者が善意である場合を除き、税額控除不可（当該免税事業者には、記載税額の納付義務あり）。	インボイスに税額の記載がないため、仕入税額控除できない。免税事業者が税額を記載した場合にも、税額控除不可（当該免税事業者には、記載税額の納付義務あり）。	—	免税事業者が発行した請求書等の場合にも、税額控除を容認。	インボイスがないため、仕入税額控除できない。

③　主要国における免税点制度・簡易課税制度の概要　　　　　　　（2023年１月現在）

	日本	英国	ドイツ	フランス
免税点制度	前々課税期間の課税売上高 **1,000万円以下**	直近1年間の課税売上高 **85,000ポンド以下** 又は 今後1年間の課税売上高見込額 **83,000ポンド以下**	前年の課税売上高 **22,000ユーロ以下** かつ 当年の課税売上高見込額 **50,000ユーロ以下**	前年の課税売上高 **91,900ユーロ以下** かつ 当年の課税売上高見込額 **101,000ユーロ以下**
簡易課税制度	前々課税期間の課税売上高 **5,000万円以下** ・売上税額にみなし仕入れ率を乗じて、仕入税額を計算。 ・みなし仕入れ率は、90％（卸売業）～40％（不動産業）の6区分。	今後1年間の課税売上見込額 **150,000ポンド以下** ・売上総額に平均率を乗じて、納付税額を計算。 ・平均率は、14.5％（法律サービス業等）～4％（食品等の小売業）の17区分。	なし	なし

（注１）　日本の免税点制度は、資本金1,000万円以上の新設法人（設立当初の２年間）等については、不適用。

（注２）　イギリスの簡易課税制度は、同制度適用開始後に年間税込売上高が230,000ポンドを超えた場合、及び今後30日間の税込売上見込額が230,000ポンドを超える場合については、不適用。

（注３）　フランスの免税店制度は、商業、サービス業（外食・宿泊業等を除く）、専門職など、基準額が対象に応じて複数存在する。表中では商業に適用される基準額を記載。

④　消費者に対する価格の表示方式

　　日本、英国、ドイツ、フランス、ＥＣ指令

　　いずれも「総額表示」を採用。税込の総額が表示されていればよい。

⑤　付加価値税率（標準税率及び食料品に対する適用税率）の国際比較　　　　（2023年1月現在）

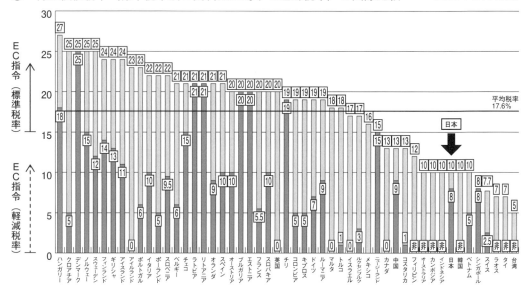

（注1）　上記は、原則的な取扱いを示したもので、代表的な品目に対する税率のみを記載しており、品目によっ
ては税率が変わることに留意が必要。

（注2）　上記中、■が食料品に係る適用税率である。「0」と記載のある国は、食料品についてゼロ税率が適用
される国である。「非」と記載のある国は、食料品が非課税対象となる国である。
なお、軽減税率・ゼロ税率の適用及び非課税対象とされる食料品の範囲は各国ごとに異なり、食料品
によっては上記以外の取扱いとなる場合がある。

⑥　諸外国における付加価値税の標準税率の推移　(2022年1月現在)

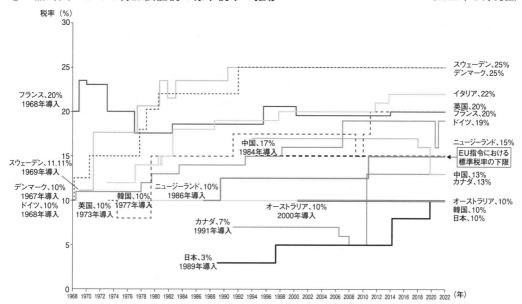

(注1) 日本の消費税率は地方消費税を含む。カナダは州ごとに付加価値税率が異なっており、ここではオンタリオ州において適用される税率を記載。

(注2) 中国は、1984年の導入時には品目により適用税率が異なっていたが（6〜16%）、1994年に原則として17%の税率が適用されることとなった。

(注3) EUは、1992年のEC指令の改正により、1993年以降付加価値税の標準税率を15%以上とすることが決められている。

(出典：(2)の①〜⑥財務省HP)

(3)　主要国の税収比較 (注1)

区分	税 源 配 分		地方税収入の構成比	
				主 な 税 目
日　　本 (注2)		億円　　（%）		%
	国　税	649,330 (61.4)	所　得　49.1	個人住民税、事業税
	地方税	408,256 (38.6)	消　費　22.7	地方消費税、たばこ税、自動車税、軽油引取税
	計	1,057,586	資産等　28.3	固定資産税、不動産取得税、事業所税、都市計画税
米　　国		億ドル　　（%）		%
	国　税	20,769 (51.3)	所　得　5.8	
	州　税	11.331 (28.0)	消　費　21.0	小売売上税
	地方税	8,362 (20.7)	資産等　73.2	財産税
	計	40,305		
英　　国		億ポンド　　（%）		%
	国　税	5,068 (92.9)	所　得　0.0	────────
	地方税	387 (7.1)	消　費　0.0	────────
	計	5,455	資産等　100.0	カウンシル・タックス（93〜）
ド　イ　ツ		億ユーロ　　（%）		%
	国　税	3,625 (46.5)	所　得　77.7	所得税（州・市町村・連邦の共有税）
	州　税	3,099 (39.8)		営業税（市町村）
	地方税	1,065 (13.7)	消　費　9.7	付加価値税（州・市町村・連邦の共有税）
	計	7,789	資産等　12.6	不動産税
フ ラ ン ス		億ユーロ　　（%）		%
	国　税	5,683 (80.0)	所　得　0.0	
	地方税	1,417 (20.0)	消　費　35.7	自動車登録税
	計	7,101	資産等　64.3	既・未建築地不動産税、地域経済負担金、住居税
カ　ナ　ダ		億カナダドル　　（%）		%
	国　税	2,883 (44.5)	所　得　0.0	────────
	州　税	2,825 (43.6)	消　費　1.6	
	地方税	773 (11.9)	資産等　98.4	財産税
	計	6,481		
スウェーデン		億クローネ　　（%）		%
	国　税	8,916 (53.2)	所　得　97.5	個人所得税
	地方税	7,854 (46.8)	消　費　0.0	────────
	計	16,770	資産等　2.5	財産課税
オーストラリア		億オーストラリアドル　　（%）		%
	国　税	4,777 (80.9)	所　得　0.0	────────
	州　税	930 (15.7)	消　費　0.0	────────
	地方税	201 (3.4)	資産等　100.0	資産税（レイト）
	計	5,907		

（注）　1　日本以外の国は、「Revenue Statistics 1965-2021」による2020年の数値である。
　　　　2　日本は、令和２年度（2020年度）決算額であり、国税には地方法人特別税を含み、地方税には地方
　　　法人特別譲与税を含まない。
　　　　3　フランスの収税は、OECDの統計上「地方税」に含まれている。
　　　　4　各項目ごとに四捨五入しているため、合計が一致しない場合がある。

州税収入の構成比		国税収入の構成比	
	主　な　税　目		主　な　税　目
—	—	所　得 52.2% 消　費 42.8 資産等 5.0	所得税、法人税 消費税、揮発油税、酒税、たばこ税 相続税
所　得 44.0% 消　費 52.4 資産等 3.6	個人・法人所得税 小売売上税、個別間接税	所　得 91.5% 消　費 7.6 資産等 0.9	個人・法人所得税 酒税、たばこ税 遺産税・贈与税
—	—	所　得 48.8% 消　費 42.5 資産等 8.7	所得税・法人税 付加価値税 相続税
所　得 49.5% 消　費 41.6 資産等 9.0	所得税（州・市町村・連邦の共有税） 法人税（州・連邦の共有税） 付加価値税（州・市町村・連邦の共有税） 不動産取得税、相続税	所　得 46.5% 消　費 53.1 資産等 0.4	所得税（州・市町村・連邦の共有税） 法人税（州・連邦の共有税） 付加価値税（州・市町村・連邦の共有税）
（注3）		所　得 48.7% 消　費 41.3 資産等 10.0	所得税・法人税 付加価値税 相続・贈与税
所　得 52.5% 消　費 35.9 資産等 11.6	個人・法人所得税 小売売上税、共通売上税 財産税	所　得 79.2% 消　費 20.8 資産等 0.0	個人・法人所得税 付加価値税（GST） ————————
—	—	所　得 −0.4% 消　費 68.2 資産等 32.1	個人・法人所得課税 付加価値税 財産課税
所　得 0.0% 消　費 31.1 資産等 68.9	———————— 自動車税、ギャンブル税 賃金税	所　得 72.9% 消　費 26.7 資産等 0.4	個人・法人所得税 財・サービス税（GST）

（出典：財務省資料）

(4)　わが国が締結している租税条約等

① 二重課税の回避及び脱税の防止に関する規定を主体とする条約等締結国（主な国・地域）

国名（現行条約）	限度税率			不動産化体
	配当	利子	使用料	
米国 (R1.8.30)	10% （一定のもの 免税） その他 5%	免税	免税	不動産所在地国課税
スウェーデン (H26.10.12)	10% （ 免税）	原則 免税 一定のもの 10%	免税	源泉地国課税
デンマーク (H30.12.27)	15% （ 免税）	免税	免税	不動産所在地国課税
パキスタン (H20.11.9)	10% 一定のもの 5% その他 7.5%	10%	10%	不動産所在地国課税
ノールウェー (H4.12.16)	15% （ 5%）	10%	10%	源泉地国課税
インド (H28.10.29)	10%	10%	10%	源泉地国課税
シンガポール (H22.7.14)	15% （ 5%）	10%	10%	不動産所在地国課税
オーストリア (H30.10.27)	10% （ 免税）	免税	免税	不動産所在地国課税
ニュージーランド (H25.10.25)	15% （ 免税）	金融機関等受取 免税 その他 10%	5%	不動産所在地国課税
英国（注1） (H26.12.12)	10% （ 免税）	原則 免税 一定のもの 10%	免税	不動産所在地国課税
タイ (H2.8.31)	国内法の税率 一定のもの 15% その他 20%	金融機関等受取 10% その他の法人 25%	15%	源泉地国課税
マレーシア (H22.12.1)	15% （ 5%）	10%	10%	源泉地国課税
カナダ (H12.12.14)	15% （ 5%）	10%	10%	源泉地国課税
フランス (H19.12.1)	10% 一定のもの 免税 その他 5%	金融機関等受取 免税 その他 10%	免税	不動産所在地国課税
ドイツ (H28.10.28)	15% 一定のもの 免税 その他 5%	原則 免税 一定のもの 国内法の税率	免税	不動産所在地国課税
ブラジル (S52.12.29)	12.5%	12.5%	商標権 25% 映画フィルム等 15% その他 12.5%	居住地国のみで課税
エジプト （アラブ連合） (S44.8.6)	5%	国内法の税率	15%	源泉地国課税
ベルギー (H31.1.19)	10% （ 免税）	企業間受取 免税 その他 10%	免税	不動産所在地国課税
オーストラリア (H20.12.3)	10% 一定のもの 免税 その他 5%	金融機関等受取 免税 その他 10%	5%	不動産所在地国課税
オランダ (H23.12.29)	10% 一定のもの 免税 その他 5%	金融機関等受取 免税 その他 10%	免税	不動産所在地国課税
韓国 (H11.11.22)	15% 平成15年末まで 10% 平成16年以後 5%	10%	10%	不動産所在地国課税

株式譲渡益の課税			二重課税の排除	相互協議
事業譲渡類似	破綻金融機関	一般	日本国でのみなし外国税額控除（供与期限）	仲裁規定
居住地国のみで課税	所在地国課税	居住地国のみで課税	―	あり
源泉地国課税	源泉地国課税	源泉地国課税	―	あり
居住地国のみで課税	居住地国のみで課税	居住地国のみで課税	―	あり
所在地国課税	居住地国のみで課税	居住地国のみで課税	―	―
源泉地国課税	源泉地国課税	源泉地国課税	―	―
源泉地国課税	源泉地国課税	源泉地国課税	―	―
所在地国課税	所在地国課税	居住地国のみで課税	あり（平12）	―
居住地国のみで課税	居住地国のみで課税	居住地国のみで課税	―	あり
居住地国のみで課税	所在地国課税	居住地国のみで課税	―	あり
居住地国のみで課税	所在地国課税	居住地国のみで課税	―	あり
源泉地国課税	源泉地国課税	源泉地国課税	あり	―
源泉地国課税	源泉地国課税	源泉地国課税	あり（平18）	―
源泉地国課税	源泉地国課税	源泉地国課税	―	―
所在地国課税	居住地国のみで課税	居住地国のみで課税	―	―
居住地国のみで課税	居住地国のみで課税	居住地国のみで課税	―	あり
居住地国のみで課税	居住地国のみで課税	居住地国のみで課税	あり	―
源泉地国課税	源泉地国課税	源泉地国課税	―	―
居住地国のみで課税	居住地国のみで課税	居住地国のみで課税	―	あり
所在地国課税	居住地国のみで課税	居住地国のみで課税	―	―
居住地国のみで課税	所在地国課税	居住地国のみで課税	―	あり
所在地国課税	居住地国のみで課税	居住地国のみで課税	あり（平15）	―

国名（現行条約）	限度税率			不動産化体
	配当	利子	使用料	
スイス (H23.12.30)	一定のもの　10% 免税 その他　5%	金融機関等受取　免税 その他　10%	免税	不動産所在地国課税
フィンランド (H3.12.28)	15% (10%)	10%	10%	居住地国のみで課税
イタリア (S57.1.28)	15% (10%)	10%	10%	居住地国のみで課税
スペイン (S49.11.20)	15% (10%)	10%	10%	居住地国のみで課税
アイルランド (S49.12.4)	15% (10%)	10%	10%	居住地国のみで課税
フィリピン (H20.12.5)	15% (10%)	10%	映画フィルム　15% その他　10%	不動産所在地国課税
インドネシア (S57.12.31)	15% (10%)	10%	10%	居住地国のみで課税
中国 (S59.6.26)	10%	10%	10%	源泉地国課税
バングラデシュ (H3.6.15)	15% (10%)	10%	10%	源泉地国課税
イスラエル (H5.12.24)	15% (5%)	10%	10%	源泉地国課税
トルコ (H6.12.28)	15% (10%)	金融機関等受取　10% その他　15%	10%	源泉地国課税
ヴィエトナム (H7.12.31)	10%	10%	10%	不動産所在地国課税
メキシコ (H8.11.6)	一定のもの　15% 免税 その他　5%	金融機関等受取　10% その他　15%	10%	不動産所在地国課税
南アフリカ (H9.11.5)	15% (5%)	10%	10%	源泉地国課税
香港 (H23.8.14)	10% (5%)	10%	5%	不動産所在地国課税
サウジアラビア (H23.9.1)	10% (5%)	10%	設備の使用　5% その他　10%	不動産所在地国課税
クウェート (H25.6.14)	10% (5%)	10%	10%	不動産所在地国課税
ポルトガル (H25.7.28)	10% (5%)	銀行等受取　5% その他　10%	5%	不動産所在地国課税
アラブ首長国連邦 (H26.12.24)	10% (5%)	10%	10%	不動産所在地国課税
台湾 (注5) (H28.6.13)	10%	10%	10%	不動産所在地国課税
チリ (H28.12.28)	15% (5%)	金融機関等受取　4% その他　10% （平成30年末までは15%）	設備の使用　2% その他　10%	不動産所在地国課税
ロシア (H30.10.10)	10% (5%)	免税	免税	不動産所在地国課税

株式譲渡益の課税			二重課税の排除	相互協議
事業譲渡類似	破綻金融機関	一般	日本国でのみなし外国税額控除（供与期限）	仲裁規定
居住地国のみで課税	所在地国課税	居住地国のみで課税	—	—
居住地国のみで課税	居住地国のみで課税	居住地国のみで課税	—	—
居住地国のみで課税	居住地国のみで課税	居住地国のみで課税	—	—
居住地国のみで課税	居住地国のみで課税	居住地国のみで課税	あり(注4)	—
居住地国のみで課税	居住地国のみで課税	居住地国のみで課税	あり(注4)	—
居住地国のみで課税	居住地国のみで課税	居住地国のみで課税	あり(平30)	—
居住地国のみで課税	居住地国のみで課税	居住地国のみで課税	あり(注4)	—
源泉地国課税	源泉地国課税	源泉地国課税	あり	—
源泉地国課税	源泉地国課税	源泉地国課税	あり	—
源泉地国課税	源泉地国課税	源泉地国課税	—	—
源泉地国課税	源泉地国課税	源泉地国課税	あり(平16)	—
所在地国課税	居住地国のみで課税	居住地国のみで課税	あり(平22)	—
所在地国課税	居住地国のみで課税	居住地国のみで課税	あり(平17)	—
源泉地国課税	源泉地国課税	源泉地国課税	—	—
居住地国のみで課税	所在地国課税	居住地国のみで課税	—	あり
所在地国課税	居住地国のみで課税	居住地国のみで課税	—	—
居住地国のみで課税	所在地国課税	居住地国のみで課税	—	—
居住地国のみで課税	所在地国課税	居住地国のみで課税	—	あり
所在地国課税	居住地国のみで課税	居住地国のみで課税	—	—
居住地国のみで課税	居住地国のみで課税	居住地国のみで課税	—	—
所在地国課税	居住地国のみで課税	居住地国のみで課税	—	あり
居住地国のみで課税	居住地国のみで課税	居住地国のみで課税	—	—

（備考１）　配当に対する限度税率は日本側の税率を示す。配当欄の（　）書きは、親子会社間配当に対する限度率を示す。

（備考２）　みなし外国税額控除とは、条約の規定により、日本国での外国勢控除の適用上、条約の相手国において経済開発を目的とする税制上の特別措置等により減免された税額を納付したものとみなして、当該減免税額を控除する制度である。

（備考３）　事業所得に対しては、国内に恒久的施設を有する場合に当該恒久的施設に帰属する部分に限り課税する。

（注１）　英国との当初の条約については、フィジーに適用される。

（注２）　旧チェコスロバキアとの条約については、チェコ及びスロバキアにそれぞれ適用される。

（注３）　旧ソ連との条約については、キルギス、ジョージア、タジキスタン、ウズベキスタン、トルクメニスタン、ウクライナ、アルメニア、ベラルーシ、モルドバ及びアゼルバイジャンにそれぞれ適用される。

（注４）　先方の国内法の改正により、事実上みなし外国税額控除の適用がない。

（注５）　台湾に関しては、台湾との関係に関する我が国の基本的立場を踏まえ、国際約束である租税条約ではなく、公益財団法人交流協会（日本側）と亜東関係協会（台湾側）との間で民間取決めを結び、その内容を日本国内で実施するための国内法を整備している（現在、両協会は、公益財団法人日本台湾交流協会（日本側）及び台湾日本関係協会（台湾側）にそれぞれ改称されている。）。

〔参考〕　主要国における法定資料制度の概要（主なもの、個人）　　　（2023年1月現在）

		日本	米国	英国	フランス
フロー	金融所得				
	┌・利子	× (源泉分離課税)	○	○	○
	├・配当	○	○	○	○
	└・株式譲渡	○	○	○	○
	事業所得	×	×	×	×
	給与所得	○	○	○	○
	不動産譲渡	○	○	○	○
	国内送金、預金の入出金	×	○	○	×
	海外送金	○	○	○	× (但し、記録保存義務あり)
ストック	金融資産				
	┌・預貯金口座開設	×	×	×	○
	└・株式保有	○	×	×	×
	不動産	○	×	×	×
	貴金属	○	×	×	×
	海外資産	○	○	○	○

（注）「法廷資料」とは、基本的には金銭等の支払を行う第三者が取引の内容・支払金額等を記載して、税務当局に提出することが義務付けられている資料をいう。

（出典：財務省HP）

② **租税に関する情報交換規定を主体とする協定**

　・バミューダ（H22）・バハマ（H23）・マン島（H23）・ケイマン諸島（H23）・リヒテンシュタイン（H24）・サモア（H25）・ガーンジー（H25）・ジャージー（H25）・マカオ（H26）・英領バージン諸島（H26）・パナマ（H29）

（注１）　（　）内は発効年を示す。

（注２）　バハマについては、自動的情報交換に関して規定する改正議定書は、H30年3月1日時点において未発効。

③　税務行政執行共助条約

　条約締結国の税務当局間で税務行政に関する（ⅰ）情報交換、（ⅱ）徴収共助、（ⅲ）文書送達共助といった国際的な協力を相互に行うための多国間条約です。

　2024年4月1日現在の参加国・地域は、署名ベースで155か国・地域となっています。

（ⅰ）情報交換：締約国間において、租税に関する情報を相互に交換すること（※）

（ⅱ）徴収共助：租税の滞納者の資産が他の締約国にある場合、他の締約国にその租税の徴収を依頼すること

（ⅲ）送達共助：租税に関する文書の名宛人が他の締約国にいる場合、他の締約国にその文書の送達を依頼すること

欧州	アイスランド、アイルランド、英国、イタリア、エストニア、オーストリア、オランダ、クロアチア、スイス、スウェーデン、スペイン、スロバキア、スロベニア、セルビア、チェコ、デンマーク、ドイツ、ノルウェー、ハンガリー、フィンランド、フランス、ブルガリア、ベルギー、ポルトガル、ポーランド、ラトビア、リトアニア、ルクセンブルク、ルーマニア、ガーンジー（※）、ジャージー（※）、マン島（※）、リヒテンシュタイン（※） （執行共助条約のみ） アルバニア、アンドラ、北マケドニア、キプロス、ギリシャ、グリーンランド、サンマリノ、ジブラルタル、フェロー諸島、ボスニア・ヘルツェゴヴィナ、マルタ、モナコ、モンテネグロ
ロシア・NIS諸国	アゼルバイジャン、アルメニア、ウクライナ、ウズベキスタン、カザフスタン、キルギス、ジョージア、タジキスタン、トルクメニスタン、ベラルーシ、モルドバ、ロシア
アフリカ	アルジェリア、エジプト、ザンビア、南アフリカ、モロッコ （執行共助条約のみ） ウガンダ、エスワティニ、ガーナ、カーボベルデ、カメルーン、ケニア、セーシェル、セネガル、チュニジア、ナイジェリア、ナミビア、ブルキナファソ、ベナン、ボツワナ、モーリシャス、モーリタニア、リベリア、ルワンダ
中東	アラブ首長国連邦、イスラエル、オマーン、カタール、クウェート、サウジアラビア、トルコ （執行共助条約のみ） バーレーン、ヨルダン、レバノン
アジア、大洋州	インド、インドネシア、オーストラリア、韓国、シンガポール、スリランカ、タイ、中国、ニュージーランド、パキスタン、バングラデシュ、フィジー、フィリピン、ブルネイ、ベトナム、香港、マレーシア、サモア（※）、マカオ（※）、台湾（注3） （執行共助条約のみ） クック諸島、ナウル、ニウエ、ニューカレドニア、バヌアツ、パプアニューギニア、マーシャル諸島、モルディブ、モンゴル
北米・中南米	米国、ウルグアイ、エクアドル、カナダ、コロンビア、ジャマイカ、チリ、ブラジル、ペルー、メキシコ、ケイマン諸島（※）、英領バージン諸島（※）、パナマ（※）、バハマ（※）、バミューダ（※） （執行共助条約のみ） アルゼンチン、アルバ、アンギラ、アンティグア・バーブーダ、エルサルバドル、キュラソー、グアテマラ、グレナダ、コスタリカ、セントクリストファー・ネービス、セントビンセント及びグレナディーン諸島、セントマーティン、セントルシア、ターコス・カイコス諸島、ドミニカ共和国、ドミニカ国、パラグアイ、バルバドス、ベリーズ、モンセラット

（注1）税務行政執行共助条約が多数国間条約であること、及び旧ソ連・旧チェコスロバキアとの条約が複数国へ承継されていることから、条約等の数と国・地域数が一致しない。

（注2）条約等の数及び国・地域数の内訳は以下のとおりです。
- ・租税条約（二重課税の除去並びに脱税及び租税回避の防止を主たる内容とする条約）：71本、79か国・地域
- ・情報交換協定（租税に関する情報交換を主たる内容とする条約）：11本、11か国・地域（図中、（※）で表示）
- ・税務行政執行共助条約：締約国は我が国を除いて124か国（図中、国名に下線）。適用拡張により142か国・地域に適用（図中、適用拡張地域名に点線）。このうち我が国と二国間条約を締結していない国・地域は63か国・地域。
- ・日台民間租税取決め：1本、1地域

（注3）台湾については、公益財団法人交流協会（日本側）と亜東関係協会（台湾側）との間の民間租税取決め及びその内容を日本国内で実施するための法令によって、全体として租税条約に相当する枠組みを構築（現在、両協会は、公益財団法人日本台湾交流協会（日本側）及び台湾日本関係協会（台湾側）にそれぞれ改称されている。）。

（出典：財務省資料）

④　ＢＥＰＳ防止措置実施条約

BEPS（税源浸食及び利益移転）プロジェクトにおいて策定されたBEPS防止措置のうち租税条約に関連する措置を、本条約の締約国間の既存の租税条約に導入するための多数国間条約。

2023年11月20日現在の参加国・地域は、日、英、独、仏、伊、加、中、韓等100か国・地域（署名ベース）。

欧州・ＮＩＳ諸国地域	アイスランド、アイルランド、アゼルバイジャン、アルメニア、アルバニア、アンドラ、イタリア、ウクライナ、英国、エストニア、オーストリア、オランダ（注2）、（英）ガーンジー、カザフスタン、北マケドニア、キプロス、ギリシャ、クロアチア、サンマリノ、（英）ジャージー、ジョージア、スイス、スウェーデン、スペイン、スロバキア、スロベニア、セルビア、チェコ、デンマーク、ドイツ、ノルウェー、ハンガリー、フィンランド、フランス、ブルガリア、ベルギー、ポーランド、ポルトガル、ボスニア・ヘルツェゴビナ、マルタ、（英）マン島、モナコ、ラトビア、リトアニア、リヒテンシュタイン、ルーマニア、ルクセンブルク、ロシア
中東、アフリカ地域	アラブ首長国連邦、イスラエル、エジプト、エスティワニ、オマーン、カタール、ガボン、カメルーン、クウェート、ケニア、コートジボワール、サウジアラビア、セーシェル、セネガル、チュニジア、トルコ、ナイジェリア、ナミビア、バーレーン、ブルキナファソ、南アフリカ、モーリシャス、モロッコ、ヨルダン、レソト
アジア、大洋州地域	インド、インドネシア、オーストラリア、韓国、シンガポール、タイ、中国（注3）、日本、ニュージーランド、パキスタン、パプアニューギニア、フィジー、ベトナム、マレーシア、モンゴル
北米、中南米地域	アルゼンチン、ウルグアイ、カナダ、コスタリカ、コロンビア、ジャマイカ、チリ、パナマ、バルバドス、ベリーズ、ペルー、メキシコ

（注1）　下線は、本条約の批准書等を寄託した国・地域（83か国・地域）を示す。
（注2）　オランダは、キュラソーが締結した租税条約を本条約の対象とすることを通告している。
（注3）　中国は、香港が締結した租税条約を本条約の対象とすることを通告している。

⑤　ＢＥＰＳ防止措置実施条約のわが国の選択の概要

本条約の適用に関するわが国の選択の一覧の概要は、以下のとおりです。

（ⅰ）わが国が本条約の適用対象として選択しているわが国の租税条約の相手国・地域（43か国・地域）

アイルランド	アラブ首長国連邦	イスラエル	イタリア	インド
インドネシア	ウクライナ	英国	エジプト	オーストラリア
オマーン	オランダ	カザフスタン	カタール	カナダ
韓国	クウェート	サウジアラビア	シンガポール	スウェーデン
スロバキア	タイ	チェコ	中国	ドイツ
トルコ	ニュージーランド	ノルウェー	パキスタン	ハンガリー
フィジー	フィンランド	フランス	ブルガリア	ベトナム
ポーランド	ポルトガル	香港	マレーシア	南アフリカ
メキシコ	ルクセンブルク	ルーマニア		

（注）　下線は、本条約の批准書等を寄託した国（39か国・地域、2023年11月20日現在）を示す。

（ⅱ）　我が国が適用することを選択している本条約の規定

① 課税上存在しない団体を通じて取得される所得に対する条約適用の関する規定（第3条）

② 双方居住者に該当する団体の居住地国の決定に関する規定（第4条）

③ 租税条約の目的に関する前文の文言に関する規定（第6条）

④ 取引の主たる目的に基づく条約の特典の否認に関する規定（第7条）

⑤ 主に不動産から価値が構成される株式等の譲渡収益に対する課税に関する規定（第9条）

⑥ 第三国内にある恒久的施設に帰属する利得に対する特典の制限に関する規定（第10条）

⑦ コミッショネア契約を通じた恒久的施設の地位の人為的な回避に関する規定（第12条）

⑧ 特定活動の除外を利用した恒久的施設の地位の人為的な回避に関する規定（第13条）

⑨ 相互協議手続の改善に関する規定（第16条）

⑩ 移転価格課税への対応的調整に関する規定（第17条）

⑪ 義務的かつ拘束力を有する仲裁に関する規定（第6部）

（ⅲ）　我が国が適用しないことを選択している本条約の規定

① 二重課税除去のための所得免除方式の適用の制限に関する規定（第5条）

② 特典を受けることができる者を適格者等に制限する規定（第7条）

③ 配当を移転する取引に対する軽減税率の適用の制限に関する規定（第8条）

④ 自国の居住者に対する課税権の制限に関する規定（第11条）

⑤ 契約の分割による恒久的施設の地位の人為的な回避に関する規定（第14条）

(5) 国際課税（米国・日本・OECD）の主な改正の経緯

	米国		日本		OECD
1939	◎米スウェーデン租税条約 （以後、主要国との条約ネットワークを構築）				
		昭28	◎外国税額控除制度の導入		
		昭30	◎日米租税条約 （以後、主要国との条約ネットワークを構築）		
1962	◎外国子会社合算税制の導入	昭37	◎外国税額控除制度の拡充 （間接外国税額控除制度の導入）		
				1963	◎OECDモデル租税条約 （以後、1977、92、94、95、97、2000、03、05、08、10、12、14、17年に改訂）
1968	◎移転価格税制に関する規則の整備				
1969	◎過小資本税制の導入				
		昭53	◎外国子会社合算税制の導入 （以後、平1、17、06、07、09年度見直し）		
				1979	◎『移転価格課税』報告書 （1984、87年に続編）
1980 〈	（◎加州等でユニタリー課税強化）				
1986	◎移転価格税制の強化： 『利益相応性基準』の導入等	昭61	◎移転価格税制の導入 （以後、平3、16〜18、22、23、25、26、令元見直し）		◎国連モデル租税条約（以後、順次改正）
		昭63	◎外国税額控除制度の見直し （以後、平4、13、21、23、26、27年等）		
1989	◎アーニング・ストリッピング・ルールの導入				
		平4	◎過小資本税制の導入 （以後、平16、18、24〜26、令3年に見直し）	1992	◎米国移転価格課税強化への提言 →1993年に再提言

	米国		日本		OECD
1993	◎移転価格税制： 『利益比準法』の導入				
		1995			◎『移転価格ガイドライン』（全面改訂）　第1部確定
				1998	『有害な税の競争』報告書 （以後、2000、01、04、06年に進捗状況報告書等）
		平16	◎日米新租税条約		
		平21	◎国際的な二重課税排除方式の見直し （間接外国税額控除制度の廃止及び外国子会社配当益金不算入制度の導入）（以後、平成27年））	2009	◎税の透明性及び情報交換に関するグローバル・フォーラムの改組・強化
2010	◎『外国口座税務コンプライアンス法（FATCA）』法の成立			2010	◎『移転価格ガイドライン』2010年度版 （以後、2017年に改訂）
		平24	◎過大支払利子税制の導入 （以後、平25、26、令元年見直し）		◎『恒久的施設に帰属する利得』報告書
				2013	◎『税源浸食と利益移転（BEPS）行動計画』
		平26	◎国際課税原則の見直し （総合主義から帰属主義への変更）	2014	◎『BEPS報告書（第一弾）』を公表
					◎自動的情報交換に関する「共通報告基準（CRS）」を策定
		平27	◎非居住者に係る金融口座情報の報告制度の整備 （平30年初回の情報交換実施）	2015	◎『BEPS最終報告書』を公表
		平28	◎移転価格税制等に係る文書化制度の整備		
2017	◎国際的な二重課税方式の見直し （外国子会社配当益金不算入制度の導入） ◎税源浸食、濫用対策税の導入等	平30	◎恒久的施設の定義の見直し	2018	◎BEPS防止措置実施条約発効
				2021	◎『BEPS包摂的枠組み』において、経済のデジタル化に伴う課税上の課題に対する合意が実現

(6)　地球温暖化対策のための税に関する資料

○ 欧州諸国における環境関連税制（エネルギー関係）の主な変遷

英国	**1993〜99年　既存エネルギー税制の引上げ** 　炭化水素油税（ガソリン、軽油、重油等）について、税率を物価上昇率以上に毎年引上げ（エスカレーター制度）。 **2001年　既存エネルギー税制の対象外エネルギーに新税を導入** 　炭化水素油税が課税されない事業用の電気、石炭、天然ガス等に新たに気候変動税を課税。
ドイツ	**1999年　既存エネルギー税制の引上げ、既存エネルギー税制の対象外エネルギーに新税を導入** 　鉱油税（ガソリン、軽油、重油等）を引上げ。鉱油税が課税されない電気に新たに電気税を課税。 **2006年　既存エネルギー税制の対象を拡大** 　鉱油税について、石炭を課税対象に追加し、エネルギー税に改組。
フランス	**2007年　既存エネルギー税制の対象外エネルギーに新税を導入** 　石油産品内国消費税（ガソリン、軽油、重油等）が課税されない石炭に新たに石炭税を課税。 **2010年から既存エネルギー税制に上乗せする「炭素税」の導入を予定していたが、違憲判決を受けて無期限延期** 　既存のガソリン、軽油等の税金に上乗せして炭素含有量に応じた新税を導入予定（2009年12月18日両院で可決）だったが、①電力、②欧州排出権取引に参加する大手企業が対象外となっていることから、「課税の公平さを欠き、地球温暖化防止という目的に合致しない」として憲法院にて違憲判決が出された（同年12月29日）。 **2014年　既存エネルギー税制に上乗せする形で「気候エネルギー税（炭素税）」を導入** 　既存の石炭、重油、天然ガスに対する税に炭素税率（炭素含有量に応じた税率）を上乗せ。 **2015年　気候エネルギー税が上乗せされる品目の拡大** 　既存のハイオクガソリン、軽油等に対する税に上乗せ。
オランダ	**1992年　既存エネルギー税制に加え新税を導入** 　鉱油税（ガソリン、軽油等）に加えて炭素含有量・エネルギー量を基準とした一般燃料税（石炭は新規課税）を導入。 　※一般燃料税導入以前は、一般燃料課徴金が課されていた。 **2004年　炭素含有量等に応じた税をやめ、既存エネルギー税制に統合** 　ガソリン、軽油、重油等については一般燃料税を鉱油税に統合。既存のエネルギー税制がなかった石炭についてのみ一般燃料税を「燃料税」として存続。 　※家庭等による小規模なエネルギー消費を対象に1996年に導入された規制エネルギー税をエネルギー税に改組。
フィンランド	**1990年　既存エネルギー税制に炭素含有量に応じた付加課税部分を設定** 　既存の燃料課税（ガソリン等）の付加課税部分として炭素税率（炭素含有量に応じた税率）を設定（ただし、天然ガスは半額）。 　※1994年に炭素含有量及びエネルギー量に応じた税率に、1997年には再度炭素含有量に応じた税率に考え方を変更。 **2011年　既存エネルギー税制の引上げ** 　雇用者の社会保障費負担軽減に伴う減収分の補填等を目的として、大規模な増税を実施。
スウェーデン	**1991年　既存エネルギー税制を補完するものとして炭素含有量に応じた新税を導入** 　既存のエネルギー税制（ガソリン、軽油、重油等）に上乗せして石炭含有量に応じた二酸化炭素税（炭素税）を導入。 　※エネルギー税を軽減する一方、二酸化炭素税はほぼ毎年税率を引上げ。 **2001年　「税制のグリーン化」の開始** 　家庭部門に対して、電気に係るエネルギー税及び二酸化炭素税の増税を開始。以降、ほぼ毎年増税を実施。 **2011年　エネルギー税の増税** 　暖房用燃料に関し、エネルギー量を基準とした税率を設定。
デンマーク	**1992年　既存エネルギー税制に上乗せして炭素含有量に応じた新税を導入** 　既存のエネルギー税制（ガソリン、軽油等）に上乗せして炭素含有量に応じた二酸化炭素税（炭素税）を導入。

（出典：各国政府資料及びOECD資料等（財務省HP））

■著者紹介

藤本　清一（ふじもと　せいいち）
元大阪経済大学教授、税理士。
（担当：税の基本、参考資料）

林　　幸一（はやし　こういち）
熊本学園大学会計専門職研究科特任教授
元広島大学大学院人間社会科学研究科教授。
大阪府立大学博士（租税法）
（担当：所得税、消費税）

増山　裕一（ますやま　ゆういち）
滋賀大学客員教授、税理士。
元滋賀大学教授
滋賀大学博士（経済学）
（担当：法人税、相続税・贈与税）

十四訂版／　これならわかる!!　税法の基本

令和 6 年 7 月 20 日　十四訂版第 1 刷発行　　著　者　藤本　清一　©2024
　　　　　　　　　　　　　　　　　　　　　　　　　　　　林　　幸一
　　　　　　　　　　　　　　　　　　　　　　　　　　　　増山　裕一
　　　　　　　　　　　　　　　　　　　　　　発行者　池内　淳夫

発行所　実務出版株式会社
〒542-0012　大阪市中央区谷町9丁目2番27号　谷九ビル6F
電話 06(4304)0320／FAX 06(4304)0321／振替 00920-4-139542
https://www.zitsumu.jp

＊落丁・乱丁本はお取り替えします。　　　　　印刷製本　大村印刷㈱
ISBN978-4-910316-33-8　C2033